Susanne Hohmeyer-Lichtblau

Gott begegnet!

Erlebnisse zwischen Himmel und Erde

Geschichten aus der Sendereihe *ERF Mensch Gott*

Über die Autorin

Susanne Hohmeyer-Lichtblau, Jahrgang 1970, hat Journalistik, Soziologie und Neuere Deutsche Literatur studiert. Seit 1997 arbeitet sie bei ERF Medien, wo sie als leitende Redakteurin für das Format *ERF Mensch Gott* verantwortlich ist.

Susanne Hohmeyer-Lichtblau

Gott begegnet!

Erlebnisse zwischen Himmel und Erde

Geschichten aus der Sendereihe *ERF Mensch Gott*

GerthMedien

Inhaltsverzeichnis

Liebe Leserinnen und Leser,

„Ich bin ein Cowboy und reite in die Abendsonne“, sagt mein Studiogast Frank Damm und lacht. Dann fährt er fort: „Ich habe erlebt, dass Gott mich so sieht: als großen Abenteurer!“ Und ich schmunzle mit ihm und denke: „Ja Gott, du siehst nicht nur von außen auf diesen Menschen, der hier vor mir auf dem Stuhl sitzt, sondern du siehst tief in ihn hinein. Wie gut!“

Es gibt so viele Momente im Leben unserer Gäste bei *ERF Mensch Gott*, die unglaublich überraschend und herzlich sind. Diese Menschen mit ihren Sorgen und Ängsten, den Schmerzen und Verletzungen, aber auch ihrem Kampfgeist und Überlebenswillen – sie sind die „Helden“ bei uns im Studio und auch in diesem Buch zur Sendereihe. Aber keiner von ihnen kämpft allein. Sie alle erleben, dass Gott an ihrer Seite ist und mit ihnen durch dick und dünn geht. Manche von ihnen werden von diesem lebendigen Gott überrascht, manche förmlich überwältigt. Und dann steht jeder einzelne an einem Wendepunkt in seinem Leben und wagt es, sich ganz neu oder auch zum ersten Mal auf diesen Gott einzulassen. Und diese Begegnung verändert ihr Leben komplett, gibt ihnen Halt, Hoffnung und Sinn.

Ich als Fragensteller bin dann oft sprachlos, denn in den Erfahrungen dieser Menschen wird der Glaube so unglaublich lebendig und wertvoll.

Aber lesen Sie selbst. Los geht's.

Marcus Walter

David Lubega

Weltstar sucht Glück

David verlässt das Krankenhaus, in dem sein Vater liegt. Krebs im Endstadium. Er hat ihm sein Lieblingsessen gebracht und die beiden haben viel geredet. Nach der Scheidung seiner Eltern hatte David jahrelang keinen guten Kontakt zu seinem Vater. Doch jetzt, wo der Tod an die Tür klopft, ist er ihm zum ersten Mal ganz nah. An diesem Tag hat er ihm auch sein neuestes Lied vorgespielt, von dem er sich endlich den Durchbruch als Sänger erhofft: „Mambo No. 5". Sein Vater mag den Song und sagt: „Der wird dir Türen öffnen, mein Sohn."

Nachdenklich geht David am Bahnsteig der U-Bahn entlang. Er ist müde und emotional aufgewühlt. Plötzlich merkt er, dass ein Obdachloser ihn anstarrt. Er denkt noch: „Bitte, bitte sprich mich nicht an." Doch der Mann lächelt, steuert geradewegs auf ihn zu und beginnt in einwandfreiem Englisch mit ihm zu reden. Aus Respekt lässt David sich auf das Gespräch ein – und wird überrascht.

„Ich fühlte mich großartig, ich kann gar nicht sagen,

warum. Der Mann war sehr gebildet und sehr höflich und erzählte, dass er vor 20 Jahren in Berlin Mathematik studiert hat. Nach ein paar Minuten fragte ich ihn: ‚Warum steckst du in dieser Situation?' Und dann habe ich seine Hand gesehen, die zitterte. Er folgte meinem Blick und sagte: ‚Es ist wie Krebs, es gibt dafür keine Lösung.'"

Diese Worte hallen in Davids Kopf wider: Krebs, keine Lösung ... Warum benutzt der Fremde ausgerechnet diese Begriffe? Am Ende öffnet der Mann die Plastiktüte, die er dabeihat, und schenkt David zwei Tafeln Schokolade. Dann verabschiedet er sich.

„Als ich aus der U-Bahn rauskam, hatte ich plötzlich einen Gedanken im Kopf: Jesus! Keine Ahnung warum, aber irgendwie muss der Mann eine Art göttliche Energie gehabt haben. Unser Treffen war so seltsam und ich habe eine Liebe gespürt für diesen völlig fremden Mann, der rein äußerlich gesehen nicht liebenswert war. Das war neu für mich. Aber das war nur ein kurzer Gedanke, dann bin ich wieder in den Alltag eingetaucht."

Zwei Wochen später stirbt Davids Vater. Mit seiner Mutter fährt er ins Krankenhaus, um ihn noch ein letztes Mal zu sehen und Abschied zu nehmen. *„Es war der 12. März 1999, vier Uhr nachts, und es war unglaublich kalt. Wir kamen aus der Klinik, stiegen die Treppe vor dem Eingang hinunter – und da stand er wieder: Der Mann, mit* *dem ich diese seltsame Begegnung in der U-Bahn gehabt hatte. Er stand einfach da, einige Meter entfernt, und schaute mich an. Und plötzlich ist etwas eingerastet. Ich wusste: Gott ist da. Vielleicht war er ein Engel, ich weiß es nicht. Aber ich habe verstanden, dass das eine Nachricht für mich ist. Es gab keine Lösung für den Krebs. Der Fremde hatte mich darauf vorbereitet, dass mein Vater gehen wird. Aber in dem Moment war auch die Trauer weg, weil ich wusste: Der Tod ist nicht das Ende. Und auch mein Leben hier geht weiter, und das Süße, das er mir bei unserer ersten Begegnung angeboten hatte, wird auch kommen. Und es kam."*

Zwei Wochen später ist der Song „Mambo No. 5" Platz eins in den deutschen Charts und David Lubega, alias Lou Bega, über Nacht ein Weltstar. Von diesem Moment an verändert sich sein ganzes Leben. Jede Woche klettert der Song in einem anderen Land auf Platz eins der Hitparaden. *„Das war ein unglaubliches Gefühl. Für mich hieß es jetzt, immer unterwegs zu sein. Ich bin teilweise zweimal am Tag mit der Concorde geflogen. Erst nach New York, dann nach England, dann nach Asien. Immer ein neues Land, neue Menschen, neue Bühnen und Fernsehshows. Zurück ins Hotel, vielleicht ein paar Stunden schlafen, dann weiter. Das war das Leben, was ich immer führen wollte. Tatsächlich standen mir alle Türen offen. Frauen, die mich* *vorher nicht mal bemerkt hatten, hielten mich jetzt für den tollsten Typ der Welt. Ich hatte Geld und Anerkennung im Überfluss. Das war neu für mich und ich dachte: Das ist meine Erfüllung. Ich habe es geschafft! An Gott habe ich nicht mehr gedacht. Meine Religion hieß MEHR. Ich wollte mehr von allem: mehr Damen, mehr Musik, mehr Alkohol, mehr essen. Ich dachte, mehr von allem würde mich mehr glücklich machen."*

Doch mit 24 Jahren fordert dieser Lebensstil seinen Tribut. David ist mal wieder auf Tour. Es ist die letzte Show in den USA. Er fühlt sich müde und schwach, ohne zu wissen, warum. Plötzlich wird ihm schwarz vor Augen und er kippt um. Die Diagnose: Herzinfarkt.

„Ich dachte nie, dass sowas in dem Alter passieren könnte. Zum ersten Mal wurde mir bewusst: Ich bin sterblich – und meine Religion MEHR kann mir keine wirkliche Erfüllung geben." David hat immer noch seine Shows, mit denen er viel Geld verdient. Er kommt mit dem Sportwagen zu den Aufnahmen, trägt schicke Klamotten. Nach außen bleibt der Glamour und es ist alles wie früher. Doch innerlich fühlt er sich leer und einsam. *„Ich war am Ende, hab mich gefühlt wie im Grab."*

Dann, 2006, ein Lichtblick: Bei Studioaufnahmen lernt David Jenieva kennen, die als Background-Sängerin für sein neues Album engagiert wurde. Auch sie macht gerade eine schwere Zeit in ihrem Leben durch. Die beiden freunden sich an, reden viel und verlieben sich schließlich. Sie werden ein Paar und bekommen eine kleine Tochter. Doch auf Dauer kann ihre Liebe die Schatten in ihrem Leben nicht ausblenden. David beginnt wieder, mehr Alkohol zu trinken; dazu kommen juristische Auseinandersetzungen um die Rechte an seinem weltberühmten Mambo.

„Du hättest mir Drogen geben können, ich hätte alles genommen, weil ich zu diesem Zeitpunkt nichts fühlen wollte. Ich wollte nicht in mich hineinschauen, weil da nichts war. Ich hatte äußerlich alles, wovon Menschen träumen – aber trotzdem hatte ich ein Loch im Herzen und habe mich gefragt: ‚Warum bin ich hier, was ist der Sinn im Leben?'"

David ist unzufrieden, vernachlässigt seine Familie. Immer wieder kommt es zum Streit. Obwohl sich die beiden noch immer lieben, ist von Trennung die Rede. Sie beschließen, einen Urlaub auf den Malediven zu machen, um ihrer Beziehung eine letzte Chance zu geben. Sie freuen sich auf acht Tage Sonnenschein, Delfine, tauchen, schnorcheln und reden. Doch stattdessen erleben sie acht Tage Regen, Wind und Kälte. *„Es gab nur die Möglichkeit, sich an der Bar volllaufen zu lassen, im Fernsehen Kricket zu schauen oder mit dem Regenschirm um die Insel zu laufen. Es war superlangweilig. Also habe ich mich auf die Suche nach Lesestoff gemacht."*

Dabei fällt David ein Buch in die Hände, das er aus seiner Kindheit als Bilderbuch kennt: die Bibel. Ohne große Erwartungen schlägt er sie auf. *„Es war faszinierend, was ich da über Jesus gelesen habe. Das hatte ich so noch nie gehört. Ich saß über dem Buch und es war so, als ob mich eine Kraft gestreichelt und mir die Angst genommen hätte. Die Dunkelheit in mir ging weg. Und langsam habe ich immer mehr verstanden. Für mich war Gott früher sehr abstrakt. Ich dachte, man kann doch keinem Gott näherkommen, der irgendwo im Himmel ist. Aber da habe ich von Jesus gelesen, durch den Gott auf der Erde war. Jesus ist zwar gestorben vor zweitausend Jahren, aber er ist auferstanden, und als er schließlich in den Himmel zurückgegangen ist, hat er uns den Heiligen Geist als Helfer geschickt, der immer noch hier ist. Das wusste ich vorher alles nicht."*

David liest weiter, stundenlang, die ganze Nacht und die ganzen nächsten Tage. Er liest, dass Gott gnädig ist und Schuld vergibt. Danach geht er auf die Knie.

„Ich hatte so viele ungute Dinge getan, und die lagen wie ein schweres Gewicht auf meinem Herzen. Ich habe Gott gebeten, dass er mir diese Last nimmt und mir vergibt. Und ich habe erlebt, dass alle diese Dinge aus meinem Herzen verschwunden sind. Dann habe ich gesagt: ‚Bitte nimm mich an' – und dann habe ich gespürt, wie Gott mich umarmt. Es war eine väterliche Umarmung, wie

ich sie noch nie gespürt hab. Es war einfach ein Gefühl in mir drin. Mein Herz wurde gefüllt. Es fühlte sich auf einmal nicht mehr steinern an, sondern lebendig. Ich habe so viele Tränen vergossen wie noch nie in meinem Leben. Ich weine normalerweise nicht viel, aber an diesem Tag habe ich geweint wie ein kleines Kind. Freudentränen. Ich habe bis in jede Zelle seine Vergebung gespürt. Ich kam mir vor wie der verlorene Sohn, der nach Hause kommt. Und Gott, mein Vater, läuft mir entgegen und nimmt mich in den Arm. Das war wunderbar." (siehe Lukas 15,11–32)

Auch seine Frau Jenieva hat unabhängig von David eine lebensverändernde Begegnung mit Jesus. Auf diesem Fundament fangen die beiden nochmal neu an. Musikalisch orientiert David sich neu, doch der Mambo No. 5 bleibt immer Teil seines Lebens.

„Dieser Song öffnet mir durch seinen Bekanntheitsgrad immer noch Türen, so wie es mein Vater damals gesagt hat. Es sind Türen zu Menschenherzen. Aber heute kann ich ihnen nicht nur ein paar Minuten Freude bringen mit meiner Musik, sondern eine ewige Freude, weil ich ihnen auch erzählen kann, wie sehr Jesus Christus sie liebt."

Amalia Sedlmayr

Aufgeben ist keine Option

Die nächste Vorlesung an der Uni fängt gleich an. Amalia will schnell die Treppe hochsprinten. Für die fitte Triathletin normalerweise kein Problem. Doch an diesem Tag wollen ihre Beine nicht so wie sie. Irgendwie sind sie schwer und auch die Muskeln zucken so seltsam. *„Vermutlich habe ich es beim Joggen übertrieben"*, denkt sie noch. Aber in den folgenden Wochen stolpert sie immer öfter und ihre Fitness lässt merklich nach. Jetzt kann sie nicht mehr ignorieren, dass irgendwas mit ihr nicht stimmt.

Der Hausarzt schickt sie zur Neurologin. Die diagnostiziert eine Form von Epilepsie und verschreibt Medikamente. Doch Amalia hat das Gefühl, dass das die falsche Fährte ist. Und tatsächlich wird es immer schlimmer. *„Ein dreiviertel Jahr später konnte ich mich kaum noch auf den Beinen halten. Ich habe 27 Kilo Gewicht verloren und bestand nur noch aus ein paar Knochen mit Haut drüber."*

Und nicht nur körperlich geht es rapide bergab – auch

im Kopf hat sie immer häufiger Aussetzer. Die Einser-Studentin, die fünf Sprachen fließend spricht, kann plötzlich ihre Sätze nicht mehr zu Ende bringen. *„Ich habe nach Worten gesucht, konnte mich nicht mehr konzentrieren. Es war, als hätte ich nur noch Brei im Kopf."*

Ihr Wunsch, nach dem Studium der Übersetzungswissenschaften als Dolmetscherin und Simultanübersetzerin für die UNO zu arbeiten und Menschen durch Sprache zu verbinden, rückt in weite Ferne. Und das Schlimmste: Kein Arzt findet die Ursache. Nach vier Reha-Maßnahmen gilt Amalia als austherapiert. Und weil es keine Diagnose gibt, hört sie auch immer wieder den Vorwurf: „Simulantin". Oder sie bekommt den gut gemeinten Rat, doch mal etwas zu entspannen, da der Stress im Studium wohl doch zu groß für sie sei.

Was ihr in dieser Zeit Halt gibt, ist ihr fester Glaube an Gott, den sie seit ihrer Teenagerzeit hat. Ein Bekannter ihrer Mutter lädt Amalia damals zu einem christlichen Jugendtreff ein. Aus Höflichkeit geht sie hin. *„Ich habe zwar immer gesagt: ‚Halleluja singen ist nicht so mein Ding', aber was ich da erlebt habe, hat mich total überrascht. Der Umgang der Menschen miteinander war von einer Liebe geprägt, die ich so noch nie gespürt hatte. Das war irgendwie nicht von dieser Welt. Ich habe das beobachtet und es hat mich wahnsinnig fasziniert."*

Amalia will mehr wissen und geht in den nächsten Monaten immer wieder dorthin. *„Mir wurde klar, dass diese Liebe nicht aus dem Elternhaus kommt oder so, sondern dass sie untrennbar mit Jesus verbunden ist. Das wollte ich auch haben, dieses Herzliche, Warme, Lebendige. Und eines Tages, bei einem Jugendgottesdienst, habe ich gespürt, dass Jesus mein Herz berührt. Ich habe gemerkt: Bis jetzt habe ich mein Leben ganz okay geführt, aber wenn Jesus der Regisseur wäre, würde er das auf jeden Fall besser machen als ich. Und dann habe ich Jesus mein Leben in die Hand gegeben."*

Auch während ihrer Krankheit zweifelt Amalia nicht an Gott. Im Gegenteil. *„Ich habe fest geglaubt, dass sich alles irgendwann zum Guten wendet und man eines Tages herausfinden wird, was mit mir los ist. Jesus war immer bei mir, treu an meiner Seite. Ich wusste, dass ich nicht alleine bin. Das habe ich gespürt, auch als es mir so schlecht ging. Außerdem hatte ich ein paar Vorbilder aus der Bibel, die auch durch schwierige Zeiten gegangen sind und nicht einfach aufgehört haben zu glauben, sondern hartnäckig an Gott festgehalten haben – und es hat sich gelohnt. Ich bin genauso ein Typ: Wenn ich mich für etwas entscheide, dann 100 Prozent, ganz oder gar nicht."*

Im Februar 2016 ist Amalia gesundheitlich am Tiefpunkt. Sie kann nur noch mühsam am Rollator gehen, ihr Knochenmark, ihre Leber und das zentrale Nervensystem sind schwer geschädigt. Mit schrecklichen Nervenschmerzen und Koliken landet sie mal wieder im Krankenhaus. *„Und dann schaute dieser nette Assistenzarzt in meine dicke Krankenakte und fragte: ‚Haben wir denn schon mal einen Test auf Schwermetalle gemacht?' Ich habe geantwortet: ‚Wir haben so ziemlich alles untersucht, aber das noch nicht. Wenn Sie noch ein bisschen Blut finden, können Sie das gerne abnehmen und einschicken.'"*

Gesagt, getan. Während Amalia auf das Ergebnis wartet, spürt sie von Tag zu Tag deutlicher, dass es jetzt um alles geht. *„Meine Mutter war zu der Zeit gerade in Portugal. Ich habe sie nicht jedes Mal informiert, wenn es mir wieder schlecht ging. Aber dieses Mal dachte ich: Es ist besser, wenn ich sie anrufe und sie bitte zu kommen, weil ich nicht weiß, wie lange ich noch habe. Ich wollte ihr gerne noch einmal Tschüss sagen – und dass ich sie lieb habe. Ich hatte keine Angst vor dem Tod, weil ich wusste: Wenn ich jetzt gehe, dann gehe ich zu Jesus, dann geht es mir gut. Da hatte ich ein tiefes inneres Vertrauen. Aber ich hatte wirklich Angst, dass ich sterbe und meiner Mutter nicht nochmal sagen kann, wie sehr ich sie liebe. Sie hat sich dann auch in den nächsten Flieger gesetzt und ist gekommen."*

Kurz danach liegt auch das Ergebnis der speziellen Blutuntersuchung vor – und nach fast drei qualvollen Jahren offenbart es endlich den Grund für Amalias Zustand: Sie leidet unter einer schweren, chronischen Bleivergiftung. Doch die Quelle der Vergiftung ist noch unklar. Der Arzt versucht im Gespräch herauszufinden, wo Amalia diese toxische Menge Blei zu sich genommen haben könnte.

„Mein Gehirn war schon so mitgenommen, dass ich nicht mal mehr wusste, was Blei ist. Meine Mutter hat mir dann in einer ganz einfachen Sprache wie einem Kleinkind erklärt: ‚Weißt du noch im Urlaub, diese kleinen Gewichte, die die Fischer an ihren Netzen hatten, die waren aus Blei.' Und da hat es bei mir ‚klick' gemacht. Ich hatte mir am Anfang meines Studiums einen kleinen Dekofisch auf einem Flohmarkt gekauft. Und weil der so hübsch war, habe ich ihn in meine Wasserkaraffe getan, aus der ich jeden Tag getrunken habe. Ich fand das schick, weil ich das Meer so liebe. Aber dieser kleine Fisch war aus Blei. Das war des Rätsels Lösung."

Unwissentlich hat sich Amalia über die Jahre hinweg selbst vergiftet. Viele Menschen in ihrem Umfeld sind schockiert. Sie wissen, dass Amalia an Gott glaubt und fragen sie nun, ob sie ihm keine Vorwürfe macht – schließlich hätte er dieses sinnlose Drama doch verhindern können. Doch Amalia winkt ab. *„Ich kann Gott doch keine Vorwürfe machen! Der hat den Fisch doch nicht in die Karaffe getan. Ich mache niemandem Vorwürfe – nicht Gott, nicht den Ärzten und auch mir selbst nicht. Das würde ja auch nichts bringen. Das Leben ist einfach nicht perfekt und gradlinig.“*

Nach der Diagnose wird eine gezielte Entgiftung eingeleitet. Langsam geht es Amalia besser, doch nicht alle Folgen verschwinden. Die Lähmungen in den Füßen haben sich zu einer Spastik entwickelt, die bewirkt, dass sie weiterhin unter ständigen Schmerzen leidet. Deswegen entscheidet sie sich letzten Endes, ihre Füße amputieren zu lassen. Mühsam lernt sie, auf Prothesen wieder zu laufen. Und auch ihr Kopf erholt sich nicht mehr vollständig, sodass sie ihr Studium aufgeben muss. *„Es war einfach klar, dass ich nicht mehr auf das Niveau komme, was ich vor der Vergiftung hatte und dass ich als Dolmetscherin nicht mehr schnell genug schalten kann. Deswegen habe ich schweren Herzens, nach anderthalb Jahren Kampf, einen Cut gemacht und einen neuen Weg eingeschlagen.“*

Amalia entscheidet sich, wieder ihrer zweiten großen Leidenschaft nachzugehen: dem Sport. Etwas, das ihr kaum jemand noch zugetraut hätte. Als sie aus der letzten Reha entlassen wird, noch vor der Amputation, kann sie gerade mal zehn Meter am Rollator gehen. Doch sie mobilisiert allen Kampfgeist, den sie hat. Durch ihre Vorerfahrungen im Triathlon, durch Schwimmen und anhand eigener Recherchen beginnt sie, in Zusammenarbeit mit ihren Physiotherapeuten, sich selbst zu rehabilitieren. *„Nach anderthalb Jahren konnte ich dann dreihundert Meter ohne Rollator gehen. Und dann dachte ich: ‚Gut, wenn du das geschafft hast, dann schaffst du vielleicht auch den Eignungstest für die Sporthochschule!' Und nach nochmal neun Monaten Vorbereitungszeit habe ich den tatsächlich bestanden. Ich weiß, dass Gott mir die Kraft für das alles gegeben hat. Allein hätte ich das niemals geschafft."*

Amalia schreibt sich für den Studiengang „Sport und Leistung" ein, möchte später als Trainerin für andere Sportler mit Handicap arbeiten. Seit 2019 gehört sie sogar zur deutschen Para-Ruder-Nationalmannschaft.

„Letzten Endes hat sich alles zum Guten gewendet, so wie es auch in der Bibel steht (Römer 8,28). Gott hat immer noch einen Plan für mein Leben, davon bin ich überzeugt. Natürlich habe ich auch zwischendrin kleine Tiefs. Aber ich darf bei Gott auch mal traurig sein und klagen und jammern. Solange ich mich an ihm festhalte, bekomme ich immer wieder Freude und kann den Tiefpunkt überwinden. Ich denke dann oft an eine Bibelstelle: ‚Alle, die ihre Hoffnung auf Gott setzen, bekommen neue Kraft. Sie sind wie

Adler, denen mächtige Schwingen wachsen. Sie gehen und werden nicht müde, sie laufen und sind nicht erschöpft.' (Jesaja 40,31) Ich weiß, dass Gott mich liebt. Ich bin sein Kind und ich bin dankbar für mein Leben."

Uli Lautenschlager

Von Ängsten geplagt

Uli sitzt allein auf seinem Bett in einem kleinen Zimmer in der geschlossenen Psychiatrie. Er hat einen Becher aus Hartplastik zertreten, um an eine scharfe Scherbe zu kommen. Er hört eine Tür zuschlagen und weiß, dass die Schwestern jetzt für eine Stunde auf einer anderen Station sein werden – schließlich ist er nicht zum ersten Mal hier. Uli atmet tief durch. Er schaut auf sein Handgelenk und weiß: In ein paar Minuten wird alles vorbei sein. Die ganze Angst, die Depressionen, die Sucht. Endlich, so hofft er, wird er den Frieden finden, nach dem er sich so sehr sehnt.

Sein ganzes bisheriges Leben war eine einzige Last. *„Ich hatte schon als Kind vor allem Angst. Ich habe in den Medien die Berichterstattung über den Kalten Krieg gesehen – und das hat mich fertiggemacht. Ich hatte Angst vor der Schule und Versagensängste in jeder Beziehung."*

Neben den Ängsten beginnt schleichend eine Depression, die immer stärker wird. Als Teenager hat Uli zum ersten Mal Selbstmordgedanken. Immer wieder plant er auch Szenarien, wie er sich das Leben nehmen könnte. *„Als ich 13 war, hat sich der Rocksänger Kurt Cobain umgebracht. Und ich habe ihn grenzenlos beneidet, dass er das geschafft hat und ich nicht. Da ist mir auch klar geworden, dass ich ganz anders bin als meine Mitschüler, die alle entsetzt waren über diesen Suizid. Meine Einstellung war: Ich bin in diese Welt geworfen worden, obwohl ich nie drum gebeten habe. Wann kann ich hier endlich wieder raus?"*

Nach der Schule beginnt Uli zu studieren, doch die Ängste und Depressionen werden immer massiver. Medikamente helfen eine Zeit lang, dann muss der Arzt die Dosis erhöhen. *„Ich habe versucht zu kämpfen – gegen die Angst, die Zerrissenheit, die Hoffnungslosigkeit. Aber ich habe immer verloren. Ich habe mich in mich selbst zurückgezogen und da war nur Angst und Finsternis. Wie ein tiefes schwarzes Loch, ein Fallen, das kein Ende nimmt. Ich habe mich selbst gehasst und verachtet."*

Uli bricht sein Studium ab und nimmt einen Job als Software-Entwickler an. Doch sein innerer Kampf lässt ihn auch dort nicht los. Er sehnt sich nach einem Ort des Friedens, möchte diese Welt verlassen, sich wegbeamen – und so beginnt er, immer mehr Alkohol zu trinken. Jeden Tag zehn Bier oder mehr. Zusätzlich nimmt er vier verschiedene Medikamente gegen die Depressionen. In nüchternen Zeiten, wenn er zum Beispiel seine Familie besucht, dämpft er die Entzugserscheinungen mit starken Beruhigungsmitteln. So fällt seiner Umgebung lange nicht auf, dass er süchtig ist. Doch er selbst macht sich nichts vor. *„Wenn an der Arbeit gegen Nachmittag der Pegel nachgelassen hat, stand ich unter massivem Druck, was konsumieren zu müssen. Mir war klar, dass ich in der Sucht stecke, aber ich wusste keinen Ausweg."*

Das Versteckspiel endet, als Uli eines Abends betrunken ins Auto steigt und einen Unfall baut. Mit 2,6 Promille im Blut kommt er von der Straße ab und landet im Graben. Das Auto ist ein Totalschaden, Uli jedoch völlig unverletzt. *„Für die Polizei war es ein Rätsel, wie ich da heil rausgekommen bin."*

An seiner gleichgültigen Haltung zum Leben ändert das nichts, nur kann er seine Sucht jetzt nicht mehr verheimlichen. Seiner Familie zuliebe will er das Problem angehen. Innerhalb von zwei Jahren durchläuft er rund zwanzig Entgiftungen und zwei Langzeittherapien. Uli kämpft verzweifelt darum, suchtfrei zu leben, doch binnen kürzester Zeit wird er immer wieder rückfällig. Dann, in der dritten Therapie, gibt es plötzlich einen Lichtblick.

„Die meisten Therapeuten waren freundlich, aber auch professionell distanziert. Aber einer, der hatte diese Distanz nicht. Der hat die Menschen einfach geliebt. Und in einem

Gespräch hat er zu mir gesagt, dass Glaube bei Depression und Sucht helfen könne. Und er hat mich gefragt, ob ich auch an etwas glaube. Ich war ja totaler Atheist und habe gesagt: ‚Ja, ich glaube dran, dass jeder Mensch es verdient hat, so angenommen zu werden, wie er ist.' Ich habe das gesagt, weil ich schon als Kind immer das Gefühl hatte, mich verbiegen und Masken tragen zu müssen, um allen Anforderungen gerecht zu werden. Und der Therapeut hat gesagt: ‚Das ist eine Botschaft von Jesus, dass Gott die Menschen so annimmt, wie sie sind.' Er hat dann auch noch für mich gebetet. Das hat mich alles irgendwie sehr berührt."

Als Uli aus der Therapie kommt, ist er trocken und will endlich wirklich ein neues Leben anfangen. Er hat keinen festen Wohnsitz und kommt bei einem Kumpel unter. Eines Abends beginnt der, sich einen Joint zu drehen. *„Ich habe gedacht, ab und zu kiffen ist bestimmt nicht schlimm. Aber als ich dann auch mal daran gezogen habe und spürte, wie mir die Droge in den Kopf steigt, wusste ich: Ich hab alles wieder verloren. Ich hatte dann keine Kontrolle mehr. In der Woche bin ich zweimal in der Ausnüchterungszelle bei der lokalen Polizei gelandet. Voll bis obenhin. Absolut hilflos. Und dann bin ich in die Psychiatrie eingeliefert worden".*

Uli ist 32 Jahre alt und hat endgültig keine Hoffnung mehr. Und nun sitzt er da auf dem Bett – bereit, seinem

Leben ein Ende zu setzen. Er ist völlig allein – und trotzdem hört er plötzlich eine Stimme, die ihn fragt: „Uli, was machst du da?" Diese Stimme fährt ihm durch Mark und Bein. Im hohen Bogen wirft er die Scherbe weg. *„Ich hätte mich am liebsten unter der Bettdecke verkrochen. Aber ich wusste: Ich kann mich davor nicht verstecken. Das war eine erschütternde, aber auch liebevolle Stimme, die alles durchdrungen hat. Als hätte die Wand gesprochen, die Luft gesprochen, der Boden gesprochen. Ich habe sofort gewusst, dass das Jesus war, der mich vor dem Suizid bewahrt hat."* Bisher hatte Uli jede Art von Glauben an einen Gott rigoros abgelehnt. Doch das ändert sich in diesem Moment schlagartig.

„In diesem Schrecken sind zwei Dinge passiert. Zum einen habe ich gesehen, wie tief ich in Depression und Sucht versunken bin, dass ich da niemals allein rauskommen werde und Jesus der Einzige ist, der mir helfen kann. Und zum anderen: Ich hatte auf einmal den Wunsch zu leben. Es war unglaublich. Ich wollte unbedingt leben! Obwohl ich mich eine Minute zuvor fast umgebracht hätte."

Uli erinnert sich, was der Therapeut ihm über Jesus erzählt hat und beginnt, verzweifelt zu beten. *„Ich habe gesagt: ‚Jesus, bitte, hilf mir und vergib mir den Mist, den ich gemacht habe. Ich habe alles in meinem Leben probiert und nichts hat funktioniert. Bitte zeige mir einen Weg* *da raus und ich verspreche dir, dass ich diesen Weg gehen werde. Ich stelle dich ganz obenan in meinem Leben. Bitte hilf mir.' Und dann ist das Schönste passiert, was ich jemals erlebt habe. Es kam ein ganz tiefer Frieden in mein Herz. Diese Ruhe, nach der ich mich so gesehnt habe. Das war der große Wendepunkt in meinem Leben."*

Nach dem Gebet schläft Uli ruhig ein. Als er am nächsten Morgen aufwacht, ist der Frieden immer noch da. Er kann es kaum fassen. *„Ich habe zu meinen Therapeuten gesagt: ‚Ich weiß, dass jetzt alles gut wird.' Die haben die Hände über dem Kopf zusammengeschlagen und gesagt: ‚Wenn Ihnen jetzt noch nicht klar ist, wo Sie stehen, dann ist Ihnen nicht mehr zu helfen.' Und dann haben sie mich als hoffnungslosen Fall rausgeschmissen. Aber dieser Frieden war da, Zuversicht und Freude. Es war ein Licht dort, wo vorher diese Finsternis war. Ich hatte tatsächlich das Gefühl: Ich steh jetzt im Licht."*

Uli erlebt, wie es ihm gesundheitlich immer besser geht. Die Sucht verschwindet, und er kann ein Medikament nach dem andern absetzen. Auch sein Blick auf sich und andere Menschen verändert sich. *„Ich habe zum ersten Mal in meinem Leben Verantwortung für mich übernommen und Dinge getan, die mir guttun. Ich habe angefangen, Ausdauersport zu machen und mir einen ganz kleinen Job gesucht, weil ich wusste, dass ich mit einem* *vollen Job gleich wieder auf die Nase falle. Also, ich habe auf einmal eine Liebe für mich selbst entwickelt, aber auch für andere Menschen, die ich vorher alle gehasst habe. Ich bin kurz nach der Psychiatrie durch die Straßen gegangen, habe Leute angeschaut und gedacht: Ich mag die total gern. Eine Woche vorher waren diese fremden Menschen für mich alle noch Penner und Idioten."*

Uli ist jetzt seit über zehn Jahren trocken und clean. Und er erzählt heute mit Begeisterung anderen von seinem Glauben an Jesus – etwas, das er früher aus Angst vor Ablehnung nie gewagt hätte. Die Ängste, die ihn seit seiner Kindheit gequält haben, sind so nicht mehr da. *„Es gibt natürlich immer noch herausfordernde Situationen, in denen ich Verzweiflung spüre. Aber ich habe mit Jesus jemanden, der mir durch die Schwierigkeiten hindurchhilft. Einen Zufluchtsort, wo ich Frieden finde."*

Martina Rich

„Die Gang war meine Familie“

„Um halb acht bist du zu Hause." Martina hört diesen Satz gerade noch, ehe sie die Haustür hinter sich zuschlägt. Als ob sie auf ihre Mutter hören würde! Sie wird mit ihrer Clique chillen – und zwar so lange, wie sie will, auch wenn sie erst 14 Jahre alt ist. Vielleicht wird sie heute wieder nach Hause kommen, wahrscheinlich aber eher nicht. Vielleicht morgen. Oder in ein paar Tagen.

Martinas Vater hat die Familie verlassen, als sie noch ein kleines Kind war. Ihre Mutter arbeitet viel, um den Lebensunterhalt zu verdienen. *„Sie war ständig im Stress und deswegen hatten wir auch viel Streit. Ich war auch immer unter Strom und bei jeder Kleinigkeit sofort auf 180. Ich hab mir nichts sagen lassen und hatte auch keinen Respekt vor meiner Mutter. Ich hab mein Ding gemacht und war mein eigener Boss."*

Ihre Straßengang – das ist ihre Familie, auch wenn die Jungs kriminell sind und mit Drogen dealen. Bei ihnen fühlt sie sich wie eine kleine Schwester, denn die meisten von ihnen sind zehn oder fünfzehn Jahre älter als sie.

„Ich habe mich dort einfach wohlgefühlt, beschützt, geliebt, verstanden. Ich wusste, ich kann die auch mal stressen und sie sind deswegen nicht genervt von mir. Die haben mich einfach so genommen, wie ich bin, mit allen Macken. Und ich sie auch."

Jeden Tag hängt Martina mit der Gruppe ab. Drogen nimmt sie keine, aber sie trinkt viel Alkohol. Angst kennt sie nicht.

„Es war schon gefährlich in diesem Drogenumfeld, aber damals hab ich das nicht so wahrgenommen und fand es eher cool. Außerdem wollte ich ja gefährlich sein. Ich war aggressiv, hab Menschen manipuliert und bedroht. Ich wollte stark sein und was zu sagen haben. Das hat mir gefallen."

Mehrere Jahre prägt die Gang Martinas Leben. Jedes Mal, wenn sie nach tagelanger Abwesenheit wieder nach Hause kommt, gibt es einen riesigen Streit mit ihrer Mutter. Doch eines Tages, Martina ist inzwischen 17 Jahre alt, erlebt sie eine Überraschung.

„Ich kam in die Wohnung und habe damit gerechnet, dass meine Mutter mich sofort anschreit. Aber sie stand ganz ruhig und entspannt in der Küche und hat mich freundlich begrüßt. Und dann kam sie zu mir ins Zimmer

und hat mir mein Lieblingsessen gebracht: Nuggets und Pommes und ganz viel Ketchup. Sie hat sich an mein Bett gesetzt, geweint und gesagt: ‚Hey Martina, keine Ahnung, was ich falsch gemacht hab, es tut mir auf jeden Fall leid. Bitte gib dein Leben Jesus. Ich kann das nicht mehr. Bitte hab keine Probleme mehr mit der Polizei.' Sie hat mir echt ihr Herz ausgeschüttet und ich habe gesagt: ‚Ja, Mama, ich verspreche dir, ich bau nie wieder Scheiße.' Dann ist sie aus meinem Zimmer gegangen und ich wusste, ich kann dieses Versprechen nicht halten."

Trotzdem bleibt ein Satz, den ihre Mutter gesagt hat, bei Martina besonders hängen: ‚Bitte gib dein Leben Jesus.' Mit Jesus kann sie nicht viel anfangen, aber dass ein Gott existiert, steht für sie außer Frage.

„Als Kind hatte ich nachts oft Angst und habe unheimliche Gestalten gesehen. Aber jedes Mal, wenn meine Mutter oder ich gebetet haben, verschwand der Spuk und die Angst. Seitdem wusste ich, dass Gott auf mich aufpasst."

Seit einigen Wochen hat Martina nun schon das Gefühl, dass dieser Gott sich ganz konkret bei ihr meldet. Auslöser war ein eskalierter Streit bei einer Drogenparty ihrer Freunde. Ein Außenstehender hatte eine Waffe gezogen und einen Freund aus der Gang bedroht. Dieses Erlebnis hat Martina tief schockiert.

„Seitdem war es so, als ob sich etwas in meinem Gewis-

sen verändert hat. Ich konnte es kaum noch ertragen, gemein zu sein oder Leute anzuschreien. Es ging irgendwie nicht mehr so einfach über meine Lippen. Und ich wusste: Da steckt Gott dahinter! Er will irgendwas von mir, er lässt mich nicht in Ruhe. Ich konnte nicht mehr so weitermachen wie vorher. Und der Satz von meiner Mutter war nochmal so ein Weckruf.“

Nachdem ihre Mutter das Zimmer verlassen hat, steht Martina nachdenklich am Fenster und fragt sich, wer dieser Gott eigentlich ist, an den sie glaubt. Also beginnt sie, mit ihm zu reden.

„Ich habe gesagt: ‚Hey Gott, ich habe keine Ahnung, wer du bist. Manche erzählen was von Buddha, meine muslimischen Freunde glauben an Allah – und jetzt kommt meine Mutter und erzählt was von Jesus. Also Digger, ich habe mal gehört, dass du die ganze Welt erschaffen hast. Und wenn das stimmt, dann wirst du doch auch in der Lage sein, mir zu zeigen, wer du bist.‘“

Nach diesem Gebet lässt Martina sich ihre Pommes schmecken und geht ins Bett. Als sie am nächsten Tag aufwacht, spürt sie, dass sich etwas verändert hat.

„Ich hatte Ruhe in mir. Das war absolut nicht normal. Ich war sonst schon morgens voller Anspannung. Und auf einmal – zack – Frieden. Und mein Herz war irgendwie weich. Diese aggressive Energie war weg. Ich konnte

mich nicht mehr streiten und ich konnte auch nicht mehr tagelang abhauen. Zu meinen Jungs habe ich immer öfter gesagt: ‚Ach, fangt doch keinen Zoff an, lasst die anderen einfach gehen, wir müssen uns doch jetzt nicht prügeln usw.' Ich habe versucht, meine Leute mit schlauen Worten davon abzuhalten, schlimme Dinge zu tun, weil ich das nicht mehr mit meinem Gewissen vereinbaren konnte."

Martina merkt, dass Worte oft mehr Kraft haben als Fäuste. Eine Zeitlang ist sie noch mit ihrer Gang zusammen, dann löst die Gruppe sich von selbst auf. Sie hat keine Probleme mehr mit der Polizei und erlebt auch eine gesundheitliche Veränderung. *„Ich habe echt viel geraucht und unter Asthma gelitten. Aber irgendwann bin ich aufgewacht und konnte Zigaretten nicht mal mehr riechen. Die Sucht ging einfach weg und damit hat sich auch mein Asthma total verbessert."*

Kurz darauf erzählt Martinas Mutter ihr von einem ‚coolen Gottesdienst', in dem sie war und zu dem Martina unbedingt mal mitkommen müsse. Die hat überhaupt keinen Bock darauf, aber weil sie keinen Streit will, sagt sie zu.

Eine Woche später sitzt Martina im Gottesdienst. Der Pastor bittet die Anwesenden, die Bibel aufzuschlagen bei Johannes 3,16. Sie hat keine Ahnung von der Bibel, doch nach zweimal blättern ist sie an der richtigen Stelle und liest: „Denn Gott hat die Welt so sehr geliebt, dass er seinen einzigen Sohn hingab, damit jeder, der an ihn glaubt, nicht verloren geht, sondern das ewige Leben hat."

„Ich war geschockt! In diesem Gottesdienst habe ich zum ersten Mal gehört, dass Jesus Christus für mich am Kreuz gestorben ist, um meine Sünden zu vergeben. Und in meinem Kopf lief plötzlich ein Film ab, in dem ich gesehen habe, wo Gott mich überall beschützt hat. Mein ganzes Leben hat auf einmal Sinn ergeben. Gott war die ganze Zeit da, aber ich hatte es nicht bemerkt. Ich war so berührt und überwältigt, dass ich laut gerufen habe: ‚Mama, krass, das ist alles die Wahrheit!' Die Leute haben sich umgedreht, aber das war mir egal. Ich war so erfüllt! Ich habe zum ersten Mal die Bibel verstanden, als ob ich vorher blind gewesen wäre und plötzlich sehen kann. Mir ist eine richtige Last von den Schultern gefallen. Ich war auf einmal frei, hab mich geborgen gefühlt, beschützt und geliebt. Wie damals in der Gang, nur viel, viel, viel krasser! Und ich wusste: Gott hat mein Gebet beantwortet. Er hat mir gezeigt, wer er ist. Und ich wusste in dem Moment, dass mein Leben von jetzt an Jesus gehört."

Martina beginnt, ihr Leben aufzuräumen. Als Erstes nimmt sie Kontakt zu allen Menschen auf, von denen sie weiß, dass sie sie bedroht, beleidigt oder ihnen Angst eingejagt hat. Sie bittet um Verzeihung, schreibt, dass es ihr leidtut und dass Jesus sie verändert hat. Sie schafft den Sprung von der Hauptschule in die Realschule, macht schließlich ihr Fachabitur und beginnt, Jura zu studieren.

„Das zu sehen, ist für mich unglaublich. Ohne Jesus hätte ich das niemals geschafft. Bis dahin dachte ich ja immer, ich sei blöd. Aber seit diesem Gottesdienst habe ich die Welt und auch mich selbst mit neuen Augen gesehen. Ich hatte ja schon gemerkt, dass ich mit guten Worten und Argumenten Menschen helfen kann. Und genau das will ich jetzt auch beruflich machen."

Parallel dazu beginnt Martina, Rapmusik zu machen und eigene Texte zu schreiben. Sie singt vom Sinn des Lebens, von Jesus, von Werten und Liebe. Gott ist für sie ein Freund und Vater, der in jeder Lebenslage bei ihr ist. *„Ich rede ganz normal mit ihm und nehme ihn in jede Situation mit rein. Ich sage Danke für schöne Dinge oder bitte ihn um Hilfe. Und es ist cool, einfach Kind zu sein. Ich muss nicht stark sein und keine Maske tragen. Er kennt mich ja und ich weiß, dass er mich trotzdem immer liebt."*

Frank Damm

Sinnsuche im Sozialismus

Es ist schon dunkel, als Frank mit seinem Fahrrad die doppelspurige Hauptstraße entlangfährt. Als er an der Kongresshalle vorbeikommt, sieht er, dass an diesem Abend Peter Maffay ein Konzert gibt. Da würde er gerne noch spontan hingehen. Ohne sich umzuschauen, reißt er den Lenker herum. Er sieht noch ein weißes Auto, das auf ihn zufährt – dann ist er in einer anderen Welt. *„Ich hab keinen Schmerz gespürt. Und ich sah ein wunderbares Licht, das Liebe und Annahme ausstrahlte. Es hat mich angezogen. Da war alles drin, was ich brauchte und wollte. Ich merkte, dass ich selbst auch ein kleines Licht bin und mich zu diesem großen Licht hinbewegen kann. Und ich wollte nichts lieber als das. Aber kurz bevor ich ankam, sagte eine Stimme: ‚Noch nicht'."*

In diesem Augenblick ist Frank wieder hellwach. Leute stehen um ihn herum, er wird ins Krankenhaus gebracht. Sein Fahrrad ist Schrott, seine Sandalen sind durch den Aufprall weggeflogen, doch die Ärzte stellen verwundert fest, dass er bis auf eine winzige Verletzung am linken kleinen Zeh völlig unversehrt geblieben ist.

Direkt vor dem Unfall war Frank bei einem christlichen Treffen. Seit etwa zwei Monaten geht er zu diesen Veranstaltungen in der Kirche, doch an diesem Abend ist etwas anders. *„Ich dachte: Jetzt hast du dir das lange genug angeguckt, jetzt muss was passieren. Also hab ich in diese Runde von sechzig Leuten gebrüllt: Gott, wenn es dich wirklich gibt, muss ich dich heute noch erleben, sonst komme ich hier nie wieder her. Der Unfall war also sozusagen Gottes Antwort auf mein Gebet. Er hat sich mir in diesem Licht gezeigt. Jetzt wusste ich, dass es ihn wirklich gibt."*

Viele Jahre ist Gott für Frank kein Thema. Er wächst in der DDR auf, seine Eltern sind regimetreue Kommunisten, und auch ihm gibt diese Ideologie einen gewissen Halt. Trotzdem spürt er in seinem Herzen eine Leere. Er hat das Gefühl, dass es noch einen tieferen Sinn im Leben geben muss. *„Ich konnte mir einfach nicht vorstellen, dass nach dem Tod alles vorbei ist. Das Leben musste doch mehr sein als das, was man sehen und anfassen kann."*

Als junger Mann entdeckt Frank die Jazzmusik für sich. *„Bei den Konzerten waren Leute, die nicht einfach alles so mitmachten. Und die Musik hatte für mich was von Freiheit. Das war nicht so die offizielle Musik, die sonst in der DDR gehört wurde, als Jazz-Fan war man schon was Beson-*

deres." Doch eines Abends nach einem Konzert hat Frank eine seltsame Begegnung. Auf dem Weg zur Bushaltestelle kommt er mit einem anderen Konzertbesucher ins Gespräch. Beiden hat die Musik gut gefallen, doch auf einmal sagt der andere: „Leider war da nichts vom Wort Gottes dabei." Frank versteht nur Bahnhof. Der andere erklärt: „Das Wort Gottes ist die Bibel. Und das Konzert war doch in einer Kirche, da hätte auch etwas von der Bibel mit dabei sein können." Danach trennen sich die Wege der beiden. Zum ersten Mal in seinem Leben hat Frank etwas von der Bibel gehört.

Kurze Zeit später ist er allein zu Hause und kramt im Bücherschrank seiner Eltern nach neuem Lesestoff. Dabei kommt plötzlich im obersten Regal ein Buch ins Rutschen und fällt ihm genau auf den Kopf. Ein bisschen ärgerlich bückt er sich, um es aufzuheben. Zu seiner großen Überraschung ist es eine Bibel. Wie sich später herausstellt, war sie ein Geschenk seines Großvaters an seine Mutter – „für die Allgemeinbildung". Sofort erinnert Frank sich an das Gespräch nach dem Jazzkonzert. *„Ich dachte: Wenn dieser Typ die Bibel so wichtig findet, lohnt es sich bestimmt, die mal zu lesen. Ich hatte ja auch schon Bücher über andere Religionen gelesen. Außerdem dachte ich: Wenn ich mal auf Christen treffe, dann habe ich Argumente, um ihnen zu beweisen, dass sie unrecht haben. Also habe ich ange-*

fangen zu lesen und hab mich schon auf den ersten Seiten schlappgelacht – darüber, wie Gott die Welt geschaffen haben soll und die Sache mit Adam und Eva und so weiter. Aber innerlich hatte ich irgendwie plötzlich so eine Sehnsucht. Ich dachte: Wenn es wirklich einen Gott gibt, dann muss der sich mit dem Leben auskennen. Das wäre zu schön, wenn es wirklich jemanden gäbe, der alles gemacht hat."

Frank liest weiter und stößt immer wieder auf Aussagen, dass der „Name des Herrn", also der Name Gottes, geehrt werden soll. Frank fragt sich: Wie lautet denn der Name des Herrn?. „Herr" ist doch kein Name. Er liest weiter, Seite für Seite, aber bekommt keine Antwort.

Doch eines Nachts hat er einen seltsamen Traum. *„Ich hab geträumt, ich bin Cowboy. Und ich reite durch die Prärie. Das war wie ein Stummfilm, der schneller gedreht ist. Und unter meinem Pferd war eine große Hand, die uns beschützt hat. So sah ich mich sozusagen durchs Leben rasen. Das Pferd stolperte, es ging über Schluchten und unebene Wege – aber immer vorwärts. Und immer war die Hand da, die mich und das Pferd hielt. Und im Hintergrund hörte ich: Jesus, Jesus, immer nur den Namen Jesus. Und in der nächsten Nacht das Gleiche."*

Frank ist verwirrt. Mit dem Namen Jesus kann er nichts anfangen. Er hat die Bibel, wie jedes Buch, von vorne gelesen; und im ersten Teil, dem Alten Testament, wird der Name Jesus nicht erwähnt. Also fragt er seine Kumpels, wer Jesus ist, aber die sind auch ratlos. Irgendwann sagt einer: „Du, ich glaube, das ist der, der in der Kirche am Kreuz hängt." Frank reagiert entrüstet: „Nein, das kann nicht sein! Der lebt, ich träume von ihm."

Frank beginnt, die Bibel nicht nur abends zu lesen, sondern auch heimlich am Arbeitsplatz. Bis ihn eines Tages ein Kollege dabei erwischt. Der schaut sich das Buch an und fragt dann entrüstet: „Bist du etwa auch so einer wie der Armin? Der gehört doch zu einer christlichen Kirche!" *„Ich habe gesagt: nein, nein... Aber innerlich wollte ich mehr von Gott wissen, und jetzt wusste ich, wen ich fragen konnte. Ich hab mich noch ein paar Tage gedrückt, weil ich irgendwie spürte, dass das mein Leben verändern wird. Aber dann bin ich zu Armin gegangen und habe ihn gefragt, ob ich zu ihm in die Kirche kommen kann."*

Armin lädt ihn ein und gibt ihm die Adresse seiner Kirchengemeinde. Und Frank kommt. *„Ich hatte total Herzklopfen. Ich hab die Tür aufgemacht und da saßen ungefähr 60 junge Leute. Ich weiß nicht mehr, was an diesem Abend so gesagt wurde, ich weiß nur noch, dass alle sehr nett waren und es danach Schmalzstullen gab. Das war mein erster Besuch in einer Kirche."*

Frank geht immer wieder dorthin. Die Atmosphäre ist schön, aber die erhoffte Erfüllung findet er nicht. Bis eines

Tages das laute Gebet aus ihm herausplatzt und ihm Gott nach dem Unfall begegnet. Da er nun sicher ist, dass es Gott tatsächlich gibt, ist er auch neu motiviert, weiter in der Bibel zu lesen. Auf den Rat seiner neuen Bekannten hin hat er inzwischen begonnen, den zweiten Teil der Bibel zu lesen, das Neue Testament. Dort erfährt er alles über das Leben von Jesus, wer er war und was er getan hat. Und er stolpert über Passagen, in denen davon berichtet wird, dass Jesus Blinde und Gehbehinderte geheilt hat. Und dass er Tausende Menschen mit ein paar Broten und Fischen satt gemacht hat. Frank liegt im Bett, liest diese Texte und schüttelt nur den Kopf. *„Ich dachte, das geht ja gar nicht, das ist doch Quatsch. Ich hab das wirklich nicht glauben können. Aber plötzlich hatte ich eine Frage im Kopf und die war so klar, dass ich wusste, das ist Gott: ‚Sag mal, Frank, was willst du? Willst du mit mir diskutieren oder willst du mich kennenlernen?'"* Frank ist wie vom Donner gerührt. *„In dem Augenblick wusste ich genau: Ich will nicht diskutieren, ich will ihn kennenlernen. Ich bin vom Bett hochgeschossen, auf die Knie gegangen und hab ganz laut gerufen: Jesus, Jesus, komm in mein Leben! Und in dem Augenblick war es, als ob mir jemand einen schweren Rucksack abnimmt. Ich fühlte mich total leicht und merkte: irgendwas ist jetzt neu."*

Auch heute berührt es Frank noch, wenn er an die Veränderung denkt. *„Ich war plötzlich nicht mehr allein, Jesus war bei mir, der sich ja mit dem Leben auskennt. Und der kennt mich. Er kennt meinen Namen und er sieht mich als Cowboy. Ich war nie eine Sportskanone und als ich einmal versucht habe zu reiten, war das eine Katastrophe. Ich bin eigentlich total ängstlich und schwach, aber Gott sieht mich als Cowboy. Mit ihm bin ich ein Abenteurer – und das Leben mit Jesus ist ein Abenteuer. Er fordert mich heraus. Mit ihm wage ich Dinge, die ich sonst nie machen würde, aber die cool sind! In Jesus habe ich den Halt und den Sinn gefunden, den ich immer gesucht habe.“*

Georgina Haas

„Ich wollte die perfekte Mutter sein"

Georgina schaut ihren Sohn an und weint. Sie wollte doch nur alles richtig machen. Und jetzt sitzt sie hier am Küchentisch und denkt darüber nach, sich und ihrem Kind das Leben zu nehmen ...

Als sie mit 22 Jahren schwanger wird, will sie vom ersten Moment an für ihr Kind ein perfektes Leben. Schließlich kann sie sich noch gut an den seelischen Schmerz erinnern, den sie selbst als Scheidungskind empfunden hat. *„Ich war sehr einsam und musste mich um mich selbst kümmern. Mein Sohn sollte sich niemals so verlassen und ungeliebt fühlen wie ich damals."*

Ihr Kleiner soll behütet aufwachsen, die beste Erziehung und Schulbildung bekommen, und auch beim Thema Gesundheit will Georgina keine Fehler machen.

„Ich habe zum Beispiel stundenlang gegoogelt, um herauszufinden, was die beste Zahnpasta für Kinder ist. Oder ich wollte, dass mein Kind möglichst lange keinen Industriezucker zu sich nimmt. An sich alles nicht falsch,

aber ich habe angefangen, aus jeder Kleinigkeit eine Wissenschaft zu machen."

In ihrer Familie und Verwandtschaft stößt Georgina mit ihren Bemühungen immer wieder auf großes Unverständnis. Also zieht sie sich zurück und recherchiert weiter im Internet. In entsprechenden Foren trifft sie Menschen, die sie und ihre Sorgen ernst nehmen, sich mit den gleichen Themen beschäftigen und die scheinbar gute Tipps für sie haben. Je mehr Austausch sie im Netz mit Gleichgesinnten pflegt, desto bewusster wird ihr, was sie alles falsch machen könnte. Die Angst, ihrem Kind unbewusst Schaden zuzufügen, wächst. *„Ich dachte, ich muss noch mehr recherchieren, noch mehr wissen. Ich war schon immer perfektionistisch, aber jetzt nahm es enorme Ausmaße an."*

Es bleibt dann auch nicht bei der Zahnpasta. Bald geht es um das Schulsystem, den Einfluss der Regierung auf die Persönlichkeit der Kinder oder um das Impfen gegen Kinderkrankheiten. Georgina stößt auf vertrauenerweckende Beiträge, die ihr vermitteln: Es gibt Menschen, die nur impfen wollen, um deinem Kind zu schaden. Im Laufe der Zeit entdeckt sie viele weitere solcher Artikel und Videos zu den unterschiedlichsten Themen, in denen von verdeckten Machenschaften und bösen Plänen der „Elite" oder der politischen Machthaber die Rede ist. *„Das* *war alles eine schreiende Ungerechtigkeit, wie da scheinbar mit den Menschen umgegangen wird. Und ich habe wahnsinnige Ängste entwickelt, was alles mal auf unsere Familie zukommen könnte, worüber ich keine Kontrolle mehr habe und wovor ich mein Kind nicht beschützen kann."*

Stück für Stück isoliert sich Georgina von den Menschen in ihrem Umfeld. Ihre Bezugspersonen sind die Leute aus den Internetforen. Ihnen glaubt sie. Mit ihnen redet sie mehr als mit ihrer Familie. Auf ihren Rat hin trifft sie Entscheidungen. Dabei werden ihre Ansichten immer extremer und ihre Ängste immer größer. Bald traut sie in der realen Welt niemandem mehr. Keinen Ärzten, keinen Politikern, keinen Freunden, nicht mal ihrem eigenen Mann.

„Ich bin wie in einem Sog immer weiter in diese Gedankenwelt hineingerutscht, bis ich bei heftigen Verschwörungstheorien angelangt bin. Jedes Flugzeug, jeder Bundeswehrhubschrauber bedeutete Gefahr. Ich hatte sofort Panik und habe mich gefragt: Was will der hier – was will der von uns? Ich wollte alle Menschen über diese bösen Machenschaften aufklären und auch mit aller Kraft dagegen ankämpfen – durch Demonstrationen oder durch die Weiterverbreitung von Medien. Aber das war ein Teufelskreis. Ich wollte den Menschen die Augen öffnen, aber sie wollten damit nichts zu tun haben. Und irgend-

wann wollte auch keiner mehr tiefergehende Gespräche mit mir führen – aus Angst, dass dann gleich wieder diese extremen Themen auf den Tisch kommen."

Jede Nacht ist Georgina in ihren Internetforen unterwegs, deswegen ist sie tagsüber oft müde, nicht belastbar, funktioniert nur noch. Fast ohne Schlaf, ohne echte menschliche Kontakte und geplagt von Ängsten ist sie irgendwann körperlich und seelisch vollkommen am Ende.

„Es war alles so hoffnungslos. Ich dachte: Wenn wir einfach hilflos allen Machenschaften ausgeliefert sind, wenn das alles hier nur ein böses Spiel ist, in dem es am Ende darum geht, den Menschen zu schaden und ich nichts dagegen tun kann – dann möchte ich mit diesem Spiel nichts mehr zu tun haben. Dann steige ich aus – und meinen Sohn nehme ich mit, denn ich werde ihn auf keinen Fall ohne Mutter in dieser Welt zurücklassen. Diesen seelischen Schaden werde ich ihm nicht antun."

Voll von dieser Todessehnsucht steht Georgina eines Tages im Badezimmer. Dort sackt sie kraftlos zusammen. *„Es war, als ob ein tonnenschwerer Rucksack mich zu Boden zieht. Ich wusste instinktiv, dass es irgendetwas geben muss, das stärker ist als all das. Irgendeine übernatürliche Kraft. Ich wusste nicht, was das sein sollte, also habe ich einfach nur geschrien: ‚Wenn es da irgendwo Gerechtigkeit gibt, dann zeig dich jetzt.'"*

Kurze Zeit später sitzt Georgina mit ihrem Sohn auf dem Spielplatz, als ein alter Bekannter auf sie zukommt, den sie längere Zeit nicht gesehen hatte. Sie plaudern ein bisschen, dann sagt der Mann plötzlich: *„Georgina, bitte halt mich jetzt nicht für verrückt. Ich habe vor ein paar Tagen von dir geträumt und jetzt treffe ich dich hier. Ich glaube, das ist kein Zufall. Ich möchte dir sagen, es gibt da jemanden, der dich versteht. Gott ist Gerechtigkeit."*

Dieser Satz trifft Georgina mitten ins Herz. Dieser Bekannte konnte nicht wissen, wie es ihr ging und erst recht nicht, dass sie wenige Tage zuvor um Gerechtigkeit gebetet hat. Bevor sie sich verabschieden, drückt er ihr noch ein christliches Buch in die Hand.

„Ich habe angefangen zu lesen, und das einzige, was bei mir hängen geblieben ist, war, dass immer wieder der Name Jesus fiel. Jesus, Jesus, Jesus. Und dann wollte ich wissen: Wer ist denn dieser Jesus? Klar war mir der Name aus dem Konfi-Unterricht bekannt. Aber es waren keine Emotionen damit verbunden. Und hier wurde der Name plötzlich in Verbindung gebracht mit Hoffnung und mit Frieden und mit Gerechtigkeit. Da schien es tatsächlich jemanden zu geben, der weiß, wie böse diese Welt ist, und der mir ganz tief ins Herz schreibt: ‚Es gibt Gerechtigkeit.' Und den wollte ich jetzt kennenlernen. Ich hatte ja gemerkt, dass ich keine Gerechtigkeit bewirken kann, egal auf wie vielen

Demonstrationen ich war oder wie viele Beiträge ich im Netz geteilt habe."

So wie es ihrer Art entspricht, geht Georgina wieder im Internet auf Recherche und stößt auf ein Video über das biblische Buch der Offenbarung. Sie ist fasziniert. Wieder ist die Rede davon, dass es tatsächlich Menschen gibt, die Böses vorhaben, und dass es Ungerechtigkeit gibt – fast so, wie in ihren Internetforen. *„Allein zu sehen: Da nennt jemand die Dinge beim Namen, war für mich total befreiend. Denn in meinem Umfeld hatte ich immer erlebt, dass Menschen nicht wahrhaben wollen, dass es sowas geben könnte. Und hier wurde gesagt: ‚Nein, es ist nicht alles heil, du hast recht, es gibt Dinge, auf die man aufpassen muss. Es gibt dieses Böse, aber es gibt eine Hoffnung, die größer ist.'"*

Um mehr zu erfahren, besucht Georgina kurz darauf eine moderne Kirchengemeinde. Sie sitzt dort, hört die Lieder und kann plötzlich nur noch weinen. *„In diesen Texten ging es um Hoffnung und Liebe. Und dass da jemand ist, der mich sieht und versteht. Danach hatte ich mich ja immer gesehnt. Ich habe gemerkt, wie meine Angst und mein Schmerz anfangen zu bröckeln. Mit jedem Lied wurde die harte Schale, die ich mir seit meiner Kindheit aufgebaut hatte, weicher."*

Georgina geht immer wieder dorthin und erlebt

etwas Seltsames. *„Die äußeren Umstände haben sich nicht geändert, die Welt hat sich nicht verbessert – aber ich hatte trotzdem Frieden im Herzen. Und dann wollte ich mehr. Also habe ich ein einfaches Gebet gesprochen: ‚Jesus, ich habe so viel von dir gelesen und gehört. Und die Menschen, die über dich sprechen, die klingen so verliebt. Ich möchte auch so verliebt sein in dich.' Und dann bin ich eines Morgens zur Arbeit gefahren und die Sonne hat geschienen – irgendwie ging das direkt in mein Herz. Es war so ein schöner Moment. Und auf einmal waren diese Ängste ganz weg. Es war, als ob mich jemand auffängt wie in einem Wolkenbett und sagt: ‚Ich bin für dich da, allezeit. Ich gehe mit dir durch alles durch. Auch wenn ich deine Umstände nicht ändern werde, komm einfach in meine Arme und ich werde dich lieben. Das ist alles, was du brauchst.'"*

Diese Erfahrung verändert Georgina komplett. Zum ersten Mal seit vielen Jahren fühlt sie sich frei. *„Ich konnte diesen schrecklichen Rucksack an Jesus abgeben. Und ich habe das Bewusstsein bekommen: Ich bin Mama und ich bin Mensch, ich kann nicht alles – und das muss ich auch nicht! Es ist nicht möglich, eine perfekte Welt zu erschaffen. Ich weiß heute: Ja, all das, was man in diesen Foren liest, könnte wahr sein, weil Menschen zu Bösem fähig sind. Aber ich kann in Freiheit und in Frieden darüber leben, weil Gott trotzdem alles in der Hand hat. Und ich vertraue Gott.*

Das heißt nicht, dass jedes Leid abgewendet wird. Aber ich kann meinen Kindern dann sagen: ‚Jesus kennt das, was du durchmachst. Er hat selbst so viel Ungerechtigkeit erlebt, obwohl er die Gerechtigkeit in Person ist. Nein, die Welt ist nicht pure Gerechtigkeit, aber Jesus steht darüber. Er versteht dich, ihm kannst du deine Ängste und Zweifel geben, er nimmt dich an, wie du bist.'"

Ludwig Maier

Von Schuldgefühlen zerfressen

Ludwig rennt durch den Wald. Schweiß läuft über seine Stirn, das Herz rast. Hinter sich hört er eine Suchhunde-Staffel, über ihm kreist ein Polizeihubschrauber. „Warum?" Diese Frage hämmert in seinem Kopf. „Warum musste das ausgerechnet mir passieren?" Er schreit die Frage innerlich zu Gott, von dem er gar nicht sicher ist, ob es ihn wirklich gibt. Er war doch nur einen kleinen Moment unaufmerksam. Doch dieser Moment hat sein ganzes Leben zerstört.

Ludwig ist ein Adrenalin-Junkie. Sein Sport ist das Windsurfen. Je wilder die Wellen und der Wind, desto besser. Er liebt Herausforderungen, will immer wieder seine eigenen Grenzen überschreiten, egal ob im Wasser oder an Land. Und so ist er in dieser Nacht mit seinem Auto auf der Landstraße unterwegs – angetrunken und mit Vollgas, wie so oft. Die Gedanken daran, welche Folgen das haben könnte, verdrängt er. *„Ich dachte, ich habe alles im Griff. Auf der einen Seite wusste ich natürlich, dass was*

Schlimmes passieren kann. Aber trotzdem konnte ich mich dem nicht entziehen. Es war so ein cooles Gefühl, so reizvoll, sich an der Grenze zu bewegen – so wie beim Surfen."
Und dann passiert es. Einen Moment lang ist Ludwig in Gedanken, achtet nicht genau auf die Straße. Und plötzlich ist da vor ihm dieses kleine Cabriolet. Er kann nicht mehr bremsen und fährt auf. Der andere Wagen kommt nach rechts von der Straße ab und prallt mit voller Wucht an einen Baum.

„Ich habe gesehen, dass der Beifahrer aussteigt und zur Fahrerseite geht. Ich hab dann erst mal die ganze Unfallstelle abgesichert, den Leuten gesagt, dass sie die Polizei holen sollen und dass wir einen Krankenwagen brauchen. Dann bin ich zu dem PKW hin und hab den Mann gefragt, ob ich helfen kann. Seine Antwort werde ich nie vergessen: ‚Nein, ich bin Unfallchirurg. Das ist meine Frau. Sie ist tot.'"

Der Schock fährt Ludwig in alle Glieder. Tot! Unwiederbringlich! Ein Mensch ist gestorben – und er ist schuld daran. Nein, nein, nein! Er fängt an zu rennen. Nur weg von diesem Ort, Hals über Kopf in den Wald hinein. Stundenlang sucht die Polizei nach ihm, aber Ludwig entkommt. Nach mehreren Stunden ist er zu Fuß in seiner Heimatstadt angekommen. Völlig aufgelöst klingelt er gegen drei Uhr morgens bei seinem besten Freund.

Der ist schon wach und sagt nur: „Dein Vater hat bei mir angerufen, wir müssen jetzt zur Polizei gehen."

Eine Stunde später sitzt er auf der Polizeistation und wird verhört, eine Blutprobe wird entnommen. Dann kann er erst mal wieder nach Hause. *„Ich bin im Morgengrauen ins Bett gefallen und kurz eingeschlafen. Als ich wach wurde, war mein erster Gedanke: Hoffentlich war das nur ein sehr realer Albtraum – denn wenn das Wirklichkeit ist, war's das mit meinem Leben, mit meinen Zukunftsplänen, mit jeder Form von Glück."* Er zwickt sich in den Arm, so stark, dass es blutet. Dann geht er zur Garderobe und schaut den Anorak an, den er am Abend vorher getragen hat. *„Und da habe ich es gesehen: das Blut der Autofahrerin. Ich hatte mich in den Unfallwagen gebeugt, dabei ist es passiert. Jetzt wusste ich, dass es bittere Realität ist. Ich hatte ein Menschenleben auf dem Gewissen."*

Eine Woge der Verzweiflung schlägt über Ludwig zusammen. Angst. Panik. Scham. *„Für mich gab es kein Leben mehr. Ich war sicher, dass ich nie wieder glücklich sein kann oder unbeschwert lachen. Die Schuld war zu schwer."*

Um irgendwie mit dieser Schuld zurechtzukommen, greift Ludwig nach jedem Strohhalm. Er probiert autogenes Training, Yoga, sogar okkulte Praktiken. Er geht zu einer Psychologin in Therapie und liest alle Bücher, die er zu dem Thema finden kann. Aber nichts kann den Aufruhr in seiner Seele beruhigen. Die Schuld ist immer noch da und sie erdrückt ihn.

Dazu kommt der öffentliche Druck. Die Zeitungen berichten über den Unfall. Es folgen viele harte und verurteilende Leserbriefe. Doch ein Kommentar ist anders. Er stammt von einer Bekannten aus dem Sportverein. Sie verweist darin auf eine biblische Geschichte, in der Jesus Christus barmherzig mit einer Ehebrecherin umgeht und sie vor der Steinigung bewahrt. Ein Zitat von Jesus bleibt Ludwig besonders hängen: „Wer unter euch ohne Sünde ist, der werfe den ersten Stein auf sie." (Johannes 8,7)

Mit dem Glauben hatte Ludwig bis dahin nicht viel am Hut. *„Meine Kindheitserinnerungen an das, was ich über Gott gelernt habe, waren nicht gerade positiv. Für mich war Gott jemand, der vom Himmel aus überwacht, ob der kleine Ludwig irgendetwas falsch macht. Und wenn ja, dann kommt er mit der großen Strafe. Deswegen dachte ich mir nach Taufe, Erstkommunion und Firmung: Okay, Kirche erst wieder ab 70. Aber dieses Zitat hat mich so berührt, dass ich dachte: Vielleicht gibt es ja noch eine Chance für mich. Vielleicht gibt's bei Gott doch noch sowas wie Erlösung oder Gnade."* Doch er geht diesen Gedanken nicht weiter nach, denn zunächst wartet das Gerichtsverfahren auf ihn. Das Urteil: Ein Jahr Gefängnis ohne Bewährung. *„Als der Richter sagte: ‚Im Namen des Volkes ergeht dieses*

Urteil', dachte ich, okay, dann gehe ich jetzt in den Knast, um die Schuld zu sühnen – und dann kann ich auf einen neuen Anfang hoffen."

Ludwig tritt die Haft an, doch von Erleichterung keine Spur. *„Ich hatte Depressionen und hab 10 Kilo abgenommen. Um 22 Uhr bin ich todmüde ins Bett gefallen, aber schon drei Stunden später bin ich wieder aufgewacht – und die Schuld war wieder da."*

Durch seinen festen Job als Maurermeister bekommt er relativ schnell Freigang. Tagsüber arbeitet Ludwig draußen, abends muss er wieder zurück ins Gefängnis. Und ab und zu darf er auch mal ein Wochenende zu Hause verbringen. *„In dieser Zeit habe ich einen Kumpel besucht, der eine ähnliche Geschichte hat wie ich. Er hat einem Freund Drogen gegeben und der hat sich dann im Rausch das Leben genommen. Er hat gelitten wie ich – aber an diesem Wochenende hab ich sofort gemerkt: Etwas ist anders. Ich habe ihm ins Gesicht geschaut und gespürt: Das ist keine Show, der hat tatsächlich Frieden über diese Sache. Das war mir unerklärlich. Ich habe ihn gefragt, was passiert ist und er sagte nur: ‚Du brauchst Jesus!'"*

Ludwig versteht nur Bahnhof. Aber dann erinnert er sich an das Zitat aus dem Leserbrief. Jetzt ist seine Neugier geweckt. Er will mehr wissen über diesen Jesus und fängt an, jeden Abend in seiner Zelle das Neue Testament (den zweiten Teil der Bibel) zu lesen. *„Dabei habe ich gemerkt: Dieser Jesus ist ganz anders als das, was ich seit meiner Kindheit so über Gott dachte."*

Dann kommt der 15. Februar. Ludwig bekommt einen Brief von seinem Kumpel, der sich so verändert hatte. Und auch er zitiert wieder Jesus: „Kommt alle her zu mir, die ihr euch abmüht und unter eurer Last leidet! Ich werde euch Ruhe geben." (Matthäus 11,28)

Diese Worte treffen Ludwig wie ein Blitz. *„Ich wusste, ich trage eine zentnerschwere Last. Ich habe keinen Frieden, ich brauche diese Ruhe. Ich hatte so viel versucht, um mit der Schuld klarzukommen, aber nichts hat geholfen. Ich hatte nichts mehr zu verlieren. Und ich dachte: Wenn Jesus wirklich Gott ist und wenn er sagt ‚komm zu mir', dann ist das eine Aufforderung – und dann mache ich das jetzt. Ich habe gesagt: ‚Gott, wenn es dich wirklich gibt – hier bin ich. Mit all meinem Schrott und mit meinem Versagen. Mach, was du möchtest.'"* Ludwig liegt auf seinem Bett und starrt in die Dunkelheit. Es ist 23:15 Uhr, ein nasskalter Wintertag. *„Dann ist was Phänomenales passiert. Meine ganze Zelle war plötzlich erfüllt von Wärme und Liebe und Frieden. Ich hatte nie was mit Übersinnlichem am Hut, aber das war völlig real und ich wusste sofort: Gott ist da. Es war, als wäre ich einsam auf einer Nussschale im Ozean getrieben – und plötzlich war ich zu Hause im sicheren Hafen. Ich* *hatte endlich Frieden. Die Last der Schuld war von meinem Herz genommen worden."*

Am nächsten Morgen ist Ludwig wie ausgewechselt. *„Ich hatte das Gefühl, als ob ich jahrelang am Meer gelebt hätte, aber nur die Oberfläche gesehen habe. Und plötzlich gehe ich tauchen und es tut sich mir eine völlig neue Welt auf, die geistliche Welt. Ich habe ganz oft ‚Halleluja, Halleluja' gerufen und Gott gelobt für das, was er auf dieser Welt geschaffen hat – das wäre mir früher nie in den Sinn gekommen."*

Wegen guter Führung wird Ludwig nach sieben Monaten entlassen und fängt ein neues Leben an. Inzwischen ist er verheiratet und er ist glücklich. Ein Gefühl, von dem er dachte, dass er es nie mehr erleben würde. *„Ich wünschte, ich könnte diesen Unfall rückgängig machen, aber das geht leider nicht. Trotzdem durfte ich Gottes Gnade, seine Vergebung, seine Freundlichkeit, seine Liebe erleben. Ich habe mich oft gefragt, warum ich den Unfall damals relativ leicht verletzt überlebt habe. Mein Auto war auch total demoliert von der Wucht des Aufpralls, aber ich hatte nur ein Schleudertrauma. Ich bin heute einfach nur froh und dankbar, dass ich lebe. Und vielleicht ist es ja Teil des Sinns meines Lebens, anderen Menschen Mut zu machen, dass Gott wirklich barmherzig ist. Und so klein oder groß mein Versagen auch ist: In der Bibel steht, dass* *alle gesündigt haben und die Herrlichkeit Gottes verloren haben (Römer 3,23). Niemand ist perfekt. Es gab nur einen einzigen Menschen, der perfekt war, und das war Jesus. Und er ist für unsere Schuld am Kreuz gestorben, damit wir mit Gott versöhnt sind und Frieden haben. Das ist das Evangelium, die gute Nachricht der Bibel."*

Sabine

Kein Mensch zweiter Klasse

„Was willst du denn? Du bist doch sowieso nur aus dem Heim." Nach einem Streit schleudert eine Spielkameradin der kleinen Sabine diesen Satz entgegen. Sie ist fassungslos. Adoptiert? Ich? Nein, das wüsste ich doch – oder? Was ist mit Mama und Papa? Sabines Gedanken fahren Achterbahn. Weinend rennt sie nach Hause und erfährt, dass es tatsächlich wahr ist: Sie wurde adoptiert. Ihre Adoptiveltern haben sich immer liebevoll um Sabine gekümmert und auch jetzt beteuern sie, wie sehr sie sie lieben, seit sie sie als Baby aus dem Kinderheim abgeholt haben. Doch ihre Sätze kommen bei Sabine nicht mehr an. Ihre Seele hat sich verschlossen. *„Es gab eine Frau, meine Mutter, die mich geboren und dann weggegeben hat – oder wie es sich für mich anfühlte: weggeschmissen. Ich habe mich gefragt: Warum hat sie das getan? Bin ich nicht liebenswert? In dem Moment habe ich angefangen, mich wertlos zu fühlen. Wie das vergammelte Obst im Supermarkt, über dem ein großes Schild steht: Zweite Wahl. Das* *war wie eine neue Identität, die ich damals angenommen habe. Weggeschmissen, minderwertig."*

Als Teenager beginnt sie, viel Alkohol zu trinken. Schnell kommen auch erste Drogenerfahrungen hinzu. Hauptsache, sich zudröhnen, nichts mehr fühlen müssen. Mit 14 beginnt Sabine, Bestätigung bei Männern zu suchen. *„Ich dachte, es muss doch jemanden geben, der mich liebt und annimmt."* Mit Anfang 20 lernt sie Ben kennen. Sie verliebt sich Hals über Kopf in ihn, obwohl sie weiß, dass er heroinsüchtig ist und direkt aus dem Gefängnis kommt. *„Er sah so ein bisschen aus wie Jack Sparrow aus dem Film ‚Fluch der Karibik', er hatte dieses Wilde und Unbändige. Und ich glaube, das wollte ich zähmen. Ich dachte, ich liebe ihn so sehr, dass ich das hinkriege. Völlig verrückt. Ich wollte ihn gesundlieben, obwohl ich doch selbst total kaputt war."*

Von da an wird ihr Leben richtig chaotisch. Ein halbes Jahr lang sind sie auf der Flucht, weil Ben wieder mit Haftbefehl gesucht wird. Sie verstecken sich in Wohngemeinschaften und dealen im großen Stil. Bis irgendwann alles auffliegt und Ben wieder im Gefängnis landet. Als sie ihn besucht, erlebt sie einen völlig anderen Ben.

„Er hat erzählt, dass er einem Gefängnisprediger begegnet ist und jetzt in der Bibel liest. Er war so fasziniert von Gott und Jesus, dass er überhaupt keine Augen für mich

hatte. Ich war richtig eifersüchtig. Aber seine Begeisterung hat mich beeindruckt."

Sabines Neugier ist geweckt. Zu Hause angekommen beginnt sie, das Johannes-Evangelium in der Bibel zu lesen – und auch sie ist fasziniert. Aber gleichzeitig steckt ihr Leben weiter in einer Abwärtsspirale. Während Ben im Gefängnis ist, lässt Sabine sich auf andere Männer ein. *„Ich war völlig haltlos. Es war ja nicht so, dass Ben und ich eine Traumbeziehung gehabt hätten. Im Gegenteil. Wir zankten uns. Wir schlugen uns. Ich habe sogar Zigaretten auf ihm ausgedrückt aus lauter Wut und Zorn. Aber die Männer, bei denen ich Trost gesucht habe, waren nicht anders als er: heroinsüchtig und unzuverlässig."*

Besonders an eine Situation kann sich Sabine noch gut erinnern. *„Einer dieser Männer lebte in einer total verrückten Wohngemeinschaft in einem urigen alten Grubenhaus mitten im Wald. Als ich da reinkam, sagte einer der Mitbewohner: ‚Hier stinkt es nach Nuttendiesel.' Also eine Bezeichnung für billiges Parfüm, wie man es bei Prostituierten vermutet."*

Der Satz trifft Sabine wie ein Hammer. Völlig geschockt macht sie auf dem Absatz kehrt, rennt zurück in ihr kleines, altes Auto und rast los. Es ist Winter. Alles ist gefroren. Auch die Straße ist spiegelglatt. *„Ich wusste, dass am Ende der abschüssigen Straße vor der nächsten Ortschaft* *eine scharfe Kurve ist, vor der man stark abbremsen muss. Aber ich habe mich gefühlt wie ein Hund, den man getreten hat, und bin einfach mit 70, 80 Sachen diesen Hang runtergebrettert. Und dann merkte ich plötzlich: Du kannst nicht mehr bremsen. Und da unten kommt die Ortschaft. Ich fuhr auf dieses erste Haus zu und wusste: Es ist zu spät, ich komme nicht um die Kurve. Das war nur eine kurze Strecke, aber sie erschien mir ewig. Als ob die Zeit ganz stark verlangsamt wäre. In dem Moment fiel mir ein, dass ich in der Bibel gelesen hatte, dass der Lohn der Sünde der Tod ist. Und ich habe zu Gott gesagt: ‚Okay Gott. Ja, das habe ich verdient. Du hast recht. Es ist in Ordnung so. Das ist jetzt die Frucht meines Lebens.' Ich habe für mich abgeschlossen und die Hände vom Lenkrad genommen."*

Was dann passiert ist, wird Sabine nie vergessen. *„Die Kurve kam und das Auto ist ganz sicher hindurchgefahren, hat verlangsamt, ist am Ortseingang ganz sanft seitlich an eine Hecke gekippt und hat sich wieder aufgestellt. Und ich wusste: Das war übernatürlich."*

Sabine ist erleichtert, aber auch verwirrt. *„In der Bibel stand doch, dass Gott Sünde straft. Aber was ich erlebt hatte, war keine Bestrafung, sondern Bewahrung. Und plötzlich hatte ich Hoffnung. Sollte Gott mir eine Chance geben? Sollte Gott mich wollen, mich lieben? So positive Gedanken kamen mir auf einmal, weil ich in der Bibel ja* *auch von ganz viel Liebe gelesen hatte. Und als ich dann zu Hause war, habe ich zu Gott gesagt: ‚Wenn es dich gibt, dann will ich mit dir leben.'"*

Völlig erschöpft schläft Sabine ein. Aber als sie am nächsten Tag ins Auto steigt, spürt sie, dass sie sich verändert hat. *„Ich habe immer die Musik im Auto ganz laut angemacht, aber nicht an diesem Morgen. Ich habe die Dinge um mich herum plötzlich anders wahrgenommen, die Sonne, die Vögel am Himmel, die Menschen – und ich hatte einen ganz tiefen Frieden in mir."*

Kurz danach bekommt sie einen Brief von Ben aus der Haft. Er schreibt, dass er mit ihr zusammen den neuen Weg mit Gott gehen will. Als er rauskommt, heiraten die beiden. Doch die Ehe geht nicht lange gut. Ben wird rückfällig.

„Seine Sucht war stärker. Schon zwei Wochen nach der Hochzeit habe ich den ersten Blutfleck auf seinem Hemdsärmel entdeckt und wusste, dass er wieder spritzt. Dann ging alles sehr schnell. Er hatte auch eine Freundin, die ebenfalls heroinsüchtig war. Er hat mir vorgeworfen, dass er das mit mir alles nicht mehr teilen kann. Ich war ja seit dem Gebet nicht mehr dieselbe. Ich hatte keine Lust mehr auf Drogen und hatte auch keine Männergeschichten mehr, weil sich mein Inneres verändert hat."

Trotz der schwierigen Beziehung wird Sabine schwanger. Jetzt hat sie nicht nur Angst um sich selbst, sondern auch um ihr ungeborenes Kind. Immer wieder wird Ben gewalttätig und tritt sogar gegen Sabines Bauch.

„Einmal hat er mich aus dem Bett gezerrt, an die Wand gestellt und ausgeholt, um mich zu schlagen. Aber plötzlich konnte er seinen Arm nicht mehr bewegen. Als ob ihn jemand festhielt. Dann wollte er den anderen Arm nehmen, aber mit dem ist das Gleiche passiert. Der Arm blieb in der Luft hängen. Ich habe sein fassungsloses Gesicht gesehen. Dann ist er weggerannt wie von der Tarantel gestochen. Ich wusste: Gott schützt mich hier gerade. Ich hatte mittlerweile eine feste Beziehung zu ihm, hab mit ihm gesprochen und gemerkt, dass er da ist und mich tröstet."

Nach diesem Ereignis ist für Sabine klar, dass sie sich und das Kind jetzt in Sicherheit bringen muss. Sie flieht zu einer Freundin und erlebt die nächste Überraschung. Eine wohlhabende Unternehmerin hatte gehört, dass Sabine in Not ist und einen Umschlag mit einer beträchtlichen Summe Geld bei eben jener Freundin für sie abgegeben. *„Das war für mich absolut ein Geschenk Gottes und seine Zusage: ‚Ich kümmere mich um dich!' In dieser Nacht habe ich bei der Freundin auf dem Sofa geschlafen und plötzlich eine wunderschöne Musik gehört; sowas hatte ich noch nie zuvor gehört und seitdem auch nie wieder. Wie Engelmusik. Und ich habe von einer kleinen Wohnung geträumt für mich und mein Kind."*

Am nächsten Morgen fragt sie ihre Freundin, wo denn die schöne Musik hergekommen sei. Aber die meint nur, in der Nacht sei nichts gewesen, Sabine habe sicher nur den Kühlschrank gehört.

„Aber das Verrückte war, dass ich ein paar Tage später genau in der Wohnung stand, von der ich geträumt hatte. Eigentlich wollten die Eigentümer gar nicht vermieten, aber sie sind das Gefühl nicht losgeworden, dass sie mir diese Wohnung geben sollten. Jetzt hatte ich für eine sehr günstige Miete ein Zuhause für mich und mein Kind. Und ich habe dann auch noch eine gute Arbeit gefunden, die mir genug Freiraum gelassen hat für meinen Sohn. Ich habe Wunder über Wunder erlebt. Ich habe mich versorgt, geliebt und angenommen gefühlt. Gott hat mein Gebet damals erhört und er hat mich nicht mehr losgelassen. Obwohl ich später nochmal richtig abgestürzt bin. Ich hab wieder Anerkennung bei Männern gesucht und bin sogar in einer Pornosucht gelandet, weil ich wissen wollte, wie ich sein muss, um Männern zu gefallen. Jeden Abend habe ich Alkohol getrunken und mich klein und wertlos gefühlt. Aber Gott hat mir immer wieder klargemacht: ‚Ich liebe dich. Ich erwarte nicht von dir, dass du dich sofort änderst. Vertraue mir, ich mache das.‘ Und er hat es gemacht. Seine Liebe hat mich immer mehr erfüllt. Und damit ließ das Verlangen nach Bestätigung von Männern nach. Gott hat sich

nicht angewidert von mir abgewandt, sondern er ist in den tiefsten Tiefen bei mir geblieben."

Sabine erlebt, dass sie das Gefühl der Minderwertigkeit wirklich hinter sich lassen kann. *„Bei Gott darf ich einfach ich sein. Ich bin sein geliebtes Kind. Wertvoll. Keine zweite Wahl. Ich erlebe eine tiefe, innere Geborgenheit, die mir diese furchtbare Lebensangst nimmt, nicht gewollt und nicht geliebt zu sein. Gottes Liebe ist bedingungslos. Durch sie kann ich leben. Darauf kann ich mich verlassen."*

Sabine hat unter dem Pseudonym Dorothy Tinfield ihre ausführliche Geschichte veröffentlicht und noch zwei weitere Bücher über Gottes Liebe geschrieben.

Oliver Steiner

„Ich war blind und gehörlos“

Langsam kommt Oliver im Krankenhaus zu sich. Sein ganzer Körper tut weh. Es ist dunkel – und alles, was er hört, ist ein lauter, schriller Pfeifton. Allmählich kämpft sich die Erinnerung durch die Schmerzen.

Mit Freunden ist er im Wald unterwegs. Sie wollen aus Baumstämmen und dicken Ästen, die von der kommerziellen Forstwirtschaft aussortiert und zurückgelassen wurden, Kaminholz machen. Insgesamt 120 Kubikmeter sollen es werden. Mehrere Wochen sind für diese Aktion vorgesehen. Die dicken, teilweise noch frischen Stämme mit der Axt zu spalten ist anstrengend. Also hat Oliver eine Idee, um die kräftezehrende Arbeit zu erleichtern: Sprengstoff. Er kennt sich in der Theorie gut damit aus: Mathe, Physik und Chemie waren schon in der Schule seine Lieblingsfächer, und gerade hat er mit dem Studium der Elektrotechnik begonnen. Jetzt möchte er seine Kenntnisse in der Praxis umsetzen.

Oliver mischt eine Sprengladung zusammen und

bringt sie an einem Baumstamm an. Doch die Zündung funktioniert nicht. Also kommt er aus der Deckung, um es erneut zu versuchen. *„Ich war gerade dabei, eine neue Zündung anzubringen, da habe ich diesen Funken gesehen, der übergesprungen ist. Es war wie in Zeitlupe. Dann hat es geknallt."*

Die Druckwelle schleudert Oliver über zehn Meter durch die Luft, bis er an einem Baum hängen bleibt. Er ist bei vollem Bewusstsein. *„Meine Bombe hatte die vielfache Sprengkraft einer Handgranate und sie ist einen halben Meter vor mir hochgegangen. Ich hätte sofort tot sein müssen. Dass ich das überlebt hab, war ein Wunder. Mein Körper war komplett taub. Als hätte mich jemand mit einem gigantischen Baseballschläger erwischt. Ich habe meine Arme und Beine angefasst und gemerkt, dass sie da sind. Dann habe ich meine Finger angefasst und war erleichtert. Aber wenn ich die Augen aufgemacht habe, lief Blut raus. Auf dem rechten Auge war ich komplett blind und auf dem linken Auge habe ich nur dunklen Nebel gesehen."*

Seine Freunde fahren Oliver sofort ins Krankenhaus. Holz- und Kunststoffsplitter haben seine Augen und seinen ganzen Körper durchlöchert. Am Bein hat ein großer Holzsplitter die Hauptschlagader um den Bruchteil eines Millimeters verfehlt, sonst wäre er an Ort und Stelle verblutet. Auch seine Ohren sind völlig zerstört. Er wird drei

Tage lang immer wieder operiert. Zu diesem Zeitpunkt kann er nichts mehr sehen und auch so gut wie nichts mehr hören, außer diesem furchtbaren, lauten Pfeifen. Wenn ihm jemand ganz laut ins Ohr brüllt, erreichen ihn ein paar Worte wie aus weiter Ferne – mehr nicht. Je mehr die Wirkung der Narkose schwindet und sein klares Denken zurückkommt, desto verzweifelter wird Oliver.

„Ich dachte nur: ‚Was bist du für ein Idiot! Du bist 24 Jahre jung, wolltest dir richtig was aufbauen im Leben. Und mit dieser leichtsinnigen Aktion hast du alles ruiniert.' Ich hatte panische Angst und habe angefangen, darüber nachzudenken, welchen Freund ich bitten kann, mich auf das nächste Hochhaus zu bringen, damit ich springen kann."

Doch bevor er diesen Plan in die Tat umsetzt, macht Oliver noch etwas anderes. Zum ersten Mal in seinem Leben betet er. *„Ich habe zu Gott geschrien: ‚Vergib mir. Wenn du existierst, lass mich wieder sehen und lass mich wieder hören und ich verspreche dir, ich folge dir nach, was immer das bedeutet.' Bisher war ich purer Atheist und habe mich lustig gemacht über Menschen, die an Jesus Christus geglaubt haben. Ich war überzeugt, dass Religion nur was für Leute ist, die Probleme mit logischem Denken haben. Denn das Denken stand für mich immer an erster Stelle."*

Das war schon als Kind so. Mit vier Jahren beginnt Oliver, Bücher zu lesen; mit fünf kennt er rund vierhundert Dinosaurier mit ihrem lateinischen Namen. Seine Neugier ist grenzenlos: Wie entstehen Dinge, wie funktionieren sie, warum ist das so, was kann man damit machen? *„Andere haben früher bei mathematischen und chemischen Formeln die Augen verdreht – meine haben angefangen zu leuchten."* Mit oberflächlichen Antworten gibt er sich nicht zufrieden und bringt so manchen Lehrer an seine Grenzen. *„Ich wollte immer alles genau wissen und die moderne Wissenschaft schien die Antworten zu haben. Gott brauchte ich dafür nicht. Aber jetzt in diesem Krankenzimmer habe ich nach jedem Strohhalm gegriffen."*

Nach diesem Gebet erlebt Oliver, dass er jeden Tag etwas deutlicher hören und irgendwann – wie durch einen Schatten – auch wieder etwas sehen kann. *„Und am 14. Tag war es dann passiert: Ich hatte wieder 100 Prozent Sehfähigkeit auf beiden Augen und 100 Prozent Hörfähigkeit auf beiden Ohren."*

Am Tag seiner Entlassung bekommt er noch mal Besuch von dem Professor, der ihn operiert hat. Er schließt die Tür, schaut Oliver an und sagt: *„Ich wollte Ihnen das Folgende nie sagen, damit Sie nicht die Hoffnung verlieren. Aber die Wahrscheinlichkeit, dass Sie jemals wieder überhaupt etwas sehen können, und zwar nur hell und dunkel,* *war kleiner als drei Prozent. Die Wahrscheinlichkeit, dass Sie überhaupt jemals wieder hören, war kleiner als fünf Prozent. Was ist passiert?"*

Oliver erzählt ihm, dass er einige Tage vorher gebetet hat. Der Professor hält lange inne, atmet tief durch und sagt: *„Jetzt verstehe ich. Ich weiß, dass es mehr gibt zwischen Himmel und Erde als man erklären kann. Und für dieses offensichtliche Wunder gibt es nur eine Erklärung: Sie müssen da oben im Himmel jemanden haben, der Sie wirklich gern hat."*

Als Oliver das Krankenhaus verlässt, fühlt er sich, als sei ihm das Leben noch mal geschenkt worden. *„Ich habe mich über alles gefreut: Farben zu sehen, mit dem Taxi auf der Heimfahrt im Stau zu stehen, Menschen zu sehen, die Natur zu beobachten, Geräusche wahrzunehmen. Das war faszinierend."*

Zu Hause angekommen, stürzt er sich sofort mit vollem Elan in die Vorbereitung für die Semesterprüfungen, die zwei Tage später anstehen. Schließlich will er sein Studium vorzeitig abschließen. *„Diese Prüfungen habe ich mit Eins bestanden. Wie immer. Ich habe weitergemacht wie bisher – und dabei das Versprechen, das ich Gott gegeben hatte, vergessen."*

Nach dem Studium macht Oliver Karriere. Als Software-Entwickler programmiert er Anwendungen, die so kreativ und erfolgreich sind, dass er mit seinem Team mehrere große Patente anmelden kann. Er ist in 26 Ländern der Welt unterwegs, um seine IT-Lösungen bei Kunden zu implementieren. Voller Begeisterung arbeitet er bis zu 16 Stunden am Tag, sieben Tage die Woche, ohne Urlaub. Doch das hat Konsequenzen. Nach drei Jahren bleiben die Ideen aus, seine Gedanken sind wie festgefahren – Oliver steckt in einem Burnout. Seine Chefs übernehmen Verantwortung und geben ihm einen ruhigeren Job, in dem er wieder runterfahren kann.

Mit der neuen Aufgabe bekommt er auch einen neuen Chef. Was er erst später erfährt: Dieser Mann ist Christ und beginnt, für ihn zu beten. Und eines Tages drückt er Oliver eine Kassette in die Hand. Darauf ist der Vortrag eines hochrangigen Managers mit dem Titel: ‚Christsein – eine Kosten-Nutzen-Betrachtung'.

„Vier Wochen lag diese Kassette bei mir zu Hause. Es war Donnerstag, der 1. August 2002, 19:11 Uhr. Die Zeit werde ich nie vergessen. Ich sah diese Kassette und wusste, am nächsten Morgen muss ich sie meinem Chef zurückbringen. Also dachte ich, ich höre mal 30 Sekunden rein, die zitiere ich ihm, dann ist er zufrieden und ich habe meine Ruhe. Womit ich nicht gerechnet hatte, war, dass mich der Vortrag fasziniert hat. Ich habe die ganze Stunde gebannt zugehört. Diese Worte gingen bis auf die Grundfesten mei-

ner Existenz. Er hat darüber gesprochen, was es wirklich bedeutet, mit Jesus zu leben. Und mir ist in diesem Moment etwas klar geworden: Wenn der Mann unrecht hat, dann sind Christen die ärmsten Menschen auf dem ganzen Planeten, weil sie ihr Leben nach etwas ausrichten, das es nicht gibt. Aber wenn das mit Jesus alles so stimmt, dann habe ich bisher das echte Leben verpasst."

Oliver hat das Gefühl, dass sein ganzes Herz anfängt, nach diesem Jesus zu rufen. Er geht auf die Knie, betet und weint fast die ganze Nacht hindurch. Er erinnert sich an die Heilung, die er erlebt hat, bittet Jesus um Vergebung für alles, was er falsch gemacht und wo er ihn ignoriert hat. Und am Ende bittet er ihn, in sein Leben zu kommen und die Leitung zu übernehmen.

„Danach ist etwas Erstaunliches passiert: Ich war die letzten acht Jahre jede Nacht in dem gleichen Albtraum gefangen. Ich musste immer wieder diese schlimme Explosion durchleben. Es war ein Trauma, aber ich konnte nichts dagegen tun. Jedes Mal bin ich schweißgebadet aufgewacht, und abends habe ich mir selbst Mut zugesprochen, weil ich wusste, was kommt. Aber nachdem ich in dieser Nacht Jesus mein Leben gegeben habe, war der Albtraum verschwunden und er kam nie wieder. Mein Herz ist frei geworden. Jesus hat einen komplett neuen Menschen aus mir gemacht. Ich habe seitdem einen unglaublichen Frie-

den in mir und eine übernatürliche Freude, die nicht erklärbar ist."

Heute ist Oliver immer noch von ganzem Herzen Wissenschaftler. Für ihn ist das absolut kein Widerspruch zu seinem Glauben. *„Gott hat seine Handschrift in die gesamte Schöpfung hineingelegt, sodass wir sie erkennen können. Ich muss meinen Verstand nicht an der Garderobe abgeben, wenn ich mit Jesus leben will. Ganz im Gegenteil. Ich will immer noch viele Antworten haben. Und das Faszinierende ist: Gott gibt sie mir."*

Gabriele Unger

„Mein Leben ist mir entglitten"

Schwarze Fliegen schwirren über der Einkaufstasche, die nach verdorbenen Lebensmitteln stinkt. Seit einer Woche steht sie auf dem Boden in der Küche. Gabriele hat sie dort hingestellt und vergessen. *„Sowas ist mir immer wieder passiert. Die Tasche war wie ausgeblendet, als ob ich nie einkaufen war. Ich habe das Chaos im Haus schon wahrgenommen, aber ich bin dem nicht Herr geworden. Und irgendwann dachte ich: Jetzt ist sowieso alles egal."*

Gabriele ist ein Messie. Sie vergisst, Briefe zu öffnen, bis der Gerichtsvollzieher vor der Tür steht. Ihre Wohnung ist völlig vermüllt, zeitweise hat sie sogar eine Mäuseplage. Besuch kommt schon lange nicht mehr.

Angefangen hat ihr sichtbarer Absturz nach der Scheidung von ihrem Mann, der nach zwölf Jahren Ehe ganz offiziell noch eine Geliebte dazu haben wollte. Ein Jahr lang versucht Gabriele, ihre Ehe zu retten, dann gibt sie auf. Jetzt ist sie allein mit drei Kindern und ihrem stressigen Job als Krankenschwester. Die Arbeit in der Klinik kann sie gut und verantwortungsvoll erledigen, aber für ihr Leben als Hausfrau und Mutter hat sie keine Kraft mehr.

In dieser Zeit betet Gabriele viel zu Gott, an den sie seit ihren Teenagerjahren glaubt. *„Es hat mir schon geholfen zu wissen, dass Gott da ist, aber es reichte nicht, um nicht abzustürzen. Gott war für mich jemand, zu dem ich zwar reden kann, der aber nicht geantwortet hat."*

In dieser Zeit beginnen auch noch schreckliche Albträume. *„Ich habe geträumt, dass ich meine Kinder sexuell missbrauche. Und diese Träume waren so schlimm, dass ich danach Angst hatte, meine Kinder in den Arm zu nehmen, weil ich dachte, ich tue ihnen etwas an, das nie wieder gutzumachen ist. Es hat Nächte gegeben, in denen ich nicht ins Bett gehen wollte, weil ich wusste, dass diese Träume kommen würden."*

Gabriele ist völlig am Ende. Immer wieder steht sie auf ihrem Balkon im vierten Stock und denkt daran, einfach zu springen. Sie beginnt, sich selbst zu verletzen. *„Ich habe mir Haare ausgerissen, ich habe mich gebissen, ich habe mich gekniffen. Ich hatte so viel Schmerz in mir, der aber nicht rauskam, weil ich nicht weinen konnte. Ich habe ihn dann mit dieser Selbstverletzung ausgedrückt."*

Gabriele weiß, woher dieser Schmerz und die schrecklichen Träume kommen. *„Ich bin als junge Frau jahrelang* *missbraucht worden. Das war mir immer präsent. Die ganzen Jahre danach hatte ich immer noch jede einzelne Situation vor Augen. Es wurde zwar aufgedeckt, aber ich habe keine Hilfe bekommen. Ich habe versucht, mich mit unzähligen Hobbys abzulenken. Hauptsache, keine Zeit zum Nachdenken. Einmal hat eine Freundin zu mir gesagt: ‚Gaby, du bist nur auf der Flucht.' Und das stimmte, ich war auf der Flucht vor diesen Erinnerungen."*

Irgendwie überlebt Gabriele die Zeit nach der Scheidung im kompletten Chaos. Für ihre Kinder. Doch dann kommt der Tag, an dem alle ausgezogen sind. *„Meine Tochter ist als letztes meiner Kinder zum Studieren weggegangen. Sie hat mir noch eine wunderschöne Sonnenblume und Nougatpralinen hingestellt, bevor sie ging. Ich bin nach meinem Dienst in die leere Wohnung zurückgekommen, hab das gesehen und bin zusammengebrochen. Es ging nichts mehr. Es war, als ob jemand unter mir die Erde aufreißt. Ich habe noch irgendwie geschafft, unter die Dusche zu gehen, aber ich habe nur noch geschrien. Dann habe ich eine Freundin angerufen und gesagt: Du musst kommen, du musst mir helfen, du musst mich abtrocknen, du musst mich anziehen. Ich muss sofort zum Psychiater."*

Gabriele weist sich selbst in eine Klinik ein. Sechs Wochen bleibt sie in stationärer Behandlung, im Anschluss bekommt sie für eineinhalb Jahre einen Platz in einem betreuten Wohnprojekt zur Langzeittherapie. Als Nebenwirkung der Psychopharmaka nimmt sie im Laufe der Zeit zwar 20 Kilo zu, aber sie hat endlich Zeit, sich um sich selbst zu kümmern, ohne für andere Verantwortung tragen zu müssen. Alle Bewohner der Gemeinschaft haben geregelte Tagesabläufe und feste, kleine Arbeitsaufträge – und Gabriele merkt, wie gut es ihr tut, ganz langsam zu arbeiten und in jeder Beziehung Druck aus ihrem Leben zu nehmen.

Dort erlebt sie auch zum ersten Mal, dass Gott auf ihre Gebete antwortet. *„Ich erinnere mich noch genau an den ersten Tag. Das war ein nebelverhangener Herbsttag; der Himmel war ganz grau. Ich stand auf dem Balkon und sagte zu Gott: ‚Eigentlich will ich gar nicht hier sein. Eigentlich will ich wieder nach Hause.' Und in dem Augenblick, als ich das sage, reißt der Himmel auf und ein riesengroßes blaues Herz wird sichtbar. Da habe ich gewusst: Gott ist hier und Gott will, dass ich bleibe und dass ich hier gesund werde. Das hat mir ganz viel Kraft gegeben."*

Allerdings dauert es lange, bis Gabrieles Wunden heilen. *„Ein wichtiger Schritt für mich war, dem Täter von damals zu vergeben. Ich habe mich bewusst dazu entschieden, weil es im ‚Vaterunser' heißt: ‚Vergib uns unsere Schuld, wie auch wir denen vergeben, die an uns schuldig geworden sind' (Matthäus 6,12). Und ich wusste, dass ich auch viel in* *meinem Leben angesammelt hatte, das andere Menschen und Gott mir vergeben müssen."* Der Schritt fällt Gabriele nicht leicht, denn immer wieder kommen die Erinnerungen an den Missbrauch hoch. Aber sie schafft es.

Und in dieser ganzen Zeit erlebt sie Gott erneut sehr real. *„Ich habe gemerkt, dass ich damals Verhaltensweisen hatte, die ich gerne ändern wollte, aber ich habe es nicht geschafft, obwohl ich es Gott versprochen hatte. Da habe ich zu Gott gesagt: ‚Es tut mir unendlich leid. Ich habe mein Versprechen gebrochen. Ich möchte nur eins wissen: Liebst du mich trotzdem noch?'"*

Nach diesem Gebet greift Gabriele zu der Bibel, die in ihrem Schlafzimmer auf dem Schreibtisch liegt. Sie schlägt sie wahllos auf und liest: „Ich habe dich je und je geliebt, darum habe ich dich zu mir gezogen aus lauter Güte." (Jeremia 31,3) Gabriele ist tief berührt und weiß: *„Gott hat mir vergeben und er liebt mich immer noch."* Stück für Stück verändert sich auch ihr Bild von Gott. *„Für mich ist er heute nicht mehr distanziert, sondern er ist mein Papa. Ich weiß: Egal, welchen Bockmist ich auch heute noch anstelle, ich kann immer zu ihm kommen. Er hört mir zu, er liebt mich, er vergibt mir und ich kann immer wieder von vorne anfangen."*

Und auch sich selbst sieht Gabriele heute in einem anderen Licht. *„Ich bin Gottes geliebte Tochter. Die Bibel* *sagt das und Gott hat es mir auch ganz praktisch ausrichten lassen. In meiner Kirchengemeinde gibt es eine Frau, die bestimmt drei oder vier Jahre lang jeden Sonntagmorgen vor dem Gottesdienst zu mir kam und sagte:,Guten Morgen, du geliebte Tochter des Allerhöchsten.' Aber das ist an mir abgeperlt wie Wasser an einem Regenmantel. Ich konnte das einfach nicht annehmen. Aber Gott hat es mir durch diese Frau solange zugesprochen, bis ich es geglaubt habe. Ich weiß noch genau die Situation, in der es klick gemacht hat. Ich kniete im Wohnzimmer und Gott sagte plötzlich: ‚Setz deine Krone auf'. Und ich habe dann diese imaginäre Krone genommen und habe sie mir auf den Kopf gesetzt. Und da wusste ich: Ich bin eine Tochter des Allerhöchsten. Ich bin eine Prinzessin."*

Zum ersten Mal in ihrem Leben fühlt Gabriele sich wertvoll – und sie verhält sich auch so. „Es gab Zeiten, da war ich mir völlig egal. Ob die Haare kurz oder lang, rot, braun, blond oder kariert waren, war egal. Ob ich geschminkt war oder nicht, ob ich mir die Zähne geputzt hatte, ob ich mich gewaschen hatte oder nicht – alles völlig egal. Und heute macht es mir Spaß, mich schön zu machen, mich zu pflegen, zu stylen, zu schminken und schöne Klamotten zu tragen!"

Gabriele geht es zunehmend besser, seelisch und körperlich. *„Damals hat mein Arzt mir gesagt, ich müsse den*

Rest meines Lebens Psychopharmaka nehmen. Heute bin ich gesund und brauche nichts mehr davon."

Als sie mit der Langzeittherapie fertig ist, muss Gabriele ganz neu anfangen, denn ihre alte Messie-Wohnung hatte sie aufgelöst und alle Möbel verkauft. *„Gott hat mich mit allem versorgt, was ich brauchte. Ich habe eine Wohnung gefunden, ich bekam eine Einrichtung, ich wurde beschenkt ohne Ende. Es war, als ob Gott den Himmel aufreißt, mal eben so eine Packung Segen über mich kippt und sagt: ‚So Mädchen, jetzt fangen wir von vorne an, zusammen kriegen wir das in den Griff.'"*

Gabrieles Lieblingsplatz heute ist ein großer alter Tisch in ihrer Wohnküche. Hier sitzt sie oft und malt. Aufgeräumt wird dieser Platz jeden Tag. Eine Garantie, dass sie nie mehr zum Messie wird, kann sie für sich nicht geben, aber: *„Ich weiß, dass Gott immer da ist und dass er mir immer wieder aufhilft. Er ist da, wenn ich schlafe, wenn ich aufwache, wenn ich frühstücke, wenn ich Fernsehen schaue, wenn ich male. Ich kann immer mit ihm reden und das tue ich auch. Meine Nachbarn denken bestimmt: Die Gabriele redet wieder mit sich selbst. Aber die Gabriele redet nicht mit sich selbst, sondern mit Jesus, mit Gott, ihrem besten Freund."*

Thorsten Dietz

„Ist Gott real?"

„Christen sind naiv und Religion ist Philosophie für Minderbemittelte“ – davon ist Thorsten Dietz schon als Teenager überzeugt. *„Mit 15 Jahren hatte ich eine Art ‚atheistische Erleuchtung‘. Mir schoss plötzlich der Gedanke durch den Kopf: ‚Religion ist von gestern und passt mit unserem modernen Weltbild nicht mehr zusammen. Wer erwachsen werden will, muss jeden Kinderglauben abschütteln.‘ Und von dem Moment an war ich Atheist.“*

Thorsten liest viel, vor allem politische und philosophische Literatur, und er stört sich zunehmend an der Ungerechtigkeit dieser Welt. Er ist Idealist, will die Gesellschaft zum Guten verändern. Motiviert schaut er seinem Lehramtsstudium entgegen. Deutsch und Philosophie, das sollen seine Fächer sein – doch die Studienberaterin winkt ab: Mit dieser „Allerwelts-Kombi“ habe er keine guten Chancen auf dem Arbeitsmarkt. Sie rät ihm, zusätzlich ein „Mangelfach“ zu studieren, wie zum Beispiel Mathematik oder evangelische Religion.

„Und da hab ich gesagt: Evangelische Religion ist gut. Da habe ich auch eine Eins, das mach ich noch so nebenbei – Deal! Ich fand es zwar schon ein bisschen lustig und frech, als Atheist Theologie zu studieren, aber ich dachte, ich mische den Laden mal ein bisschen auf, das können die gebrauchen."

Dass sein Studium etwas an seiner Einstellung zum Glauben ändern könnte, zieht Thorsten nicht in Betracht. Sein Denken ist geprägt von Autoren des französischen Existenzialismus, wie Jean-Paul Sartre oder Albert Camus. Sie sind seine „atheistischen Helden". Doch ausgerechnet bei Camus stößt er eines Tages auf einen unerwarteten Hinweis. Er schreibt, der russische Autor Fjodor Dostojewski sei zwar leider Christ, aber dennoch ein genialer Schriftsteller.

Neugierig besorgt sich Thorsten Dostojewskis Bücher und beginnt zu lesen. *„Ich dachte: Holla, die Waldfee! Wie der Menschen beschreibt, ist großartig! So radikal, so lebendig, so leidenschaftlich, so zerrissen – so wie ich mich manchmal auch gefühlt habe. Voller Fragen, aber auch irgendwie voller krummer Gedanken. Da waren Menschen mit Sehnsucht nach Gott, die manchmal Gott finden und manchmal vor ihm fliehen. Ich fand es faszinierend, dass ich da ein Bild vom Glauben gefunden habe, was nicht verstaubt war. Und da dachte ich: Man könnte tatsächlich*

Christ sein und ein ehrlicher Mensch, der sich nichts vormacht. Zum ersten Mal hatte ich das Gefühl, dass es Christen gibt, die man ernstnehmen könnte. Das war für mich eine echte Entdeckung. Da hatte ich monatelang dran zu kauen."

Thorsten beginnt, sich genauer mit dem Christentum zu befassen. Worum geht es beim Glauben eigentlich? Sein Fazit: *„Es ist dieses Bewusstsein, bedingungslos geliebt zu sein. Egal, wie verdreht man ist. Egal, welche Fehler man gemacht hat. Egal, wie das Leben gelaufen ist. Und dieses Bewusstsein trägt auch durch die größten Abgründe. Ich dachte: Das hat was! Das ist echt eine geile Idee. Wenn's das damals schon gegeben hätte, hätte ich meinen Status auf Facebook von ‚Atheist' auf ‚agnostisch aber suchend' umgestellt."*

Thorsten hat das Gefühl, dass er die ganze Sache mit dem Glauben doch noch mal testen sollte. Zu der Zeit lernt er im Studium einige Kommilitonen kennen, die ihn faszinieren. *„Das waren Leute, die nicht mehr auf der Suche, sondern die irgendwie angekommen waren. Argumente haben mich ja nie überzeugt, da hatte ich immer was zum Gegenhalten. Aber diese Leute waren einfach echt und haben in einer sehr persönlichen, anrührenden und beeindruckenden Art und Weise geglaubt. Für sie war Gott ein reales Gegenüber, dem sie vertraut haben, dem sie gedankt* *haben, wenn irgendetwas schön war, auf den sie gehofft haben, wenn es schwierig wurde. Das war eine Beziehung zu Gott, die sie gelebt haben, nicht irgendein Weltbild. Wir haben zum Beispiel zusammen Griechisch gelernt und es war für sie völlig normal, die anderen um Gebet zu bitten, wenn's Schwierigkeiten gab. Und die haben das dann direkt gemacht. Das war für mich eine komplett neue Welt."*

Immer intensiver fragt Thorsten sich: Wie wäre es, Christ zu sein – als Beziehung, nicht als Ideologie oder Theorie. Wie funktioniert dieses Vertrauen, und wer ist dieser Gott, zu dem meine Freunde eine Beziehung haben? Im Winter 1990/91 liest er mehrere Stunden am Tag in der Bibel – und ist überrascht: *„Die Bibel hat mich total geflasht, weil sie so anders war. Sie war so rau, so ungeschminkt, so ehrlich. Diese ganzen Geschichten von Menschen, die miteinander verfeindet sind, die Kriege führen, die Ehebruch begehen und dadurch ihre ganze Familie zerstören usw. Das fand ich alles viel spannender, als ich gedacht hatte. Es war etwas für Menschen, die Gebrochenheit kennen, die wissen, dass man das Leben ganz schön gegen die Wand fahren kann. Da war nichts geschönt. Und ich dachte: Da kommt echtes Leben vor... da könnte ich vorkommen... Am meisten haben mich die Psalmen fasziniert, die ja Gebete sind. Da heißt es nicht nur: ‚Amen. Danke. Halleluja! Groß bist du, o Herr!', sondern die Menschen ringen* *auch mit Gott und fragen: ‚Wo bist du? Wann kommst du endlich? Wann hilfst du mir?' Und da dachte ich: Ich hätte nicht erwartet, dass die das dürfen: Die streiten mit ihrem Gott, die hinterfragen seine Wegführung. Das hat mich fasziniert, weil ich merkte: Man kann echt mit Gott sprechen und muss ihm nicht irgendwas schön Klingendes vortragen. Man darf ihm begegnen, wie man ist."*

Danach startet Thorsten einen ersten zaghaften Versuch, selbst zu beten. Ein Vaterunser, das er noch aus dem Konfirmationsunterricht kennt, oder Worte aus den Psalmen. Aber richtig wohl fühlt er sich nicht. *„Ich habe gemerkt: Die Leute in der Bibel haben diese Worte zu einem Gegenüber gesprochen, das sie kannten. Aber ich kannte diesen Gott noch nicht so, wie die ihn kannten. Trotzdem habe ich gespürt: Der Sog wird stärker. Es fühlt sich immer realer an."*

Die nächste Herausforderung, der Thorsten begegnet, ist Jesus Christus. Bisher war Jesus für ihn ein guter, weiser Mensch, den man nachträglich zum Gott erklärt hatte, wie es in der Antike auch mit Julius Cäsar gemacht wurde. *„Aber je mehr ich gelesen habe, desto deutlicher merkte ich: Jesus ist ein ganz anderes Kaliber. Der ging auf Wasser und machte lauter erstaunliche Dinge. Als Atheist hätte ich jetzt sagen können: ‚Das ist doch alles erfunden.' Aber es fühlte sich zu echt an. Jesus hat nicht nur gesagt:*

Liebe deine Feinde, sondern er hat es getan. Und es hat mich gestresst, weil ich gemerkt habe: Ich kann das nicht. Ich liebe doch keine Imperialisten, Ausbeuter, Folterknechte. Jesus ist ein vollkommener Ehrenmann, den ich nie und nimmer nachahmen kann. Der enttäuscht die Erwartungen seiner Familie und seiner Freunde, Konsequenzen sind ihm egal, er hört nur auf Gott. Das hat mich total überfordert."

Nachdem Thorsten ein halbes Jahr die Bibel gelesen und sich mit Jesus auseinandergesetzt hat, kann er einer Frage nicht mehr ausweichen: Was ist, wenn man Jesus gar nicht nachahmen kann, weil er wirklich Gott ist? Was, wenn er nicht zum Gott erklärt wurde, wie einst Julius Cäsar, sondern wenn er es tatsächlich ist?

„Ich wusste, ich muss eine Art Lebenswende hinkriegen. Auf der einen Seite hatte ich Angst vor Gehirnwäsche, dass ich nur noch so eine Sprechpuppe bin, die fromme Phrasen ausspuckt. Aber auf der anderen Seite hatte ich Sehnsucht nach dieser Liebe. Ich war zerrissen und hab mich teilweise selbst nicht verstanden. So hatte ich oft ein Gefühl von tiefer innerer Einsamkeit, in der mich nichts und niemand erreichen konnte. Und ich dachte: Wenn ich wüsste, es gibt jemanden, der mich sieht, wie ich wirklich bin, der mich versteht, wenn ich mich selbst nicht verstehe, und der trotzdem ‚Ja' zu mir sagt – das wäre echter Glaube."

Eines Abends sitzt Thorsten wieder am Schreibtisch und ist in die Bibel vertieft. Er liest eine Stelle, in der Paulus sagt: „Nicht, dass ich's schon ergriffen habe oder schon vollkommen sei; ich jage ihm aber nach, ob ich's wohl ergreifen könnte, weil ich von Christus Jesus ergriffen bin." (Philipper 3,12)

„Und nach diesen Worten ist etwas passiert. Es war, als würde meine Seele zu einem unendlichen Brunnen, und diese Worte fallen immer tiefer hinein – bis auf einen Grund, den ich selbst nicht kenne. Es war diese Formulierung: ‚Von Christus Jesus ergriffen', der Gedanke, dass er mich in meinen haltlosen Gedanken und Gefühlen ergreift und festhält und berührt. Und in dem Moment hab ich mich getraut zu fragen: ‚Bist du etwa da?' Ich habe danach keine Stimme gehört, aber alles in mir und im Zimmer und in der Welt schien zu sagen: ‚Ja'. Und das fand im tiefsten Grund meines Herzens Resonanz. Ich wusste: Jesus ist real, er ist da, diese Liebe gibt es wirklich. Ich kann loslassen und mich ergreifen lassen. Ich hatte in diesem Moment das Gefühl: Ich bin durchschaut in aller Abgründigkeit, in aller Sehnsucht – und ich bin geliebt."

Thorsten hat das Gefühl, angekommen zu sein und endlich gefunden zu haben, wonach er immer gesucht hat. Endlich kann er beten. *„Ich konnte mit Gott reden, ihm erzählen, wie es mir geht. Das Eis war gebrochen. Das* *war großartig und wunderschön. Es war diese Liebe, nach der ich mich gesehnt hatte. Es war alles real. Mein Glaube war keine Weltanschauung, sondern eine Vertrauensbeziehung zu Jesus Christus."*

Thorsten Dietz ist übrigens doch kein Schullehrer geworden, sondern er ist heute Professor für Evangelische Theologie. Als solcher sieht er sich auch immer wieder mit kritischen Fragen von Atheisten konfrontiert. Seine Reaktion: *„Fang doch mal versuchsweise an, an deinem Atheismus so zu zweifeln, wie du möchtest, dass Christen an ihrem Glauben zweifeln. Die ganzen religiösen Fragen könnten wir lange diskutieren. Aber guck dir doch noch mal genau diesen Jesus von Nazareth an – weißt du was Besseres? Ich habe nichts Besseres gefunden in meinem Leben."*

Azar

Kämpferin verliert den Lebensmut

Azar war schon immer eine Kämpferin. Während der islamischen Revolution 1979 im Iran engagiert sie sich leidenschaftlich in einer radikalen Gruppierung, die gegen die Umsturzbemühungen des Ajatollah Chomeini und für einen modernen Islam kämpft. Sie glaubt an die gute Sache. Außerdem will sie Allah beweisen, dass sie es ernst meint.

„Ein Satz hat uns geprägt: ‚Wenn ein Moslem im Bett stirbt, ist er kein wahrer Moslem – er muss im Kampf für Allah sterben, das heißt als Märtyrer in einem Selbstmordattentat oder ähnlichem. Mir wurde vermittelt, dass es nur so möglich ist, Allah näherzukommen.“

Und Allah näherkommen – das will Azar schon als kleines Mädchen. *„Als Muslima hatte ich eine große Distanz zu Gott. Ich habe zwar rituelle Gebete praktiziert, aber es gab keine direkte Verbindung oder Beziehung. Als einfache Gläubige war ich nicht würdig, zu ihm zu kommen. Ich hatte eine unglaubliche Sehnsucht, ihn zu hören, mit* *ihm zu sprechen, ihm mein Herz auszuschütten, aber das war nicht möglich. Jeder Fehler, den ich gemacht habe, hat mich weiter von Allah getrennt. Denn ich hatte gelernt, dass er eines Tages die Menschen nach ihren Taten richtet. Und weil ich nicht alle Fehler vermeiden konnte, hatte ich immer Angst, etwas falsch zu machen und von Allah bestraft zu werden."*

Azar ist bereit, sich und andere zu töten für das, was sie für die Wahrheit hält. Doch noch immer fühlt sie sich meilenweit von Allah entfernt. Immer wieder gibt es brisante Situationen, etwa wenn sie anderen Mitgliedern der Untergrundorganisation Pläne für militärische Aktionen überbringt. Sie weiß: Wenn ein Polizist Verdacht schöpft, hat er das Recht, sofort zu schießen. Außerdem gilt es, um jeden Preis einer Verhaftung zu entgehen. Bei diesen besonders prekären Aufträgen hat Azar eine Tablette mit Gift im Mund und dazu die Anweisung: *„Wenn etwas schiefgeht, musst du sie zerbeißen, damit du stirbst, bevor du Informationen preisgeben kannst."*

Zur Tarnung heiratet sie – eine Zwangsehe, zu der die Gruppe sie nötigt und die sie selbst ihren Eltern verheimlichen muss. Sie bekommt ihren Sohn Puria, den sie trotz der schwierigen Umstände über alles liebt. Schlussendlich fliegt ihre konterrevolutionäre Gruppe trotz guter Tarnung auf. Azar wird verfolgt und lebt vier Jahre im

Untergrund. Als die Schlinge sich immer mehr zuzieht, begibt sie sich 1986 mit ihrem Kind auf eine abenteuerliche Flucht über die Türkei nach Deutschland.

„Das Militär ist bei meinen Eltern ins Haus gestürmt, hat alle Fotos von mir beschlagnahmt und sie an die Grenzposten weitergegeben. Sie haben zu meiner Mutter gesagt: Wir werden Azar und ihren Sohn zurückbringen – tot oder lebend. Aber ich war genau einen Tag vorher über die Grenze gegangen."

In Deutschland studiert Azar Zahnmedizin, bekommt einen guten Job, ist finanziell unabhängig. Nach der dramatischen Zeit im Iran baut sie für sich und ihren Sohn Puria Stück für Stück ein neues Leben auf. Vom Islam wendet sie sich enttäuscht ab. Immer wieder hatte es in der Gruppe Situationen gegeben, die sie am Ende an der guten Sache, für die sie kämpfen wollte, zweifeln ließen. Sie erlebt Hass und Manipulation statt Liebe und Unterstützung. *„Ich dachte, okay, Religion ist wohl doch nicht der Weg, denn sie zerstört die Menschen. Aber ich war zerrissen. Ich habe mich gefragt: ‚Gibt es wirklich einen Gott, der Himmel und Erde gemacht hat? Ich kenne den nicht, aber ich glaube doch an so was .... Das alles hier kann doch kein Zufall sein, oder?' Ich war total verunsichert."*

Die Sehnsucht nach etwas, das ihrem Leben Sinn gibt, nach etwas, das größer ist als sie selbst, lässt Azar nicht los. Sie befasst sich intensiv mit politischen und gesellschaftlichen Richtungen wie Kommunismus und Feminismus, muss aber immer wieder feststellen, dass all das sie nicht wirklich erfüllt. *„Am Ende dachte ich: Wahrscheinlich ist es das Beste, wenn ich einfach weiterarbeite, mein Geld anlege und mir mit Puria ein schönes Leben mache."*

Und dieses Ziel setzt sie um. Azar arbeitet hart als Zahnärztin und gibt gleichzeitig alles, um als alleinerziehende Mutter für ihren Sohn da zu sein. Die schwierigen Zeiten, durch die sie gemeinsam gegangen sind, verbinden die beiden. Sie haben eine enge Beziehung, genießen das Leben, reisen viel. Ihr Sohn ist für Azar alles. *„Ich habe immer zu ihm gesagt: ‚Ohne dich könnte ich nicht weiterleben.'"*

Und dann kommt es zur größten Katastrophe in Azars Leben. *„Es war Karfreitag. Puria hat gesagt: ‚Mein Hals kratzt'. Ich dachte, es ist eine kleine Erkältung, aber sein Zustand verschlimmerte sich. Er begann zu erbrechen, seine Haut wurde gelb. Samstag habe ich ihn ins Krankenhaus gebracht. Montagmorgen konnte er kaum noch atmen. Der Arzt hat mich immer beruhigt und irgendwann gesagt: ‚Gehen Sie mal nach Hause. Holen Sie neue Klamotten für ihren Sohn.' Das habe ich gemacht. Und als ich mittags zurückkam, war er ins Koma gefallen."*

Jeden Tag sitzt Azar auf der Intensivstation am Bett ihres Sohnes, wartet, hofft. Die Ärzte wissen nicht, was

Puria fehlt. Sein Klassenlehrer bringt ihm eine Bibel mit. Azar schlägt sie auf und liest ihm vor. Ein Vers bleibt ihr besonders im Gedächtnis: „Wenn selbst Vater und Mutter mich verlassen, wird doch Gott mich aufnehmen." (Psalm 27,10)

In dieser Zeit bekommt sie auch Besuch von Petra, der Mutter einer Mitschülerin, die von der dramatischen Situation gehört hat. Diese Frau ist sehr berührt von der Situation im Krankenzimmer. Sie nimmt Azars Hand und fragt, ob sie für sie beten darf. Azar sagt Ja. Dass Petra Christin ist, stört sie nicht. Sie ist dankbar für jede Unterstützung. Während des Gebetes spürt sie, dass ein großer Frieden ihr Herz erfüllt. Nach einer Woche kommt Petra wieder und betet erneut mit Azar. *„Beim zweiten Mal hat sie mir dann ihre Telefonnummer gegeben und gesagt: ‚Azar, wenn du willst, dann kannst du mich jederzeit anrufen.'"*

25 Tage kämpft Puria um sein Leben, dann hört sein Herz auf zu schlagen und Azars Leben versinkt in einem schwarzen Abgrund. Sie hat viele Herausforderungen erlebt und viele Rückschläge einstecken müssen. Sie ist immer wieder aufgestanden und hat gekämpft – für ihren Sohn. Doch jetzt bricht sie zusammen. Purias Tod hat ihren Lebenswillen gebrochen. *„Ich habe nur noch darüber nachgedacht, wie ich mich umbringen kann und habe auch konkrete Pläne gemacht. Als er beerdigt wurde,*

habe ich ein Doppelgrab bestellt, weil ich dachte: In spätestens einem Monat bin ich bei ihm."

Die Trauer ist für Azar kaum auszuhalten. Sie ist depressiv, zudem plagen sie Schuldgefühle. Sie fragt sich, ob sie als Mutter versagt hat. Ob sie irgendetwas hätte tun können, um Puria zu retten. Einmal wird sie ohnmächtig, weil der Schmerz sie so sehr übermannt. An diesem Tag geht sie – ohne weiter darüber nachzudenken – zum Telefon und wählt Petras Nummer. Die lädt sie ein, am nächsten Tag mitzukommen zum Gottesdienst in ihre christliche Gemeinde. Azar sagt auch zu diesem Angebot Ja.

„Ich hatte keine Hoffnung mehr, hab mich nur noch selbst angeklagt. Aber in dem Gespräch hatte ich irgendwie das Gefühl, als ob ein kleines Licht mein Herz erreicht. Ich habe dann in diesem Gottesdienst gesessen und kaum etwas verstanden, bis der Pastor am Ende sagte: ‚Wenn sich jemand hier sehr belastet fühlt, wenn jemand trauert und er sein Leben Jesus geben will, dann kann er nach vorne zum Kreuz kommen.' Ich bin weinend aufgestanden. Ich glaube, ich habe in meinem Leben noch nie so sehr geweint, wie in diesem Moment. Ich bin nach vorne gegangen und habe gesagt: ‚Jesus, ich kenne dich nicht. Ich weiß nicht, wer du bist. Ich habe ein Leben, das ich nicht mehr will. Ich gebe es dir. Es ist jetzt deins. Mach damit, was du willst.'"

Nach dem Gottesdienst nimmt Petra Azar nochmal mit zu dem Pastor. Der betet für sie und erklärt ihr anhand der Bibel, wer Jesus ist. Er sagt: *„Du kannst durch Jesus Gott ganz nah sein. Er hat alle schlechten Dinge, die du in deinem Leben getan hast und die dich von Gott getrennt haben, für dich getragen."* Gott nah sein? Das, was schon immer ihr sehnlichster Wunsch war? Azar kann es kaum fassen. *„In dem Moment ist ein Licht in mir angegangen. Ich war voller Frieden. Diese Wahrheit ist ganz tief in mich hineingesunken. Ich wusste: Diesen Gott habe ich mein Leben lang gesucht – und jetzt habe ich ihn gefunden. Es war eine lebendige Hoffnung in mir. Jesus hat mich umarmt, zur Ruhe gebracht, mich getröstet und mein Herz geheilt."*

Viele Jahre war Jesus für Azar nur ein guter Mensch und ein wichtiger Prophet, so wie es im Koran steht. Mehr nicht. *„Heute ist Jesus für mich mein Leben. Alpha und Omega. Ich schlafe mit dem Gedanken an ihn ein und wache auch so wieder auf. Ich weiß, dass er mir alles vergeben hat. Ich lebe nur, weil er mich wieder belebt hat und ich jetzt für ihn leben kann."*

Heute ist Azar auf der ganzen Welt unterwegs und engagiert sich in zahnärztlichen Hilfsprojekten, etwa in Brasilien. Dort erlebt sie Jesus eines Tages auf eine besondere Weise. *„Ich habe seine Stimme gehört. Er hat gesagt: ‚Azar, ich habe dir ein neues Leben geschenkt.' Diese*

Stimme klingt immer noch in meinen Ohren und das wird für immer so bleiben. Wenn heute nochmal Trauer aufkommt oder Selbstvorwürfe wegen meines alten Lebens oder wegen Fehlern, die ich mache, dann höre ich diese Stimme. Ich weiß: Jesus hat noch was mit mir vor. Früher war ich bereit zu töten – heute kann ich ein Segen sein für andere."

Nachwort

Liebe Leserin, lieber Leser,

wenn die Geschichten in diesem Buch Sie angesprochen haben und Sie diesen Jesus Christus auch kennenlernen möchten, dann ermutigen wir Sie, diesen Schritt bewusst zu gehen.

Probieren Sie es aus! Reden Sie mit Jesus wie mit einem guten Freund. Sagen Sie ihm alles, was Ihnen auf dem Herzen liegt: ihre Fragen und Hoffnungen, aber auch Ihre Ängste und Zweifel. Eine gute Hilfe ist auch der Online-Workshop „Das Jesus-Experiment", den Sie unverbindlich und anonym im Internet machen können: www.jesus-experiment.de.

Wir empfehlen Ihnen auch die Lektüre der Bibel. Am besten das Neue Testament in einer modernen Fassung. Hier können Sie verschiedene Übersetzungen kostenfrei online lesen: www.bibleserver.com.

Wenn Sie sich sicher sind, dass Sie Jesus in Ihr Leben einladen wollen, so wie es die Menschen in diesem Buch gemacht haben, dann können Sie das jetzt direkt tun. Sprechen Sie einfach das folgende Gebet. Lassen Sie sich dabei Zeit. Wenn Sie persönliche Dinge ergänzen wollen, die Sie Jesus sagen möchten, dann tun Sie es.

Gebet:

Herr Jesus Christus, ich komme jetzt zu dir, so wie ich bin, mit allen meinen Fehlern und Schwächen.

Ich habe viele ungute Dinge in meinem Leben gesagt, gedacht oder getan und damit mich und andere verletzt. Das tut mir sehr leid und ich bitte dich um Vergebung! *(Wenn Ihnen hier bestimmte Dinge auf dem Herzen liegen, dann sprechen Sie sie konkret aus.)*

Ich glaube, dass du für meine Sünden am Kreuz von Golgatha gestorben bist, dass du mit deinem Blut für meine Schuld bezahlt und mich befreit hast.

Ich danke dir, dass du dich auch um meine Verletzungen kümmerst. Danke, dass du mich liebst, immer geliebt hast und immer lieben wirst.

Bisher habe ich getrennt von dir gelebt. Das möchte ich hiermit ändern!

Ich brauche dich, darum treffe ich jetzt eine Entscheidung und vertraue mich dir an.

Bitte, Jesus, komm und übernimm du die Herrschaft und Leitung in meinem Leben.

Ich will nicht mehr ohne dich sein, sondern in der persönlichen Beziehung mit dir als meinem Herrn und Gott bleiben.

Ich gebe dir hiermit meine Vergangenheit, meine Gegenwart und meine Zukunft.

Und ich danke dir, dass du mir dein Leben schenkst!

Ich glaube es und empfange es!

Amen

ERF Mensch Gott – Begegnungen zwischen Himmel und Erde

Gott begegnen – ist das möglich? Es gibt Menschen, die sagen: „Ich habe das erlebt – und ich war danach nicht mehr derselbe!" Die Sendung *ERF Mensch Gott* erzählt diese ganz persönlichen Begegnungsgeschichten. Manche sind spektakulär, manche eher leise, aber alle tief berührend.

Es sind keine außergewöhnlichen Typen, die so etwas erleben, sondern ganz normale Menschen. Sie sprechen bei uns im Studio ehrlich von ihren Lebenskrisen und ihren Sinnfragen. Und sie erzählen, wie Gott sie berührt hat, wie ihre Seele und ihr Körper gesund geworden sind. Sie berichten von einem neuen Selbstwert, von übernatürlichen Erlebnissen, von Wundern und einem kompletten Neubeginn.

Geschichten, bei denen Sie ins Staunen kommen, die Sie zu Tränen rühren, die Ihnen Hoffnung geben für Ihr eigenes Leben. Denn Gott begegnet nicht nur wenigen Auserwählten. Er will auch mit Ihnen eine ganz persönliche Beziehung haben.

Mithilfe des QR-Codes zu jeder Geschichte können Sie das Interview mit dem jeweiligen Studiogast direkt anwählen.

Viele weitere berührende Lebensgeschichten finden Sie auch auf unserer Homepage: www.erf.de/menschgott

ERF Mensch Gott ist eine Sendung des ERF.

Der ERF wurde 1959 als gemeinnütziger Verein gegründet und ist heute das größte christliche spendenfinanzierte Medienhaus in Deutschland in freier Trägerschaft mit einem vielfältigen Medienangebot in Radio, Fernsehen, Internet und sozialen Netzwerken. Darüber hinaus fördert und begleitet der ERF gemeinsam mit seinem internationalen Partner TWR weltweite Medienprojekte.

Botschafter

Sind Sie begeistert von *ERF Mensch Gott*?

Dann werden Sie unsere Botschafterin, unser Botschafter!

Die Botschaft, dass Gott uns liebt und eine Beziehung mit uns haben möchte, soll in die Welt hinaus – in die Städte, Nachbarschaften, Familien und an die Arbeitsplätze. Wir freuen uns darüber, wenn Sie mithelfen, diese Vision Wirklichkeit werden zu lassen.

Wir unterstützen Sie dabei mit tollen Give-aways, mit denen Sie Menschen auf unsere Angebote und damit auf Gott aufmerksam machen können. Was würde passieren, wenn Sie die *ERF Mensch Gott*-Flyer bei Ihrem Hausarzt oder Friseur auslegen? In Ihrem Lieblings-Café oder im Büro? Erzählen Sie im Freundeskreis von diesem Buch und der TV-Sendung. Geben Sie einen Einkaufswagenchip weiter! Die Möglichkeiten sind vielfältig.

Teilen Sie Ihre Begeisterung – damit Menschen Gott begegnen!

Tauschen Sie sich über Ihre Erfahrungen in der ERF Botschaftergruppe auf Facebook aus. Dort bekommen Sie praktische Tipps zur Botschaftertätigkeit und haben direkten Anschluss an unsere Gemeinschaft. Der monatliche Newsletter hält Sie zudem auf dem Laufenden.

Wir freuen uns darauf, Sie kennenzulernen!
Jetzt kostenlos und unverbindlich anmelden:
www.erf.de/botschafter

MIX
Papier | Fördert gute Waldnutzung
FSC® C014496

2. Auflage 2023
Bestell-Nr. 817844
ISBN 978-3-95734-844-9

Umschlaggestaltung: Mareike Schaaf
Umschlagfoto: 99 Art / Shutterstock
Satz: Vornehm Mediengestaltung, München
Druck und Verarbeitung: GGP Media GmbH, Pößneck
Printed in Germany

www.gerth.de

Wenn du die Sehnsucht nicht mehr aushältst, musst du an den Lago kommen – doch was, wenn dort der Tod lauert?
Lukas Albano Geier kennt den Lago Maggiore seit seiner Kindheit. Mit seinen Eltern hat er hier unbeschwerte Sommer verbracht, in der Kommune des charismatischen Leonardo, hoch über dem Lago. Hier hat er sich zum ersten Mal verliebt, in Lara, die heute ein Hotel am See betreibt. Lukas ist Polizist geworden und hat jahrelang in einem unauffälligen Münchner Gebäude an geheimen Fällen gearbeitet, bei denen Menschen in verbrecherische Gruppen eingeschleust wurden. Lukas hat sie herausgeholt, wenn es zu gefährlich wurde, und ihnen zu neuen Identitäten verholfen.
Nebenbei hat Lukas immer Musik gemacht. Völlig unerwartet landet er eines Tages mit seiner Band einen internationalen Sommerhit, Tutto Bene. Er beschließt, seinen Job aufzugeben, den Sog der dunklen Seite hinter sich zu lassen und am Lago Maggiore ein neues, beschauliches Leben zu beginnen. In einem mittelalterlichen Turm über dem Städtchen Maccagno richtet er sich sein Studio ein.
Da wird in einem noch nicht eröffneten Hotel am See eine Tote aufgefunden. Auf ihren Arm ist mit Kugelschreiber eine Mobilnummer geschrieben: die von Lukas Albano Geier. Bald steht Kommissarin Cristina Conte von der Mordkommission von Varese vor Lukas' Wohnturm. Ist die Vergangenheit gekommen, um ihn zu holen?

Andrea Di Stefano ist das Pseudonym von Andreas Lebert und Stephan Lebert. Die beiden Brüder sind im Hauptberuf Journalisten. Wenn sie als Autoren-Duo zusammen Romane schreiben, schlüpfen sie nicht nur in ein anderes Leben, sondern auch unter andere Namen. Die Bestseller der Thriller-Trilogie »Der Regler« sowie »Die Siedlung der Toten« schrieben sie als Max Landorff, die Taschenbuch-Serie »Holly« als Anna Friedrich. Ihre Lago-Maggiore-Fälle kommen den beiden gefährlich nahe, nicht nur im Autorennamen: Sie verbringen seit über zehn Jahren viel Zeit an dem Gletschersee in den Alpen.

Weitere Informationen finden Sie auf www.fischerverlage.de

Andrea Di Stefano

TUTTO BENE

Ein Lago-Maggiore-Krimi

FISCHER Taschenbuch

Aus Verantwortung für die Umwelt hat sich der S. Fischer Verlag zu einer nachhaltigen Buchproduktion verpflichtet. Der bewusste Umgang mit unseren Ressourcen, der Schutz unseres Klimas und der Natur gehören zu unseren obersten Unternehmenszielen.

Gemeinsam mit unseren Partnern und Lieferanten setzen wir uns für eine klimaneutrale Buchproduktion ein, die den Erwerb von Klimazertifikaten zur Kompensation des CO_2-Ausstoßes einschließt.

Weitere Informationen finden Sie unter:
www.klimaneutralerverlag.de

FSC www.fsc.org
MIX
Papier | Fördert gute Waldnutzung
FSC® C014496

Erschienen bei FISCHER Taschenbuch
Frankfurt am Main, April 2023

Satz: Pinkuin Satz und Datentechnik, Berlin
Druck und Bindung: GGP Media GmbH, Pößneck
Printed in Germany
ISBN 978-3-596-19776-7

1

ICH WOHNE IN EINEM TURM AUS DEM MITTELALTER. Er ist grau, viereckig und hoch, hat Zinnen ganz oben. Er sieht genauso aus wie der Turm der Ritterburg, mit der ich als Kind gespielt habe. Sagt das etwas über mich aus? Ist mir egal. Oder anders ausgedrückt: Ich lasse die Frage jetzt nicht zu. Die Frage, die mich interessiert: Welchen Groove hat dieser Sommer? Was sind die richtigen Töne dafür, und kann man das ganze Leben in einen einzigen Satz packen?

Ich heiße Lukas Albano Geier. Mein Turm steht über einer kleinen Ortschaft am Lago Maggiore. Der Lago Maggiore ist ein vierhundert Millionen Jahre alter Gletschersee in den Alpen. Die Spitzen der Berge, die ihn umgeben, bleiben auch im Sommer weiß vom Schnee. Der alte Leonardo hat mir mal gesagt, wenn die Sehnsucht in deinem Leben so stark ist, dass du es nicht mehr aushältst, dann musst du hierherkommen. Hier ist die Heimat der Sehnsucht. Und Lara, da waren wir beide noch ganz jung, hat mir am Lago Maggiore beigebracht, dass die Sehnsucht keine Richtung braucht, kein Ziel. Dass sie ein Naturereignis ist, ein Stoff. Manche Menschen brauchen ihn zum Leben.

Ich fürchte, ich bin so einer. Seit drei Jahren bin ich jetzt hier in diesem Turm. Meine Zimmer liegen nicht nebeneinander, sondern übereinander, vier Stück, Wendeltreppe dazwischen. Wir leben allein hier, wir beide, meine Sehnsucht und ich. Das muss ich mir immer wieder sagen: Ich bin hierhergekommen, um ein neues Leben zu führen, andere Melodien zu suchen als bislang.

Das muss ich mir immer wieder sagen: Ich will nicht mehr von zu vielen Menschen umgeben sein, die von mir etwas wollen, von denen ich aber nichts will. Ich will nicht von Gegenständen umgeben sein, die mein Leben aufgesucht haben und nicht mehr weggehen, zum Beispiel von dem antiken Garderobenständer aus Mahagoni, den mir eine Freundin zum Abschied ans Herz legte. Ich will, wenn ich aus dem Fenster schaue, Weite sehen, keine Enge, ich will Farben sehen, Blumen, keine grauen Hinterhöfe, Wasser, keine Straßen. Ich will blauen Himmel. Nachts will ich eine Eule hören und die Karaoke-Bar unten im Ort.

Das muss ich mir immer wieder sagen, damit ich es nicht vergesse: Ich bin kein Kriminalkommissar mehr, und ich will auch keiner mehr sein.

An diesem Vormittag schaue ich ganz oben aus dem Fenster und sehe Ambrogio. Er sitzt unten vor dem ehemaligen Eselstall, den ich zum Musikstudio umgebaut habe, und raucht eine Zigarette. Er sitzt dort eigentlich immer und raucht eine Zigarette, zottelig, traurig, vorwurfsvoll, in dem immer gleichen grünen Pullover. Ambrogio, ein Gegenstand, der mein Leben aufgesucht hat und nicht mehr weggeht. Die zwei Nächte, höchstens drei, die er auf dem Feldbett im Studio übernachten wollte, nachdem ihn seine Frau rausgeschmissen hat, sind schon lange vorbei, jedenfalls so lange, dass in Rom inzwischen schon zwei neue Regierungen gebildet wurden.

Mein Turm hat viele kleine Fenster, die früheren Schießscharten, und ein riesiges Fenster, das sich über die obersten zwei Etagen zieht. Mein Blick aus der Küche ganz oben ist atemberaubend. Die Berge, der Himmel, das Wasser. Heute alles wie versilbert, sogar die Blätter der Bäume haben diesen Schimmer. Unten zündet sich Ambrogio die nächste Zigarette an. Ich weiß ganz genau, worauf er wartet, womit er rechnet: dass ich ihm Kaffee bringe. Aber der Anblick von Ambrogio ist nicht das Einzige, was mich von der Weite ablenkt. Ich sehe auch ein Dutzend kleine Metallkäfige auf dem Dach des Studios, in den Sträuchern drum herum, unter den Steinbänken. Installiert hat sie ein Jagdexperte. Ein gepriesener Spezialist für Siebenschläfer, eine Tierart, die Hausbesitzer am Lago Maggiore zum Wahnsinn treibt. Eine Art Eichhörnchen, freundlich, intelligent, süß. Würde man mit Siebenschläfern ins Kino gehen – kein Problem. Zieht ein Rudel aber unterm Dach ein, wird alles angefressen, Balken, Kabel, Dämmmaterial. In einem Studio mit viel Elektronik fühlen sie sich offensichtlich besonders wohl. Siebenschläfer arbeiten nur nachts.

Die Käfige, die ich morgens sehe, sind immer leer. Jetzt ruf ich den Kerl an und werde ihn fragen, wie er seine Jagdstrategie zu schärfen gedenkt, und vor allem, wann er diese Scheißkäfige wieder abholt.

... the number you called is temporarily not available ... il numero è temporaneamente indisponibile ...

Ich schalte meine schöne Espressomaschine ein. Ich mach ihm jetzt noch mal einen Kaffee. Dann geh ich runter und sage: Ambrogio, das ist die letzte Tasse, morgen bist du weg. Ich werde es ihm sagen. Der Teufel soll mich holen, wenn ich es ihm wieder nicht sage.

Mein Handy läutet.

Paul will übermorgen, wenn wir mit der Band die neuen Songs proben, seinen Kontrabass mitbringen. »Kein Problem, ruf an, wenn du unten im Ort bist, ich hol dich mit dem Suzuki nach oben.«

Mein Turm liegt auf einem Felsplateau über dem Ort Maccagno. Diese einzigartige Lage hat viele Vorteile. Und einen Nachteil: Man kann den Turm im Grunde nur zu Fuß erreichen. Man muss die hundert Höhenmeter auf einem ehemaligen Eselsweg überwinden, sehr schmal, sehr steil. Das einzige Gefährt, welches das auch schafft, ist ein kleiner Suzuki Jeep, allradgetrieben, stark untersetzt und vor allem schmal genug.

Von unten sind auf einmal Stimmen zu hören. Ich sehe Ambrogio, stehend jetzt, redend. Vor ihm zwei Personen, ein uniformierter Polizist, ein *carabiniere*, und eine Frau in Jeans und weißer Bluse.

»Lukas«, ruft Ambrogio, »die wollen zu dir.«

Täusche ich mich, oder höre ich in seinem Tonfall eine gewisse Erleichterung heraus, dass sie nicht zu ihm wollen?

2

DIE NÄCHSTE KLEINE STADT AM SEE, FÜNF KILOmeter von meinem Turm entfernt, ist Luino. Der Literaturnobelpreisträger, der die ganze Welt zum Lachen gebracht hat, Dario Fo, stammt aus dieser Stadt. Jeden Mittwoch kommen Leute von überallher nach Luino, mit Fähren, Booten, Autos, Fahrrädern. Der Wochenmarkt: Stände mit Lebensmitteln aus der Region, Ziegenkäse, Honig, Wildschweinsalami, Kräutertee, Wein, aber auch Kleider, Pfannen, afrikanische Körbe ... alles.

Im Zentrum, zwischen der Hauptstraße und dem Wasser, stand fast 20 Jahre lang ein Gebäude leer, das frühere Hotel *Centrale.* Die dunkelgrüne Farbe der geschlossenen Holzläden vor den hohen Fenstern war abgeblättert, die Eisen an den Balkonen verrostet, der Putz rissig. Jetzt ist das Haus komplett restauriert, gestrichen in diesem matten Rosa-Ton, der für die Gegend am Lago Maggiore typisch ist. *Hotel Centrale* steht jetzt in dunkelroten Buchstaben über dem Eingang. Übermorgen soll es eröffnet werden. Die Piazza davor, zwischen Fähranleger und Bankgebäude, ist schon als Festplatz geschmückt. Girlanden mit weißen Wimpeln sind aufgespannt und bilden einen schönen Kontrast zu den Büschen mit den roten Rosen auf der Terrasse zur Seeseite.

Heute Morgen hat der Rezeptionsmanager bei seinem Kontrollgang durch die Flure und die 32 Zimmer eine Überraschung erlebt. In Zimmer 10 fand er folgende Szenerie vor: Auf dem Kingsizebett lag ein Mensch, eine Frau. Sie war mit der Tagesdecke zugedeckt, die Augen waren geschlossen, das Gesicht war perfekt geschminkt. Aber es war sehr blass.

Zu blass.

»Die Todesursache wissen wir noch nicht. Auch wer die Frau ist, ist unklar. Keine Papiere, keine Handtasche, nichts.« Die Kommissarin in der Jeans und der weißen Bluse sitzt inzwischen oben in meiner Küche. Neben ihr der vom Fußmarsch immer noch gezeichnete Carabiniere, der sich im Gegensatz zu ihr von einem Schweißausbruch zum nächsten hangelt. Er hat schon zwei Glas Wasser hinuntergestürzt und hält das dritte kühlend an den Hals.

Der Kommissarin bin ich schon einmal begegnet. Wir wurden einander auf einem Fest vorgestellt. »Sie beide sollten sich gut verstehen, Sie sind aus dem gleichen Stall.« So was hat der Gastgeber gesagt. Ihren Namen habe ich vergessen, aber jetzt liegt ihre Karte auf dem Tisch: *Cristina Conte. Mordkommission. Provinzhauptstadt Varese.*

Damals hat sie gleich gesagt, »okay, dann ist klar, worüber wir nicht reden, ich hasse Polizistengespräche.« Sie ist blond, schmal und auffällig groß. Wir haben uns dann über Musik unterhalten und auch einmal getanzt.

»Kennen Sie diese Frau?«, sagt sie jetzt und dreht ihr iPad zu mir.

Das Foto der Leiche. Ich sehe dunkelbraune Haare, die das

Gesicht madonnenhaft einrahmen, ich sehe einen schmalen Hals, geschlossene Augen und über der rechten Augenbraue einen Leberfleck, der nicht überschminkt ist. Ich habe selber oft Menschen Fotos vorgelegt und weiß, dass ein zu schnelles Nein verdächtig ist. Ich lasse mir deshalb Zeit mit meiner Antwort.

»Nein«, sage ich.

»Kennen Sie diese Telefonnummer?«, sagt ihr uniformierter Kollege. Die Nummer steht in seinem Notizbuch. Deutsche Vorwahl.

»Ja«, sage ich. »Das ist eine alte Handynummer von mir.«

»Ja, das wissen wir von Ihren ehemaligen Kollegen in München«, sagt Cristina Conte. »Aber die Nummer ist noch aktiv.«

Bei dem Wort aktiv lächle ich sie an. »Nix aktiv. Sie wissen ja, ich habe aufgehört, Polizist zu sein. Dann habe ich anscheinend vergessen, die Nummer abzumelden.«

Sie lächelt auch. »Ja, es hat vorhin ein bisschen gedauert, bis ich in München einen Kollegen am Telefon hatte, der Italienisch kann. Er hat als Erstes gesagt, dass Ihr Abschiedsfest legendär war.«

Sie beugt sich vor. Ihre Augen sind blau. Wäre man billiger Schlagertexter, würde man sagen: blau wie der See.

»Was könnte die Frau, die Sie nicht kennen, veranlasst haben, mit einem Kugelschreiber diese Telefonnummer auf ihren Unterarm zu schreiben?«, fragt sie. »Wahrscheinlich war es das Letzte, was sie tat, bevor sie starb.« Sie macht eine kleine Pause. »Und sie hat noch einen Zusatz geschrieben. *Phone this number.* Haben Sie dafür irgendeine Erklärung, Signor Geier?«

Ich sage: »Nein.«

»Sie haben keinerlei Ahnung, wer diese Frau ist und warum sie Ihre Telefonnummer auf ihren Arm geschrieben hat?«

»Nein.«

Gute Polizisten erkennt man daran, dass sie wissen, wann sie weiterfragen müssen – und wann es keinen Sinn macht. Cristina Conte ist eine gute Polizistin. Sie steht auf, verabschiedet sich und sagt zu mir: »Sie denken noch mal drüber nach, und wir sprechen wieder.«

Ich sage zu dem Carabiniere: »Runter ist der Weg viel leichter, Sie werden sehen.« Und lasse den Hinweis weg, wie schmerzhaft der Abstieg für das Knie sein kann.

3

NEIN. ICH BIN KEIN KOMMISSAR MEHR. DAS MÜSSEN jetzt andere machen. Ich muss mich nicht verantwortlich fühlen. Und ich bin nicht verantwortlich. Ich lasse mich da nicht mehr hineinziehen.

Das Stockwerk unter der Küche ist eigentlich das Wohnzimmer, aber was hier wohnt, sind vor allem Gitarren. Ich nehme die Gibson Hummingbird und setzte mich auf die Couch. Eine akustische Gitarre, sie ist organgerot, und auf ihr Schlagbrett sind Kolibris gemalt. Es war die erste teure Gitarre, die ich mir vor drei Jahren gekauft habe, als ich plötzlich richtig viel Geld hatte. Sie ist original aus den sechziger Jahren. Ich habe sie einen Halbton tiefer gestimmt, damit sie noch voller klingt. Jimi Hendrix hat das auch gemacht. Ich greife gern zu ihr, wenn ich bei einem musikalischen Problem nicht weiterkomme. Ich erwarte mir Hilfe von ihr, von ihrem Ton, von ihrem Geruch, ihrem Holz.

Ich spiele ein paar Akkordfolgen von meinem letzten Album. Bei einem der neuen Songs, die ich übermorgen mit der Band proben will, stimmt etwas nicht mit dem Refrain. Er strahlt noch nicht, das Gefühl, das sich etwas öffnet, wenn er kommt, stellt sich nicht ein. Ein Refrain muss fliegen, finde ich, abheben. Vielleicht liegt es am Ende der Strophe, vielleicht muss ich dem Refrain dort noch eine bessere Startrampe bauen? Ich versuche ein paar aufsteigende Läufe, die von Moll nach Dur wechseln.

Als ich das erste Mal mit einer Band aufgetreten bin, war ich fünfzehn. Wir hießen »The Galactic Frogs« und waren zu fünft, jeder spielte irgendwas, und wir waren mega aufgeregt. Elektro-Punk nannten wir es. Das *Hide out* am Rotkreuzplatz in München war nur halbvoll, hauptsächlich unsere Freunde – und meine Eltern. Ich weiß noch, wie mein Vater geleuchtet hat vor Freude. Sein Sohn in einer Band. An der Vorstellung, sein Sohn wird vielleicht Musiker, gefiel ihm alles: wie Musiker leben, wie sie sich der Gesellschaft entziehen, wie sie sich immer wieder neu erfinden können.

Als ich ihm später sagte, dass ich Polizist werde, hat er mich ganz anders angesehen. Daran gefiel ihm gar nichts. Sein Sohn ein Ordnungshüter? Ein Bulle? Einer von denen, die mit dem Wasserwerfer Demonstranten wegspülen?

Ich lege die Gibson weg und fahre den Laptop hoch. Er hat zwei zusätzliche Festplatten mit meinem Klangarchiv. Vielleicht kann ein besonderer Klang den Refrain retten?

In meinem Archiv sind abertausend Klänge gespeichert, in Hunderten von Ordnern. Der Klang von Musikinstrumenten natürlich, aber auch Geräusche, von Geräten zum Beispiel, eine Saftpresse, ein Bagger, das längst verschwundene Klingeln von Bahnschranken, die sich senken … Menschliche Stimmen aus Liedern, aber auch aus Telefonwarteschleifen und Radiosendungen. Ein Ordner heißt »Lago Maggiore«. Ich habe hier alles aufgenommen: das Vogelkonzert in den Bäumen rund um den Turm morgens, den Wind in den Blättern der Kastanien und Palmen, das Hämmern des Güterzuges, das Krachen der unglaublichen Gewitter, die Espressomaschine im Café »da Biagio« am Bootshafen, die Glocken der drei Kirchen, der besondere Ton zur halben Stunde.

Auch das Geräusch des anlegenden Fährschiffes und die zugehörige Stimme aus dem Lautsprecher, das quäkende »Maccagno! Maccagno!«

Ich kann mich in diesem Archiv stundenlang verlieren, Kopfhörer auf, Stift und Papier neben mir. Ich notiere Assoziationen, mögliche Verwandlungen der Geräusche in Melodien. Dafür ist in meiner Band Helen zuständig, Keyboarderin, Programmiererin, DJ, eine wirkliche Klangzauberin. Sie kam aus Barcelona hierher, ist aber eigentlich Engländerin. Ich will ihr übermorgen bei der Probe ein bisschen Material vorspielen, vielleicht fällt ihr dazu etwas ein für den Refrain.

Es dämmert schon, als ich wieder nach oben in die Küche gehe und mir eine Pasta mache. Die Sonne ist gerade hinter den Bergen auf der gegenüberliegenden Seeseite verschwunden. Nirgendwo sonst habe ich diese rosafarbenen Streifen und Zeichen gesehen, die jetzt am Himmel erscheinen.

Spaghetti *aglio olio*, sehr scharfe Peperoncini, viel Parmesan. Auf der Arbeitsplatte steht immer noch die Flasche Rotwein ohne Etikett, die ein Mann aus dem Ort vorbeigebracht hat, selbstgemachter Wein.

Das Telefon fiept. Eine SMS mit unbekannter Nummer.

Die im Display angezeigten ersten Wörter der Nachricht sind *causa di morte.* Todesursache. Ich öffne die SMS. Keine Anrede, ich lese:

> Todesursache: Stich ins Herz, Tatwaffe: wahrscheinlich lange Nadel, nicht vorhanden. Täter: wahrscheinlich Profi. Spuren: unbekannte Fingerabdrücke einer zweiten Person im Zimmer.
> Identität der Toten: Elisabeth Bergner, 47, verheiratet, eine Tochter, Wohnort Brezzo di Bedero.

Unterschrieben ist die SMS von der Kommissarin Cristina Conte. Zwei Minuten später kommt noch eine von ihr:

> Haben Sie noch mal nachgedacht?

Es ist weit nach Mitternacht, als ich in meinem Bett liege und merke, dass das mit dem Einschlafen heute schwer wird. In meinem Kopf ist keine Musik, sind keine Klänge. In meinem Kopf sind Sätze, gesprochen von einer Frau – und meine Antworten auf diese Sätze. Wieder und wieder höre ich es:

»Dort kann mich also niemand finden, wirklich niemand?«
»Nein. Dort sind Sie sicher.«
»Das versprechen Sie mir?«
»Das verspreche ich Ihnen.«

4

ICH ZÄHLE DIE GLOCKENSCHLÄGE. ACHTMAL DIE Glocke und dann noch ein kleiner Schlag, wie von einer Triangel. Halb neun also. Ziemlich spät für mich. Keine gute Nacht gewesen. Eine Nacht voll mit den alten Geistern. Ich mag es, wenn das Erste, was ich am Tag höre, die Kirchenglocken sind, von unten im Ort. Sie machen nie Pause. 24 Stunden am Tag. Sie nerven mich nie. Sie beruhigen mich, als würden sie mir Struktur bringen. Halt?

Ich schaue aus dem Fenster. Ich sehe blauen Himmel – und ich sehe Ambrogio und seinen grünen Pullover. Er sitzt und raucht.

Ich beschließe, heute unten zu frühstücken, im kleinen Café an dem kleinen Platz an dem kleinen Hafen, wo ein paar Boote vor sich hinschwimmen, festgehalten von Ketten und Leinen. »Bei Biagio« heißt das Café, weil der Besitzer Biagio mit Vornamen heißt. So einfach ist das. Es war nicht immer ein Café, lange Jahre war es eine Autowerkstätte. Biagio ist gelernter Automechaniker, sein Spezialgebiet waren Alfa Romeos, wahrscheinlich, weil sie oft kaputt sind. Alfa Romeos sind sehr schön, aber sie sind auch sehr schnell kaputt. *Instabile*, sagt Biagio immer. *Instabile.* Wie schöne Frauen, fügt er gerne hinzu. Das war einer seiner Standardsprüche. Heute sagt er so was Ähnliches, wenn er über Kaffeemaschinen spricht.

Instabile. Als Wort eine Art Allzweckwaffe für das, was das Leben ist.

Mein Vater fuhr einen Alfa Romeo, eine Giulia, ganz weiß war sie, und sie passte farblich wunderbar zu den Farben am Lago Maggiore. Sie war in Italien schöner als in Deutschland, als wüsste sie, dass sie da hingehörte. Ich kann mich nicht erinnern, dass wir bei den vielen Urlauben am Lago Maggiore jemals mit einem anderen Wagen hier waren. Und meistens stand er für einen Tag bei Biagio in der Werkstatt. Mein Vater liebte es, Biagio bei der Arbeit zuzuschauen. Und ich mochte es als Kind auch sehr, wenn mein Vater mich mitnahm. Ich mochte den Geruch in der Werkstätte, Benzin, Öl und den Kontrast zur frischen Luft, die der See heranfächerte.

Wenn ich an meinen Vater denke, fällt es mir schwer, das Bild von ihm scharf zu stellen. Sein Gesicht, seine Konturen, alles immer weit weg, irgendwie verschwommen. Hat es damit zu tun, dass er von einem Tag auf den anderen verschwunden war? Gibt es im Gehirn etwas, was zuständig ist für die Bilder der Erinnerungen? Kann es sein, dass Fragen Bilder blockieren? Darüber würde ich mich gerne mit einem Gehirnforscher unterhalten, aber ich kenne keinen. Stimmt gar nicht, ich kenne einen Gehirnforscher, aber den kann ich auch nicht fragen. Der ist nämlich vor ein paar Jahren … ach, lassen wir das, das ist wirklich eine andere Geschichte.

Ich versuche es zu vermeiden, an meine Eltern zu denken.

Unten im Café ist einiges los. Ein Polizeiwagen steht in zweiter Reihe, ein Müllwagen dahinter, und ein paar Meter weiter parkt ein Lastwagen mit einer großen Betonmischmaschine. Alle machen Pause, alle trinken einen Kaffee. So ist es immer bei Biagio. Er selbst steht schon länger nicht mehr hinter dem Tresen, er hat den Laden längst an seine hübsche Nichte übergeben. Biagio kommt nur noch abends vorbei, zum Weintrinken und Kartenspielen.

Immer viel Leute da, und trotzdem geht es schnell. Heute ist das auch so. Ich bestelle immer einen Cappuccino und ein Mineralwasser und entweder ein Cornetto mit *marmellata*, beste Lösung, oder ein Cornetto mit nix drin, zweitbeste Lösung, oder ein Cornetto mit *crema*, drittbeste Lösung. Es ist jedes Mal eine kleine Lotterie, was noch da ist und was nicht mehr. Heute ist es die erstbeste Lösung, mit ihr setze ich mich draußen an einen der Tische. Die Sonne scheint, sie wärmt, ist noch nicht zu heiß.

Biagio hat irgendwann seine Autowerkstätte zugemacht und eine Pizzeria an einem anderen Ort im Dorf eröffnet. Das ging wieder ein paar Jahre, dann war Schluss mit der Pizzeria, und er verwandelte die Autowerkstätte in das Café. Am Lago Maggiore wundert sich niemand über solche Veränderungen. Die Menschen hier stellen Dinge gerne auf den Kopf.

Ein Cornetto, das Wasser und der Cappuccino kosten drei Euro fünfzig. Der Blick dazu kostet nichts: Der Platz mit den Platanenbäumen, vorn der kleine Hafen und das Wasser.

Es muss mit der vergangenen Nacht zu tun haben, mit der Stimme, die mich so lange nicht einschlafen ließ: Mir ist so gar nicht friedlich zumute, gar nicht nach Idylle. Ich nehme mein Handy und wähle eine der gespeicherten Nummern, die ich schon lange nicht mehr benutzt habe. Wenn das Handy dort läutet, wo ich glaube, dann könnte es rein ortsmäßig kaum einen größeren Kontrast geben: Vom Lago Maggiore nach München, in die Landsberger Straße, eine der hässlichsten Straßen der Stadt, und als würde das nicht reichen, dann noch weiter in einen besonders gruseligen Fünfziger-Jahre-Hinterhof, alles dunkelbraun, und dort im zweiten Stock in einem Seitenflur. Ein paar Büros, eine kleine Kaffeeküche. Im Haus residiert die staatliche Baubehörde. Unsere Abteilung trägt den offiziellen Titel »Innenrevision«. Der vorgeschobene Auftrag lautet: Bekämpfung der Korruption. Ausdrücklich ist jeder Kontakt zu Mitarbeitern der Baubehörde untersagt.

Acht Jahre habe ich dort gearbeitet.

Die Mailbox springt an: »Frank Becker. Nachricht nach dem.« Ich muss grinsen. Immer noch die gleiche Ansage. Ich freue mich, seine Stimme zu hören. Frank hat immer gesagt, bestimmte Dinge tut ein Polizist nicht. Dazu gehört: Ein Polizist sagt nicht »Piep«, auch nicht »Pfeifton«. »Nach dem« – muss genügen.

Frank Becker hat Prinzipien, das kann man nicht anders sagen. Bestimmte Dinge tut man nicht. Er war der Einzige in unserer Abteilung, der mich nicht angepumpt hat, als sich rumgesprochen hatte, dass sich der große Geldregen über mein Haupt ausschüttete. Und er war der Einzige, der Italienisch konnte.

Ich schaue auf die Uhr. Früher hat es immer drei Minuten gedauert, bis Frank zurückrief. Nach drei Minuten läutet mein Handy. Ich geh nach dem ersten Läuten ran.

»Hallo, Frank«, sage ich.

»Was willst du?«, sagt er. »Hast du vergessen, dass du nicht mehr dazugehörst?«

»Frank, sie hat meine Telefonnummer auf ihren Arm geschrieben. Gestern war die zuständige Kommissarin hier bei mir. Die rückt mir auf die Pelle. Ich muss der irgendwas sagen.«

»Du musst gar nichts sagen. Du musst sagen: Ich bin raus und weiß nix. Das ist doch nicht so schwer.«

»Wie lange haben wir nicht mehr gesprochen, Frank?«, sage ich.

»Das weißt du wahrscheinlich besser als ich. Hier geht alles seinen Gang«, sagt er.

»Was ist da passiert in dem Hotelzimmer? Hast du irgendeine Vorstellung?«

»Du glaubst nicht im Ernst, dass ich darauf antworte?«

Ich schweige.

Nach einer Weile sagt Frank: »Ich rede noch mal mit der Kommissarin. Ich erledige das. Das ist schon vereinbart mit ihr. Ich fliege übermorgen nach Mailand.«

»Wenn du hier bist: Trinken wir einen Kaffee?«, frage ich.

»Okay, Lukas, das machen wir«, sagt er. »Soll ja schön bei dir sein.«

Ich sitze noch bisschen bei »Biagio«. Trinke noch einen Cappuccino und dann noch einen. Wenn Frank Becker nach Italien fährt, will er vor allem Nebelraketen zünden. Falsche Spuren legen, verwirren. Das ist das Geschäft. Das Übliche. Wenn er aber so schnell kommt, muss noch was anderes sein. Irgendetwas beunruhigt ihn, und zwar sehr.

5

ICH GEHE WIEDER NACH OBEN ZUM TURM. DER WEG ist auf der Bergseite mit alten Steinmauern gesichert. Grau sind sie, höher als ich, zwischen ihren Ritzen sprießt grünes Zeug, und kleine Eidechsen schießen rein und raus.

Der Geruch der Orte am Lago Maggiore hat viel mit Steinen zu tun. Mit den Mauern, die die steilen Hänge stützen und den Terrassen im Berg Halt geben. Sie bestehen aus Natursteinen der unterschiedlichsten Formen und Größen, von fünf Zentimeter kleinen Stücken bis zu Brocken von einem halben Meter. Diese Steine sind kunstvoll aufeinander und ineinander geschichtet und werden nur von ihrem Gewicht zusammengehalten. Kein Zement, kein Lehm, kein Stahl. Die Physik des Hanges gibt diese Bauweise vor: Bei starkem Regen läuft die Erde der Hänge voll Wasser und wird zentnerschwer. Dieses Gewicht reißt die Mauern ein – wenn das Wasser nicht zwischen den Steinen abfließen kann. Heute beherrschen nur noch wenige Maurer diese Technik. Wer mit Zement arbeitet, muss ein kompliziertes Abflusssystem aus Rinnen und Rohren mit einbetonieren.

Die Steine der Mauern speichern die Wärme der Sonne und strahlen sie mit einem mineralischen Geruch zurück in die

Luft. Im Frühjahr und Sommer mischt er sich mit dem Duft der Blüten, Magnolien, Azaleen, Jasmin. Im Herbst mit dem Geruch von nassem Laub und nasser Erde, im Winter mit den Kristallen der Schneeflocken. Als Kind war dieser Geruch für mich der Geruch von Ferien, als sich Tage und Wochen endlos vor einem ausbreiteten. Und das ist irgendwie immer noch so. Wovon diese Gegend viel hat: Zeit.

Als ich oben angekommen bin, sagt Ambrogio: »Falls du heute noch mal runtergehst, könntest du im Postamt ein Paket für mich abholen.«

Wortlos gehe ich an ihm vorbei und schließe die schwere Tür des Turms auf.

6

AM NACHMITTAG RUFT LARA AN. ICH SEHE IHREN Namen auf dem Display. Die Relativitätstheorie der Sehnsucht. Zeit ist relativ. Was sind schon 25 Jahre?

»Willst du mich endlich heiraten?«, sage ich.

Sie lacht ihr helles Lachen, das klingt, als würde man Kieselsteine in der Hand hin und her bewegen.

»Komm mich besuchen, und wir reden drüber«, sagt sie.

»Hast du von dem Mord gehört?«

»Natürlich«, sagt sie.

»Weißt du etwas darüber?«

»Nein«, sagt sie.

»Ich glaube dir nicht. Deshalb heiratest du mich nicht, weil ich dich immer durchschaue.«

Kieselsteine.

»Ich muss dir etwas erzählen«, sagt sie. »Komm mich besuchen.«

Ich dusche, wasche die Haare und überlege, was ich anziehen soll. Weißes Hemd? Wirkt frisch und aufgeräumt. Schwarzes Hemd? Wirkt ernst und geheimnisvoll. T-Shirt? Wirkt lässig. Nicht rasieren? Wirkt abenteuerlich. Mensch, Lara, du machst mich zum Trottel. Schon immer, immer noch.

Der Suzuki gibt auf dem Weg nach unten komische Knackgeräusche an der Vorderachse von sich. Das sollte ich mal kontrollieren lassen.

Lara besitzt das schönste Hotel auf der Ostseite des Lago Maggiore, das *Camin* in Colmegna. Ein altes Haus, direkt am Wasser, an den Felsen geklebt gewissermaßen, unterhalb der Küstenstraße. Das Restaurant erstreckt sich über drei Ebenen, mit kleinen Bars, romantischen Mauernischen und einer großen Terrasse, über die eine gestreifte Markise gespannt ist. Im Garten schlängeln sich gepflasterte Wege durch Lavendelbeete, Palmen, Agaven und Tabakpflanzen. Die Hotelzimmer blicken von oben über das Anwesen und weit über den See bis auf die andere Seite zur Isola Bella.

Stets dieselbe Kellnercrew macht hier beste Stimmung bei reichen Schweizern, die zum Essen herkommen, bei deutschen Hotelgästen, die ein Wochenende gebucht haben, bei Italienern in Anzügen, die Business machen. Lara bietet alles an: Geburtstagsfeiern, Hochzeiten, Special Events. Im Sommer ist der Parkplatz bis auf den letzten Zentimeter zugestellt mit großen BMWs und Porsche Cayennes.

Ich parke den Suzuki an der Straße und betrete das Grundstück über den Kiesweg, der zur kleinen Bar am Wasser führt. Ich habe schwarze Jeans an und ein dunkelgrünes Hemd. Und ich habe mich dann doch rasiert. Wo ist das große Glas mit Schokolinsen, das immer auf einem Tisch neben der Bar stand? Für Kinder eigentlich. Für Kinder und mich. Heute aber nicht da.

Lara trägt einen weißen Leinenanzug, weiße Turnschuhe. Ihre blonden Haare hat sie zu einem Pferdeschwanz gebunden. Sie steht mit dem Rücken zu mir auf der Terrasse und erteilt einem Kellner Anweisungen. Ich sehe, wie sie auf den Garten deutet und mit ihren Händen die Szenerie malt, die sie dort heute Abend sehen will. Stehtische wahrscheinlich, weiß eingedeckt mit blitzenden Weingläsern in Habachtstellung und dem Grill vorn am Wasser. Irgendwie hat sie mich doch wahrgenommen, jedenfalls dreht sie sich nach einem letzten Nicken zum Kellner um und steuert lächelnd auf mich zu. Der Anzug ist weit geschnitten und bis oben zugeknöpft, ich sehe zwei große Silberreife von ihren Ohren hängen.

»Komm«, sagt sie nach den Begrüßungsküsschen, rechts, links, rechts. »Komm, wir fahren ein bisschen Boot, ich zeig dir was.« Sie nimmt mich an die Hand, und wir gehen eine kleine Treppe runter zum Wasser. Ein pakistanischer Angestellter in weißem Kittel wartet an einem winzigen Schlauchboot. Wir steigen ein, und er rudert uns zur Boje, wo Laras Motorboot festgemacht ist. Ihre Knie berühren meine. Einmal legt sie kurz ihren Kopf an meine Schulter. »Schön, dass du gekommen bist.«

Wir steigen in das große Motorboot, der Pakistani leider auch, er setzt sich ans Steuer.

»Du hast Angst vor mir«, sage ich zu Lara.

»Fändest du das gut?«, fragt sie.

Ich überlege.

»Nein«, sage ich.

Bis 40 PS darf man am Lago Maggiore auch ohne Führerschein Boot fahren. Touristen mieten sich solche Boote. Ich auch manchmal. Der Ton, mit dem dieser Motor anspringt, stellt gleich klar, dass hier eher ein paar hundert PS am Werke sind.

Wir sitzen im Heck nebeneinander auf weißen Ledersitzen und fahren zwanzig Minuten die Küste entlang. Vom Wasser aus sieht alles anders aus, vor allem die Häuser. Würden sie Selfies von sich machen, würden sie einen langen Teleskoparm benutzen und diese Perspektive wählen.

Vor dem Ort Caldé lässt Lara den Motor drosseln. Sie deutet auf ein großes Gebäude, eine ehemalige Villa, unterhalb einer alten Kapelle, die dort auf der Kuppe eines Felsens errichtet wurde, wahrscheinlich unter schrecklichen Mühen.

»Hier wohnt Leonardo jetzt«, sagt Lara. »Ich habe ihm in der *residence* einen Platz besorgt.«

»Er ist nicht mehr oben in Curiglia?«

»Er kann fast nicht mehr gehen, er ist alt, Lukas. Alt und allein. Warum bist du nie zu ihm gefahren?«

»Ich bin zu ihm gefahren.«

»Er sagt, seit Jahren schon nicht mehr.«

Das Boot schaukelt ein bisschen, leise klatscht das Wasser an die Außenwand. Laras Stimme ist klar, sie reiht die Worte in ihren Sätzen genau im richtigen Tempo aneinander, damit sie in der Luft einen Moment stehenbleiben können.

»Zu viele Erinnerungen dort oben in Curiglia«, sage ich.

»Wollen wir anlegen und ihn besuchen?«, fragt sie. Sie sieht mich an. Es ist eine echte Frage. Keine Aufforderung. Keine Tendenz ist herauszuhören, in welche Richtung die Antwort gehen sollte. Immer hat sie so gefragt. Jede Antwort ist möglich, mit jeder Antwort wird sie leben. Damals, als wir jung waren, hat mich das gestört, irritiert. Es wirkte auf mich, als wäre ihr alles gleichgültig, als würde sie immer nur beobachten, aus ziemlich weiter Ferne beobachten.

Willst du mit mir nach Lausanne gehen? Das hat sie mich gefragt, als sie siebzehn war. Eine echte Frage. Nein, habe ich gesagt, weil sie mich verletzt hatte. Und sie lebte mit meiner Antwort. Ein gutes Leben. Bis heute.

»Nein«, antworte ich auch jetzt. »Ich werde ihn allein besuchen. Ich will jetzt lieber mit dir Boot fahren.«

Lara gibt dem Pakistani ein Zeichen. Er weckt den Motor auf, wendet das Boot und steuert auf die Mitte des Sees zu. Der Fahrtwind lässt Laras Pferdeschwanz wehen und die Ohrringe baumeln.

»Leonardo hat eine Kiste für dich gepackt«, sagt sie laut, um das Motorengeräusch zu übertönen.

»Eine Kiste?«

»Ich habe sie bei mir im *Camin*, sie ist nicht groß. Passt gut in deinen Suzuki.«

»Erinnerungen«, sagt sie weiter. »Was sonst? Hauptsächlich Sachen von deiner Mutter. Ihr großer Strohhut ist dabei. Aber auch unsere Armbrust, weißt du noch?«

Natürlich weiß ich. Ich habe sie geschnitzt, gestrichen, bespannt, verleimt und verschraubt. Unter Leonardos Anleitung. Aber Lara war immer dabei, hat zugesehen und geholfen, manchmal ein Teil festgehalten, damit ich ein anderes Teil daran befestigen konnte. Und eine Katze hat auch immer zugesehen. Wie hieß sie noch?

Unsere hat Lara gesagt. Unsere Armbrust.

»Ich höre, die Straße am Ufer wird neu gemacht«, sage ich.

»Ja, das wird vielleicht ein Theater! Nur noch eine Fahrspur mit Baustellenampel für mindestens ein Jahr, direkt vor meiner Einfahrt.«

Das Boot fährt in einem Bogen um die Ruine der alten Wasserburg. Ein Kran rostet schon seit Jahren neben dem Turm vor sich hin. Zeuge eines gescheiterten Versuches, mal irgendwas aus der Ruine zu machen.

»Lara, was weißt du über die Tote im Hotel Centrale?«

»Sicher weniger als du«, sagt sie.

»Wie meinst du das?«

»Kennst du sie denn nicht?«

Sie sieht mich an. Jede Antwort ist möglich. Aber die Antwort ist auch eine Weiche, wie wir weiterreden. Ob wir weiterreden. Nach meinem Nein zu Lausanne haben wir nie wieder Pläne für die Zukunft gemacht. Und keine Zukunft gehabt.

»Doch, ich kenne sie«, antworte ich.

Ich brauche Vertraute in dieser Angelegenheit, fürchte ich.

Lara lächelt ihr kleinstes, kaum zu bemerkendes Lächeln. Meine Antwort war die richtige.

»Gibst du vielen Frauen deine Handynummer?«, fragt sie.

Auf der Rückfahrt erklärt sie mir, wer das Hotel Centrale gekauft hat und renovieren ließ, welche Pläne mit der Investition verbunden waren, wer das Ganze wie finanziert hat. Ich versuche mir die Namen und Firmennamen zu merken. In dem kleinen Schlauchboot auf dem Weg zum Ufer legt sie diesmal den Kopf nicht an meine Schulter.

Leonardos Kiste ist ein Umzugskarton. Wir laden sie auf die Rückbank des Suzuki. Ambrogios Paket von der Post wandert unter den Beifahrersitz.

»Ich muss dich noch um einen Gefallen bitten, Lukas«, sagt Lara.

Wir stehen neben dem Suzuki an der Straße. Es wird Abend, das Licht wechselt ins Gold.

Lara nimmt meine Hand und erklärt, dass sie in drei Tagen, also am Samstagabend, wieder einen ihrer Eventabende veranstaltet. *Tanz in den Sommer*, heißt er. Er ist schon ausgebucht mit weit über hundert Gästen. Junge Mädchen von der Ballettschule in Luino werden tanzen. Eines der Mädchen ist Laras Tochter.

»Ich habe meinen Gästen schon so oft sagen müssen, dass ich dich nicht zu einem kleinen Gastauftritt überreden kann«, sagt sie. »Aber das wäre jetzt die perfekte Gelegenheit. Nur ein einziger Song. Nur ›Tutto Bene‹. Mir zuliebe, Lukas. Bitte.«

Ich schaue sie an. Im Hintergrund nimmt ein Reisebus die sehr enge Kurve beim Hotel.

Tutto bene, my love, don't worry
Tutto bene, my love, I'm alright

Die Zeilen, die mein Leben verändert haben. Die Zeilen, die einen Sommer lang tatsächlich fast die ganze Welt gesungen hat.

»Aber nicht mit einer fremden Band«, sage ich.

»Nein, um Gottes willen«, sagt sie. »Du kennst ja unsere Bühne. Sag, was du brauchst, und es wird da sein.«

»Nichts, ich komm mit der akustischen Gitarre und meinem eigenen Mikro. Ich brauche nur einen Zugang zur PA. Aber Soundcheck will ich machen. Schon am Nachmittag oder einen Tag vorher.«

Laras Augen sind dunkelbraun, manchmal fast schwarz. Zum Beispiel jetzt.

»In der Ballettklasse, die am Samstag tanzt, ist auch die Tochter der Toten«, sagt sie. »Es ist noch nicht sicher, aber die anderen Mädchen wollen sie überreden, dass sie mitmacht. Das solltest du wissen.«

Lara Luz. Manchmal vergesse ich, dass sie nach der berühmten Hotelfachschule in Lausanne eben nicht in die Welt hinaus gesegelt ist, wie sie es vorhatte. Südamerika, Australien … Sondern hierher zurückkam – und seitdem hier ausharrt. Sie ist mit allem verwoben, was hier passiert. Ein einzelner Seidenfaden, den man in jedem Stoff aufspüren kann.

Ich habe Hunger. Und beschließe bei den Bösen eine Pizza zu essen. Eigentlich heißt die Pizzeria in Maccagno natürlich anders. Aber weil die damaligen Besitzer so unfreundlich waren, nannten meine Eltern sie »die Bösen«.

7

MEINE ELTERN SIND WEIHNACHTEN 2004 IN THAIland von dem Tsunami verschluckt worden, zusammen mit über 200 000 Menschen in Südostasien. Nur ein einziges Mal waren sie im Urlaub an einem anderen Ort als am Lago. Die Thailandreise war meine Idee gewesen. Ich hatte sie ihnen geschenkt.

Drei Wochen lang war ich selbst dort und habe am Strand von Khao Lak nach ihnen gesucht.

Lösch die Bilder, sagte ich mir jahrelang. Und viele sind inzwischen aus meinem Kopf verschwunden. Nur manche halten sich hartnäckig. Sinnlose auch. Die gelbe Weste eines Arztes dort an der verwüsteten Küste zum Beispiel. Auf der Weste war vorn auf der Brust ein Sticker aufgenäht. Es war ein rotes Dreieck, und ich weiß noch, dass mein Gehirn damals den Unsinn dachte: Hat Apollinaris eine Hilfsorganisation?

Dieser Arzt begleitete mich zu einem Bus, der zum Flughafen fuhr. Er hielt meinen Arm fest und sagte immer wieder: »Thank you for your help. We will contact you.«

Neben uns gingen andere gelbe Westen, die verstört aussehende Menschen zu demselben Bus führten.

8

BASSISTEN SIND DIE LUSTIGSTEN MUSIKER, FINDE ich. Das liegt daran, dass sie Dinge hören, die sonst keiner hört. Paul zum Beispiel, der Bassist meiner Band. Zu jeder Probe bringt er einen neuen Bass mit, ach was, oft sind es zwei oder sogar drei. Und drei weitere stehen sowieso schon im Studio rum. »Ich will mal was ausprobieren«, sagt er dann. Fender Precision, Rickenbacker, Duesenberg ... Die großen Marken der E-Bässe schleppt er an, aber auch ganz unbekannte, neulich einen goldfarbenen aus Korea. Dann stöpselt er sie ein, stimmt sie, spielt ein paar Töne, brum bruuum ... brum bruuum brum brum, und sagt Sachen wie: »Findet ihr nicht, dass der einen angenehm warmen Ton hat? Passt vielleicht besser zu dem neuen Song ... Oder?«

Bassisten hören tiefere Frequenzen als andere. Sie hören alles, was drunterliegt, nicht nur unter den Tönen, sondern auch unter den Dingen, unter den Menschen, unter dem ganzen Leben. Brum bruuum ... brum bruuum ... brum brum – das höre ich. Für mich hört sich alles, was da unten ist, gleich an. Diesmal hat Paul keinen E-Bass dabei, sondern einen echten Kontrabass. Ich musste das Verdeck des Suzuki abmontieren, damit wir das Ungetüm verstauen konnten.

Brum bruuum. »Wäre doch mal eine ganz andere Klangfarbe«, sagt Paul, »findest du nicht? Irgendwie direkter, echter …?«

Paul hat ein großes dickes Notizbuch mit Lederumschlag, in das er alles notiert, was den Klang ausmacht: welcher Bass, welche Verstärkereinstellung, welche Besaitung. Er notiert mit seiner steilen Schrift auch das Datum der Probe und die Songs. Das Buch sieht aus wie ein altertümliches Kassenbuch. Der ganze Mann sieht eher aus wie ein Controller als ein Musiker. Er ist mittelgroß, hat hellgraue Augen, trägt eine mit Metall gefasste Brille. Nie ist er nachlässig gekleidet, immer ist sein Haarschnitt auf den Zentimeter korrekt. Er spricht kultiviert und höflich, nie hat ihn jemand betrunken gesehen. Aber in Paul hat sich schon so mancher getäuscht. Früher war das, wenn man so will, seine Geschäftsgrundlage.

Helen hat heute einen ihrer verschlossenen Tage. Stumm stöpselt sie Kabel um, starrt auf ihren Computerbildschirm. Sie steht in der linken Ecke des Raumes, eingemauert zwischen Keyboards, Bildschirmen und Racks mit übereinandergestapelten elektronischen Effektgeräten. Irgendetwas leuchtet immer um sie herum. Displays, Kontrolllampen … Sie hat schon ihre enorm großen Kopfhörer auf und eine ernste, konzentrierte Miene. Helen ist klein, aber sehr hübsch, sie hat raspelkurze schwarze Haare, schwarze Augen und schneeweiße Haut. Ihre Figur ist sehr sexy, toller runder Hintern, schwere Brüste. Meistens kann man das nur erahnen, wenn sie sich bewegt, weil sie fast immer weite Sachen trägt, auch auf der Bühne. Wir spielen schon viele Jahre zusammen. Auf der großen Tutto-Bene-Welttour sind wir zusammen im Bett gelandet. Ihr Körper hat sich um mich gewickelt, als würde er mich einpacken und verschnüren wollen. Er war warm und roch nach Holz. Als ich aufwachte, war ich verliebt. Aber sie war schon aus dem Zimmer geschlüpft, und beim Kaffee im Frühstücksraum des Hotels hat sie mich zur Seite genommen.

»Hör mal, Luke«, sagte sie. Sie ist Engländerin und nennt mich Luke. »Du musst wissen: Das warst nicht du heute Nacht, der mich so heiß gemacht hat. Das war eine Pille. Verzeihst du mir, dass es so ist und dass ich es dir sage?«

»Tutto bene«, hab ich gesagt, »don't worry.«

»Das ist immer gelogen«, hat sie gesagt und sich in mehrere ihrer verschlossenen Tage hintereinander verabschiedet.

Jetzt üben wir den Refrain des neuen Songs:

Take me back to Casa Rosa
take me back where I belong

Ich erzähle von den Problemen, die ich mit der Melodie habe, spiele ein paar meiner Ideen vor. Nichts, was wir probieren, ist schlüssig, trotz Kontrabass.

»Vielleicht ist die Zeile Scheiße«, sagt Helen. »Zu schlagermäßig.« Aber das sagt sie oft. Schlager sind ihre Todfeinde.

Ich erzähle den beiden auch von meinem geplanten Auftritt bei Lara.

»Du spielst ohne uns?«, sagt Paul.

»Gott sei Dank«, sagt Helen und sieht ihn an. »Willst du Tischmusik machen für bescheuerte Leute bei einer bescheuerten Gala? Das soll er mal alleine genießen.«

Dann lässt Helen einen programmierten Groove laufen, und wir improvisieren zu einer bluesigen Akkordfolge.

»Was ist los mit dir?«, fragt Helen, als wir schließlich die Verstärker ausschalten und einpacken.

»Wieso?«, frage ich.

»Waren nicht deine Hände, die heute gespielt haben. Warst nicht du.«

Der Kontrabass bleibt hier im Studio. Ambrogios Liege, die zusammengeklappt an der Wand lehnt, wird noch weniger Platz finden.

Paul und Helen machen sich auf den Weg nach unten. Helen trägt heute einen grünen Overall aus ziemlich dünnem Stoff. Plötzlich steht Ambrogio neben mir und schaut ihr nach.

»Glaubst du«, sagt er, »dass sie bald Roboter bauen, die solche Körper haben?«

»Wie geht's deiner Frau?«, frage ich.

Er zündet sich eine Zigarette an, legt den Kopf in den Nacken und bläst den Rauch in den Abendhimmel.

»Schlecht«, sagt er.

»Warum?«

Er sieht mich von der Seite an, als hätte ich nicht alle Sinne beisammen.

»Weil ich nicht bei ihr bin«, sagt er. »Sie braucht mich.«

9

ICH WEISS ÜBER FRANK BECKER NUR EINE EINZIGE private Sache. Einmal ist sie ihm rausgerutscht.

Wir saßen im Auto, eine ganze Nacht und einen ganzen Morgen, vor dieser Kirche im Süden von München. Icking hieß der Ort, das weiß ich noch, weil ich mal ein Mädchen hatte in Icking. Wir haben uns in dieser Kirche geküsst, einmal, und so viel mehr Küsse sind es dann auch nicht geworden. Aber dieser eine Kuss war toll, als würde die Kirche für eine besondere Aufmerksamkeit sorgen, für ein besonderes Gefühl. Die Zeit stoppt, und was kann sich ein Kuss Besseres wünschen? Ich glaube, man kann Gott ziemlich gut erklären, warum man ein Mädchen in der leeren Kirche küsst. Ich hätte keine Probleme, ihm das zu erklären.

So eine Observation ist meist schrecklich öde, lähmende Stunden des Wartens, die man später möglichst schnell wieder vergisst. Vergessen und Verdrängen, das muss ein Polizist können. Diese hatte durchaus vielversprechend begonnen. Wir hatten einen gefährlichen Mann im Visier. Waffenhändler, Drogenhändler, Frauenhändler, bei dem kam alles zusammen. Der ging über Leichen. Und der fuhr an diesem Tag vom Flughafen München direkt nach Icking. Läutete am Pfarrhaus und verschwand da drin, der Pfarrer hatte ihm die Tür geöffnet, das hatten wir gesehen. Der Drogenhändler blieb im Pfarrhaus, die ganze Nacht, den ganzen Morgen. Und wir saßen im Auto, und es wurde kalt. Will der beichten? Manche Witze muss man einfach machen. Wenn Frank Becker lachte, bellte er. Er bellte nicht oft, aber da hatte er gebellt. Lange Beichte.

Mittags kam der Drogenhändler raus, stieg in seinen Wagen und fuhr wieder zum Flughafen. Die laufenden Ermittlungen hatten uns damals nicht erlaubt, den Pfarrer zu fragen, was ihn denn mit diesem Mann verband.

Erst viel später klärte es sich auf. Der Drogenhändler wurde verhört, es war ein einseitiges Verhör, denn wir stellten Fragen, und er schwieg. Dabei hatte er die Augen geschlossen. Nur einmal öffnete er sie, als wir ihn fragten, ob er diesen Pfarrer kenne. »Ja, meine Herren, das müssten Sie doch eigentlich wissen«, sagte er, »der Pfarrer ist mein Bruder.«

In der Nacht der sinnlosen Observation erzählte mir Becker, dass er gern Ravioli isst, dass er eigentlich nur Ravioli gern isst, und zwar ganz bestimmte, Ravioli aus der Dose, von Maggi. Manchmal mit viel Chili, manchmal mit viel Pfeffer, manchmal nur mit Parmesan. »Manchmal esse ich sie auch kalt, je nachdem«, hatte Becker gesagt, was immer »je nachdem« heißen sollte. Es war spät am Abend in diesem Auto gewesen, wir hatten Hunger, und ich hatte gesagt, da gibt es ein Lokal, nicht weit weg, da frag ich, ob sie noch was zu essen haben. »Was isst du denn gerne«, hatte ich gefragt. Dann kam die Ravioli-Antwort.

Ich habe oft gerätselt, wie Becker wohl lebt. Direkte Fragen ließ er in die Stille laufen. Die Ravioli-Antwort konnte theoretisch darauf hindeuten, dass in seinem engeren Leben Frauen keine bedeutende Rolle spielten. Hatte ich mir wenigstens eingebildet.

Als er jetzt vom Mailänder Flughafen anrief, wusste ich, was ich ihm sage: »Lass uns treffen in Luino, in der *Trattoria Turismo*, da wirst du die besten Ravioli deines Lebens essen. Liegt schräg gegenüber von dem Hotel, wo die Sache passiert ist.«

Als ich kurz vor eins am Hotel vorbeifahre, steht Frank Becker am Eingang des Hotels und redet mit zwei Männern. Einen von beiden kenne ich irgendwoher, aber woher? Fast zwei Meter groß, breit, schwarze Haare, rudernde Arme. Wo habe ich den schon mal gesehen? Ich parke meinen Jeep nur ein paar Meter weit weg, gleich bei der Fährstation. Es sind keine Italiener, das sieht man. Italiener wirken in Italien nie wie Fremdkörper. Italiener wirken leichtsinniger. Leichtsinniger jedenfalls als diese drei Männer.

Ich überlege kurz, ob ich hingehen soll. Lasse es und gehe ins Lokal, begrüße den Pizzabäcker, der immer so strahlt, wenn er mich sieht. Als wäre ich der Mann, der ihm das Glück bringt. Ich nehme einen Tisch in der Ecke, die Trattoria ist drinnen ziemlich leer, die Gäste sitzen draußen, klar, bei dem herrlichen Juni-Wetter.

Frank Becker kommt allein, und er bestellt tatsächlich die Ravioli, wie von mir empfohlen. Ravioli *al ragù*. »Wer waren die beiden Männer, mit denen du dich vorhin unterhalten hast?«, frage ich.

Er schüttelt den Kopf. »Lukas, du bist raus. Ich darf dir

das nicht erzählen, du weißt das. Ich bin hier, um dir eine Geschichte zu liefern. Die musst du wissen, sonst nichts. Mensch, mach jetzt keine Zicken.«

Ich bestelle uns zu den Nudeln noch Parmesan und eine Extraportion scharfe Peperoncini. Je nachdem, denke ich. Und ich bestelle mir ein Glas Wein. Ich weiß, Becker hasst Alkohol.

»Vorhin habe ich in Varese diese Kommissarin getroffen«, sagt er. »Und ich habe ihr folgende Geschichte erzählt, hör gut zu: Du kennst die Tote von früher. Eine Zufallsbekanntschaft, ein kleiner Flirt. Sie ist eine Schweizerin, habe ich gesagt, italienische Wurzeln, war vor neun Jahren für ein paar Tage in München. Um was zu erleben. Drogen, Alkohol, von allem zu viel. Ihr seid euch in einer Disco begegnet, wie gesagt Zufall. Dann der Flirt. Plötzlich Polizei, eine Razzia. Drogen. Bei ihr wird was gefunden. Dann mischst du dich ein, spielst den Macker, hey, ich bin auch von der Polizei. Lasst das Mädchen in Ruhe, die gehört mir. Im Augenblick funktioniert es, doch einer der Polizisten zeigt dich an. Riesenärger. Hat viel Mühe gekostet, die Wogen zu glätten, du bekommst eine Abmahnung, kannst aber im Dienst bleiben. Ich habe ihr gesagt, dieser Fall hatte nichts mit deinem späteren Ausscheiden zu tun.«

Frank zieht aus seiner Aktentasche ein Kuvert.

»Da steht das alles noch mal schwarz auf weiß, der offizielle Bericht von damals und die Abmahnung; es steht auch deine Unterschrift drauf.«

Becker, der Profi, denke ich. Wenn man sich schon eine Geschichte ausdenkt, sollte sie beweisbar sein.

Die Ravioli kommen.

»Ach, und noch was: Ihr habt euch später nie wiedergesehen. Du darfst und wirst darüber nicht sprechen, hab ich der Kommissarin gesagt. Teil der Abmahnung war, dass du dich nicht mehr äußerst zu dem Fall, die Geschichte ist vergessen.«

»Hat sie das alles geglaubt?«, frage ich.

»Keine Ahnung«, sagt Frank, »ist aber egal. Wichtig ist, dass du die Geschichte glaubst.« Wenn Frank Becker lächeln könnte, würde er jetzt lächeln.

Frank Becker hat mir damals beigebracht, wie man Informationswege kanalisiert. Die beiden Zaubersätze dieser Welt: *Need to know. Need to share.* Wie man entscheidet, was einer zu wissen hat und ein anderer nicht. Wissen ist die Währung. Wer viel weiß, ist in der Hierarchie der Macht oben, wer wenig weiß, unten.

Frank Becker hat mir beigebracht, wie man Menschen austrocknet, indem man ihnen Informationen vorenthält, ihnen manchmal jegliches Wissen entzieht. Wie man Menschen manchmal austrocknen muss, weil alles, was sie tun könnten, wenn sie bestimmte Dinge wissen, gefährlich sein kann.

Ich denke: Okay, jetzt bin ich so einer. Becker will mich austrocknen. Weil ich gefährlich werden kann? Oder warum?

»Frank«, sage ich, »ich weiß, du kanntest die Ermordete viel besser als ich. Aber ich kannte sie in ihrem neuen Leben. Ich könnte mich einfach mal umhören, ob irgendwas in letzter Zeit passiert ist, irgendwas Ungewöhnliches.« Und ich sage: »Sie hatte in Luino eine enge Freundin, die könnte was wissen. Was meinst du?«

»Die Ravioli waren wirklich gut«, sagt Frank und winkt dem Kellner zum Zahlen, »ich lade dich ein. Rechne ich ab.«

Nach einer Pause sagt er: »Halt dich raus, Lukas, ich kann es nur noch mal sagen. Spiel nicht den Polizisten. Das ist für alle das Beste. Vor allem für dich.«

Ich frage ihn noch, wie lange er in der Gegend bleibt.

»Ich weiß noch nicht«, antwortet er, »wahrscheinlich zwei, drei Tage.«

Als wir aus dem Lokal gehen, fragt er: »Vermisst du deine alte Arbeit?«

Aber es ist keine Frage, jedenfalls will er keine Antwort hören. Bevor ich was sagen kann, fasst er mich am Arm an und sagt: »Tschüs, Lukas. Mach's gut.«

10

AUF DEM RÜCKWEG ZUM TURM FAHRE ICH NOCH bei meinem Weinhändler vorbei, an einem kleinen Platz in Luino. Er hat früher in verschiedenen Lokalen in Deutschland gearbeitet, bevor er sich vor vielen Jahren in Luino selbständig gemacht hat. Ein wunderbarer Laden. Wäre ich eine Weinflasche, dort würde ich gerne lagern.

Mein Weinhändler hat weiße Haare, wenige weiße Haare, ganz kurz geschnitten. Und große grün-silbrige Augen. Wäre er eine Frau, könnte er sich wegen seiner Augen vor Komplimenten nicht retten.

Ich betrete den Laden, und er steht vor mir und sagt: »Schön, dass du kommst. Was kann ich für dich tun?«

Das ist unser Ritual: Ich sage ihm, wie ich mich fühle, was ich glaube zu brauchen. Und er findet den Wein, der mir hilft. Manchmal besuche ich ihn auch, wenn ich beim Schreiben eines Liedtextes nicht weiterkomme. Dann erzähle ich ihm, um was es in dem Lied gehen soll. Und trage ihm ein paar Zeilen vor, die mir im Kopf rumschwirren. Irgendwann sagt er: »Ich verstehe.« Und verschwindet in seinem Weinkeller und bringt eine Flasche oder zwei.

»Heute brauche ich was, das mich auf andere Gedanken bringt«, sage ich, »mein altes deutsches Leben ist aufgetaucht.

Polizei, Verbrechen, böse Sachen. Ich brauche was, was mich wieder leichter macht. Leichtsinniger, weniger dunkel. Nicht so düster. Ich brauche was, was meine Gespenster vertreibt.«

»Ich verstehe.«

Mein Weinhändler denkt nach. Er sagt: »Weißwein, klar.« Nach einer kurzen Pause, die Augen immer noch geschlossen: »Habe ich dir schon mal von Gino erzählt, von Gino Ferrara?«

»Nein«, sage ich.

Und höre seinen Worten zu: Gino Ferrara besaß in Modena ein Restaurant, sehr erfolgreich, ein Klassiker. Jahrzehntelang war es eines der besten Lokale der Stadt, und das wollte etwas heißen, denn in Modena gibt es viele gute Lokale. Ferrara war berühmt für seine einzigartigen Spaghetti *vongole veraci*, für sein Wildschweingulasch und für seinen Wein. Er war ein glänzender Gastgeber, aber er war auch immer ein bisschen wehleidig: zu viel Arbeit, kein Leben, keine Freizeit. Er redete immer vom Verkaufen – und eines Tages verkaufte er sein Restaurant. Er unterschrieb den Kaufvertrag, und an diesem Abend saß er zu Hause, und plötzlich wurde ihm klar: Was habe ich für einen Wahnsinn gemacht? Was heißt hier Leben? Das Lokal ist doch mein Leben, und ich habe es verkauft. Ich habe doch gar kein anderes Leben! Am nächsten Tag wollte er den Kaufvertrag rückgängig machen, er versuchte alles. Aber es war nicht mehr möglich, es war zu spät.

Mein Weinhändler sagt: »Ja, und was hat er dann gemacht?«

Er schildert es durchaus detailliert, so genau hätte man es gar nicht wissen mögen. Die Kurzfassung: Gino Ferrara nahm mitten in der Nacht einen Strick, ging in die Küche seines alten Restaurants und erhängte sich.

Als er fertig ist mit Erzählen, sage ich: »Das ist wirklich eine traurige, schreckliche Geschichte. Ich fang gleich zu weinen an. Aber ich brauche heute keine traurigen, schrecklichen Geschichten. Ich brauche was Schönes, Fröhliches. Deshalb bin ich doch bei dir.«

Er schüttelt den Kopf. »Das werdet ihr Deutschen nie verstehen. Einfach leicht sein, das funktioniert nicht. Das Leichte braucht immer das Schwere, es muss immer den Kontrast geben. Das gehört alles zusammen. Schau dir die großen Komiker an, Charlie Chaplin oder Dario Fo. Keiner war politischer und schärfer als Dario Fo, nicht obwohl er lustige Texte geschrieben hat, sondern weil er lustige Texte geschrieben hat.«

Mein Weinhändler spielt den Verzweifelten und schaut hoch zum Himmel, der allerdings gerade nur aus der Decke seines Ladens besteht.

»Ihr Deutschen«, sagt er, »wollt es immer trennen, ihr wollt mal lustig sein und mal ernst. So funktioniert das aber nicht. Am Ende seid ihr immer nur ernst. Das stimmt doch, Lukas, oder?«

»Ich will doch nur einen Wein«, sage ich, »der mich auf andere Gedanken bringt.«

»Deshalb erzähle ich das alles doch. Dieser traurige Gino Ferrara war ein guter Freund von mir, ich ging mit ihm zur Schule. Wir haben nie den Kontakt verloren. Er war ein guter Mann. Und er verstand was von Wein, vielleicht gerade weil er im Grunde seiner Seele so traurig war. Zum Geburtstag bekam ich von ihm jedes Jahr eine Kiste Wein, von jeder Flasche erzählte er eine eigene Geschichte. Und eine davon gehe ich dir jetzt holen.«

Er verschwindet in seinem Keller. Ich habe ihm so intensiv zugehört, dass ich gar nicht die anderen Kunden bemerkt habe, die sich geduldig ihre Zeit mit dem Studium der Weinregale vertreiben. Mein Händler kommt zurück. Mit den Augen begrüßt er die anderen Leute. Obwohl er nicht singt, hat mein Weinhändler immer etwas Operettenhaftes. Er trägt eine Flasche Weißwein in den Händen, er gibt sie mir, als gebe es nichts Wertvolleres auf der Welt. *Collio* lese ich auf dem Etikett.

»Ein großer Wein«, sagt er, »trinke ihn und fühle, was er mit dir macht. Dann erzähle ich dir die Geschichte, die mir Gino erzählt hat.«

Ich frage ihn, was ich schuldig bin.

»Lukas, was für eine Frage. Das war ein Geschenk, und soll ich ein Geschenk weiterverkaufen?«

Ich klettere wieder in meinen Suzuki und fahre zurück. Ich denke daran, wie ich Polizist geworden bin. So läuft das bei mir immer. Da erzählt einer von leichten und schweren Dingen und wie das alles zusammengehört. Und in meinem Kopf geht's los. Britta hat mal gesagt – und hat es wirklich böse gemeint –: »Dein Hirn ist wie eine Flipperkugel. Jemand schmeißt 'ne Münze rein, und deine Gedanken beginnen zu hüpfen.«

Ich bin nicht Polizist geworden, weil ich lange darüber nachgedacht hatte. Es war keine grundsätzliche Entscheidung, ich wollte ganz sicher niemanden retten, und für Ordnung sorgen wollte ich noch nie. Ich spürte keine Verantwortung für das Gemeinwohl. Es war ein Moment, in dem ich offen für Neues war. Ich hatte keine Ahnung, was ich mit meinem Leben anstellen wollte, und wer weiß, was geworden wäre, wenn auf dieser Party sich nicht ganz spät der Typ neben mich gesetzt hätte, der wie eine riesige Knoblauchzehe gerochen hat, sondern ein anderer, beispielsweise ein Förster. Vielleicht wäre ich dann Förster geworden. Warum nicht.

Aber die Knoblauchzehe war Polizist, er leitete die Mordkommission in München, er trug eine dünne Lederjacke, und er war mächtig betrunken. Wer immer in dieser Nacht die Flipperkugeln meines Hirns dirigierte, ich redete mit dem Mann über die Zukunft, und er sagte Sätze wie: »Komm doch zu uns! Es gibt ein neues Programm, für junge Seiteneinsteiger mit Abitur, da musst du nicht den ganzen Mist der Polizeiausbildung durchmachen, da bist du ganz schnell bei der Kriminalpolizei, bei den großen Fällen.« Und meine Flipperkugel hat sich tatsächlich niedergelegt bei dem Satz: »Komm doch zu uns!« Warum nicht.

Aber Flipperkugeln bleiben nicht lange liegen. Ich fuhr eines Tages im Polizeipräsidium Aufzug, zusammen mit meinem damaligen Chef, ich war bei der Drogenfahndung. Da stieg ein anderer Mann zu uns in den Lift. Wir grüßten ihn, er grüßte zurück. Ich hatte ihn schon ein paarmal bei verschiedenen Gelegenheiten gesehen. Ich fragte meinen Chef, wo der denn arbeite. Und mein Chef antwortete, selbst wenn er es wüsste, dürfe er es nicht sagen. Wahrscheinlich hatte ich den Abend vorher irgendeinen Film über geheime Polizeiarbeit im Kino gesehen. Jedenfalls bekam ich raus, wo der Mann im Lift arbeitete. Nicht im Polizeipräsidium, sondern in der hässlichen Landsberger Straße, in einem noch hässlicheren Hinterhof, in einer Abteilung im zweiten Stock, die einen Tarnnamen trug. Ich klopfte an seiner Tür und sagte, ich würde gern bei ihm arbeiten. Frank Becker war sein Name.

Ich bin nicht Spezialist für das Erfinden von Biographien geworden, weil ich lange nachgedacht hatte, weil ich meine Berufung gefunden hatte. Ich bin nicht Mitglied dieser Spezialabteilung geworden, weil jemand dachte, dass ich dafür besonders begabt sei. Es war Zufall, dass Becker gerade jemanden gebraucht hat.

So war das. So bekam ich dieses Leben, von dem ich jetzt weglaufe, das mich gerade wieder eingeholt hat. Warum hat mich das so fasziniert: Menschen in andere Leben einzuschleusen? Warum haben mich immer Lügen so angezogen? Ich war jahrelang in dieser Abteilung mit der Tarnbezeichnung »Innenrevision«. Ich habe dort keine Verbrecher gejagt, ich habe Menschen vor Verbrechern versteckt. Manchmal waren diese Menschen Polizisten, manchmal normale Spitzel, manchmal waren sie selbst Verbrecher, die sich nach ihrer Verhaftung als Kronzeugen andienten, um so einer Bestrafung zu entgehen. Eine Philosophie für unsere kleine Abteilung gab es auch: Der Staat muss sich gegen seine Feinde wappnen. Dazu braucht er Informationen – vor allem aus den Rändern der Gesellschaft, von denen Gefahr möglicherweise droht. Der Staat muss versuchen, auch solch schwierige Bereiche zu unterwandern. Das versucht man, indem man Verbindungsleute, sogenannte V-Leute, beispielsweise in gewalttätige Motorradclans oder in politisch radikale Szenen wie etwa islamistische Gruppen oder Nazi-Bewegungen einschleust. Das geht natürlich nur, wenn diese Leute unter einer Legende operieren, wenn sie also so tun, als seien sie einer von denen. Diese Jobs sind hochgefährlich, denn wehe, wenn das Doppelleben auffliegt, dann müssen diese V-Leute so schnell wie möglich abgezogen werden, denn sie müssen die Rache der alten Kumpel fürchten. Wir von der »Innenrevision« kümmerten uns um sämtliche Aspekte dieser heiklen Arbeit. Wie man reinkommt in neue Leben – und wie man wieder rauskommt.

Ein wesentliches Instrument ist die Konstruktion eines neuen Lebenslaufes, das war mein Spezialgebiet …

Ich halte noch kurz bei Biagio an. Für einen Cappuccino in der Sonne. Warum habe ich erst so spät angefangen darüber nachzudenken, was es für Konsequenzen für Menschen hat, die nur dafür benutzt wurden, um andere Menschen anzulügen?

Biagio spielt gerade eine Runde Kicker. Ich schaue ihm für einen Moment über die Schulter. Er gewinnt. Ich setze mich in die Sonne. Ich denke an die Flasche Wein, die ich gleich kalt stellen will, wenn ich oben bin.

Nach einer Zeit kommt Biagio raus und setzt sich zu mir.

»Da war vorhin so ein Typ da«, sagt er, »der hat nach dir gefragt. Ob ich dich kenne, ob ich wisse, wo er dich finden kann.«

»Was hast du ihm gesagt?«, frage ich.

»Dass ich von dir noch nie gehört habe. Keine Ahnung, habe ich gesagt. Der machte auf mich einen komischen Eindruck. Ist kein Fehler, wenn man solche Leute nicht trifft.«

11

ZEHN UHR REICHT, HAT LARA GEMEINT. VORHER muss ich nicht aufschlagen im Hotel Camin. *Aperitivo* im Garten mit Champagner, Plätze einnehmen an den Tischen auf der Terrasse, zwei, drei Reden, Vorspeise, Hauptgang ... Dann der Auftritt der Ballettschülerinnen. Das dauert alles. »Kein Stress, Lukas«, hat sie gesagt, »ich bin so froh, dass es überhaupt klappt.«

Die Gitarre liegt schon im mit Samt ausgeschlagenen Koffer im Suzuki. Ich habe mich für die rote Gibson Hummingbird entschieden, sie sieht auch in billigem Scheinwerferlicht glamourös aus, und sie klingt voll, hat Autorität.

Ich habe ihr Holz und meine Finger warmgespielt. Auch Dehnübungen habe ich gemacht und Atemübungen, habe Tonleitern gesungen, den Kiefer gelockert, den Kehlkopf massiert. »Du musst deinen Körper auf Betriebstemperatur bringen, er ist dein Instrument, du musst es stimmen«, sagt meine Gesangslehrerin Connie immer.

»Frag dich, um was es in dem Song geht, den du singen willst«, auch das hat sie mir mehr als einmal gesagt. »Mach dir das noch mal richtig klar, um was *genau* es in dem Song geht. Versuch dich zu erinnern: Wann hattest du ähnliche Gefühle? Und dann sing nicht einfach in die Welt hinaus! Überleg dir eine konkrete Person, der du dann diesen Song singst. Du wirst sehen, das hilft, dass Gefühle sichtbar und vor allem hörbar werden.«

Gefühle hörbar machen ... Du lieber Gott, was hat sie alles mit mir angestellt in ihrem Studio in München. Ich habe geschwitzt und geweint und geschrien. Beim Hinfahren zu den Sessions habe ich immer gedacht: Warum tue ich mir das an? Wenn ich weggefahren bin, war ich glücklich. Ab und zu kommt Connie auch heute noch für Workshops zu mir in den Turm an den Lago. Bald ist es wieder so weit, muss mal im Kalender nachschauen, wann.

Es ist ein lauer Abend, nicht mehr heiß, ein leichter Wind ist aufgekommen. Vom See herauf dringen die Geräusche von einzelnen Mopeds und den letzten badenden Menschen. Der Himmel ist blassrosa, das Wasser eine riesige Fläche in tiefem Dunkelblau. Beim Runterfahren blockiert plötzlich die Lenkung des Suzuki und macht ein extrem lautes Geräusch, als säge sich etwas durch Metall. Ich steige aus und sehe mir im Dämmerlicht die Sache an. Sieht so aus, als sei die vordere Stoßstangenhalterung gebrochen. Jetzt kommt die Stoßstange den Rädern in die Quere. Ich muss den Wagen vor der letzten Kurve im Steilhang stehen lassen und sichere ihn mit vier Steinen unter den Rädern.

Angelo heißt der Mechaniker in Maccagno. Er sieht so ähnlich aus wie der Suzuki, klein, bullig und stark. Meistens repariert er die Sachen im Handumdrehen – und winkt ab, wenn man den Geldbeutel zückt. Aber das nützt mir jetzt am Samstagabend nichts.

Ich nehme den Gitarrenkoffer aus dem Wagen und schicke Lara eine SMS, dass es ein paar Minuten später wird.

Im Ort gibt es inzwischen einen Carsharing-Wagen, elektrisch sogar, er steht vor dem Rathaus. Nie benutzt ihn jemand. Das Auto ist klein, weiß und lautlos. Ich quetsche es auf Laras Parkplatz zwischen die Mauer und das Heck eines Mercedes. Von der Terrasse weht es die letzten Worte einer Rede herüber und den Applaus. Musik setzt ein. Ich betrete die Terrasse von der Seite und bleibe am Rand stehen.

Ich sehe die weiß eingedeckten Tische und darüber vom Wein gerötete Gesichter. Ich höre klassische Musik und beobachte, wie ein Dutzend junger Mädchen auf der freien Fläche vor der Bühne die Formation einer Blüte bilden und sie langsam aufblühen lassen. Am größten Tisch entdecke ich Lara, gleich links vorn. Sie trägt ein rubinrotes Kleid.

Einmal habe ich an einem solchen Galaabend teilgenommen, ausgerechnet Helen hatte ich überredet, mich zu begleiten. Wir saßen an Laras Tisch. Links von uns ein reiches deutsches Ehepaar, der Mann war im »Darmveredelungs-Geschäft«, wie er sagte und dann auch ausführlich erklärte. Rechts von uns ein reiches Schweizer Ehepaar, der Mann sprach ausschließlich von seinen Oldtimern, der E-Type Jaguar war sein Lieblingsauto, er hatte drei davon. Die beiden Frauen waren sich zum Verwechseln ähnlich. Beide 15 Jahre jünger als die Männer, beide blond, beide mit viel Schmuck dekoriert. Beide hatten Speckröllchen dort, wo Frauen es besonders hassen, auf der Taille, an den Oberarmen und unterm Kinn. Später sah man die Frauen auf der Tanzfläche, beide hatten ihre Schuhe abgestreift und tanzten ausgelassen zu »I will survive« von Gloria Gaynor.

Beim Verabschieden auf dem Parkplatz sagte Helen: »Wenn du wieder mal so was Aufregendes vorhast, gib Bescheid.«

Die Musik, die jetzt aus den Lautsprechern kommt, ist Vivaldis Sommertanz. Die Mädchen tragen gelbe und weiße Gewänder und sind mit Hingabe und großer Nervosität am Werk. Am Ende fügen sie sich wieder zu dem Bild der Blüte zusammen. Der Applaus donnert, die roten Gesichter erheben sich, eine Frau ruft mehrmals »Bravo!«. Wahrscheinlich eine Mutter.

Ich muss an meine Mutter denken. Sie liebte italienische Sommerhits. »Felicità« von Al Bano und Romina Power war ihr Größtes. Mein Vater, der eher von den endlosen Gitarrensoli der Gruppen Cream und King Crimson geprägt war, schüttelte nur den Kopf. Aber er lächelte dabei. Als ich im Bauch meiner Mutter unterwegs war, stand für sie fest: Falls ich ein Junge werde, heiße ich Albano, falls ich ein Mädchen werde, Romina. Mein Vater hat sich oft gerühmt und Dankbarkeit eingefordert für die Tatsache, dass es ihm gelungen war, den Namen Albano wenigstens auf die zweite Stelle zu verschieben. Ich beschließe, »Tutto Bene« heute für meine Mutter zu singen.

»Tutto Bene« ist ein Uptempo-Stück mit einem galoppierenden Rhythmus. Mit diesem Rhythmus fängt der Song auf der Studioaufnahme auch an. Helen hat eine geniale Percussion programmiert, eine Mischung aus Herzschlägen und elektronischen Beats, unter die sie sogar gesampelte Geräusche von Biagios Espressomaschine gelegt hat. Das Besondere an dem Beat: Das galoppierende Pferd hinkt etwas. So entsteht ein zweiter, den ersten überlagernder Rhythmus. Manchmal bei den Konzerten haben wir erlebt, dass das Publikum diesen zweiten Rhythmus mitgeklatscht hat. Das waren besondere Momente.

Wenn man Tutto Bene nur mit akustischer Gitarre begleitet, muss man natürlich alles anders machen.

»Lukas«, höre ich Lara sagen, als ich auf der kleinen Bühne die Gitarre stimme, mit dem Rücken zur Terrasse. Ich drehe mich um, sie steht direkt vor mir, an der Hand ein Mädchen. Wahrscheinlich eines aus der Tanztruppe, wahrscheinlich das, von dem sie mir schon erzählt hat. Das gelbe Kostüm hat das Mädchen nicht mehr an.

»Das ist Viviana«, sagt Lara auf Italienisch, »die Tochter von Elisabeth Bergner, unserer armen Elisabetta. Sie möchte dir etwas sagen.« Lara schiebt das Mädchen ein Stück in meine Richtung, streichelt ihr über den Kopf. »Keine Angst«, sagt sie. »Lukas ist ein lieber Mann, er ist mein Freund.« Ich schaue in nervös flackernde Augen. Ich kann mich nicht an die Augen ihrer Mutter erinnern. Und weiß nicht, ob sie ähnlich waren.

Dort sind Sie sicher, das verspreche ich Ihnen.

»Ciao, Viviana«, sage ich. »Du hast wunderbar getanzt.«

Sie ist elf, höchstens zwölf. Sie nickt kaum merklich, blickt sich um. Lara ist gegangen. Dann nimmt sie ihren Mut zusammen, schluckt und sagt den Satz, den sie sich vorgenommen hat: »Meine Mami hat mir gesagt, wenn jemals irgendetwas Merkwürdiges mit ihr passiert, dann soll ich Sie um Hilfe bitten. Sie hat mir Ihre Telefonnummer gegeben.« Ihre Stimme klingt dünn und heiser.

»Du hast aber nicht angerufen«, sage ich.

»Nein«, sagt sie.

»Weißt du, wie sie das gemeint hat, deine Mami?«, frage ich.

Viviana schüttelt den Kopf. »Nein. Sie hat nur das gesagt. Und dass ich mit niemandem darüber sprechen soll, auch nicht mit Dad. Weil ja sowieso nichts passiert, weil das nur für alle Fälle ist.«

»Wann hat sie das zu dir gesagt?«

»Vielleicht vor drei, vier Wochen.«

In meiner Brust arbeitet kein Herz, sondern ein Vorschlaghammer.

»Hör zu, Viviana«, sage ich, so ruhig ich kann, »das ist irgendwie ein Irrtum.« Zur Bekräftigung lege ich ihr eine Hand auf die Schulter. Unfassbar, wozu ein erwachsener Mensch fähig ist. Unfassbar, wozu ich fähig bin. »Aber wenn ich dir irgendwie helfen kann, tue ich das gerne. Magst du mir deine Telefonnummer geben?«

Ruhig atmen. Vivianas Zettel nehmen und in die Tasche stecken. Hören, was Lara sagt, die jetzt am Mikrophon steht... »große Ehre, alter Freund, ein Highlight in der Geschichte des Hotels...« Sehen, dass alle von den Tischen aufgestanden sind und jetzt dichtgedrängt die Bühne umzingeln.

Ruhig atmen. Ich schlage die Gitarre an, höre ihren kraftvollen Ton, spüre das Palisanderholz des Griffbretts. *Music saves my soul* ... Aus welchem Song ist das noch gleich? Ich spiele eine langsame Akkordfolge, so im Stil von Jonny Cash, ruhige, gleichmäßige Bassläufe, ein Pferd, das sich im Schritt vorwärts bewegt – über die Bühne, über die Terrasse, über den See ...

Ich singe die erste Strophe zu diesem langsamen Rhythmus, melancholisch, fast wie gesprochen. Erst dann deute ich die Akkorde des Refrains an, und das Pferd wird schneller. Ich sehe, wie die Leute mitgehen, mit ihren Füßen, ihren Händen, ihren Köpfen. Schließlich fallen alle in den bekannten Galopp.

Tutto bene, my love, don't worry.
Tutto bene, my love, I'm alright.
My love, I will see you tomorrow.
Or I'm forever out of sight.

Rechts von mir steht die Gruppe der jungen Tänzerinnen. Ich sehe Viviana, deren Mutter vor ein paar Tagen mit einem Stilett aufgespießt wurde. Das Mädchen ist flankiert von zwei Freundinnen, die sie untergehakt haben und zu Tanzbewegungen animieren wollen. Sie lächelt tapfer. Links von mir steht die Crew der Kellner in ihren weißen Jacketts. Alle klatschen mit und lachen. Hinter ihnen der dunkle See mit den Lichterketten der Ortschaften.

Tutto bene, tutto bene ...

Erst jetzt bemerke ich die große blonde Frau, die neben dem Grill im Halbdunkel steht. Ist das Cristina Conte? Die Kommissarin aus Varese?

Es ist, als fühle sich der Zettel mit Vivianas Telefonnummer in der Tasche meiner Jeans plötzlich heiß an.

Lieber Gott. Was soll ich tun?

12

ALS ICH DAS LOKAL BETRETE, FREUE ICH MICH. DIE Gaststätte »Großmarkthalle« ist mein absolutes Lieblingslokal in München. Es öffnet morgens um fünf Uhr und schließt am Nachmittag. Hier kommen die Leute von der angrenzenden Großmarkthalle her und frühstücken (essen Weißwürste), machen Brotzeit (essen Weißwürste) oder Mittagspause (essen Weißwürste). Oder es kommen Leute, die wissen, dass es hier nicht nur die besten Weißwürste der Stadt gibt, sondern auch den besten Schweinsbraten und die beste gefüllte Kalbsbrust, einfach Leute, die was vom Essen verstehen. So wie ich.

Ich war schon lange nicht mehr hier, was daran liegt, dass ich schon länger nicht mehr in München war. Erinnerungen können einen von Orten fernhalten. Ich bin mir sicher, dass auch die Seele ein Schmerzgedächtnis hat. Bei mir ist das jedenfalls so. Als Britta abgehauen ist, konnte ich mich tagelang nicht mal an den Küchentisch setzen, so wacklig war ich. Ich hatte das Gefühl, ohne sie fehlt mir das Gleichgewicht.

Aber jetzt ist alles gut. Ich setze mich an einen der großen Tische links hinten in der Ecke. Freudig studiere ich die weißblaue Speisekarte. Ich brauche sie eigentlich nicht zu studieren, weil ich Weißwürste essen werde und zwei Brezn, aber ich studiere trotzdem. Herbert ist ja auch noch nicht da. Aber er wird gleich kommen, pünktlich sind wir alle von dieser Zunft, besonders die Leute in unserer Abteilung. Wer Frank Becker einmal hat warten lassen, tut es nicht wieder.

Um halb zwölf sind wir verabredet. Um eine Minute nach halb zwölf kommt Herbert. Strubbelige Locken auf dem Kopf, der schwingende Gang. Alles wie immer. Ich freue mich auf das Essen mit ihm, geklärt ist ja alles. Herbert war der Erste, der mitbekam, dass ich plötzlich Geld hatte, viel Geld. Ich weiß noch genau, wie er sagte: »Tolles Lied, echt.« Und dann hinzufügte: »Du, kann ich dich mal kurz was Privates fragen?« Das Private ging dann so: Er habe die Chance, eine super günstige Wohnung zu kaufen, einmalige Gelegenheit, natürlich, aber ihm fehlten zur Finanzierung noch 20 000 Euro. Ob ich ihm die leihen könnte, er zahle natürlich Zinsen, selbstverständlich. Ich sagte okay. Und ein halbes Jahr später sagte ich noch mal okay. Da wollte er wieder was Privates reden. Noch mal 5000 Euro. Er sagte, er würde ganz bestimmt nach einem halben Jahr alles zurückzahlen.

Als ich ihn gestern anrief, ging es ziemlich schnell. Ich sagte: »Ich brauche die Akte.« Er sagte: »No way. Ich kann die dir auf gar keinen Fall besorgen.« Ich sagte: »Herbert, ich höre, du sollst demnächst befördert werden.« Er sagte: nichts. Und nach einer Pause: »Lukas, willst du mich etwa erpressen?« Ich sagte: »Um Gottes willen. Ich weiß nur, dass Vorgesetzte bei der Polizei es gar nicht gerne hören, wenn ihre Polizisten finanzielle Probleme haben, weil sie dann möglicherweise erpressbar sind, du verstehst.« Er sagte: »Lukas, bitte.« Ich sagte: »Lass uns doch morgen in der Großmarkthalle treffen, entweder du hast die Akte dabei oder die 25 000 Euro.«

Herbert bestellt auch Weißwürste. Ein paar Minuten danach kommt der dampfende Topf. Dazu ein Korb Brezn und ein Töpfchen voll mit süßem Senf.

Als wir unseren Kaffee trinken, gibt er mir einen USB-Stick, »da ist alles drauf«. Er sagt noch: »Wenn mich Frank Becker jetzt sehen würde … Der bringt mich um. Auf der Stelle.«

»Stimmt«, sage ich, »aber er sieht dich ja nicht.«

»Stimmt auch wieder«, sagt Herbert und lacht.

13

ICH HABE FRÜHER GERN ALTE AKTEN GELESEN, UND es waren ja meistens alte Akten, die ich durchsehen musste, um mich einzuarbeiten in die Geschichte des jeweiligen Menschen. Ich musste ja die alte Geschichte kennen, um eine neue Geschichte zu erfinden. Je mehr Informationen man hatte, desto besser konnte man eine neue Identität entwickeln. Klingt simpel. Ist simpel.

Ich habe die alten Akten gern gelesen, weil sie einen bestimmten Geruch hatten. Im Archiv gab es keine Fenster, Sonnenlicht ist schlecht für Papier. Es wurde nie gelüftet. Ich liebe den Geruch von neuen Büchern, aber dieser Geruch hatte auch was. Ich musste oft an lange gereifte Schinken denken oder Käse, die ja besonders gut werden mit den Jahren. Die Staubschicht auf den Aktenordnern vermittelte die Dimension der Zeit. Irgendwann fing ich immer an zu husten. Es war keine Einbildung, die Finger, die Hände wurden schwarz. Ging gar nicht so leicht weg beim Händewaschen. Vergangenheit kann zäh sein.

Jetzt sitze ich in der Autobahnraststätte Höhenrain, 25 Kilometer von München entfernt. Gleich nach dem Treffen mit Herbert hatte ich den Entschluss gefasst, mir die Akte erst zu Hause in Italien anzuschauen, in Ruhe. Das ist auch so eine Sache in meinem Kopf: Ich beschließe gern Dinge, zum Beispiel, »Also, ich trinke jetzt ganz bestimmt keinen Kaffee mehr, habe schon zu viel getrunken« – und bestelle dann ganz bestimmt noch einen. Wie man so etwas nennt? Es gibt Menschen, die sind große Anarchisten, lehnen sich gegen alle Autoritäten auf, die ihnen über den Weg laufen, die haben da etwas in ihrem Genmaterial. Vielleicht ist in meinem Hirn nach unzähligen Mutationen ein winziges Anarchie-Gen übriggeblieben, das einen einsamen, aber durchaus wirkungsvollen Kampf führt gegen einen anderen Teil meines Hirns, den Teil, wo Alltagsbeschlüsse gefasst werden.

Jedenfalls stecke ich dreißig Minuten, nachdem ich mich von Herbert verabschiedet habe, hier in der Raststätte den gelben USB-Stick in meinen Laptop. Ich habe einen ruhigen Platz gefunden, ganz in der Ecke hinten links, an einem Vierertisch. Ich habe mir einen Kaffee geholt und ein Stück Käsekuchen, das besser sein wird als gedacht. Vielleicht ist das der Grund, warum ich Autobahnraststätten mag. Alles ist da besser als gedacht. Und außerdem habe ich dort in meinem Leben noch nie jemanden getroffen, den ich kannte.

Die Akte poppt auf. *Seitenzahl: 2231*, wird angezeigt. Ich weiß noch, wie stolz die Behörde war, als vermeldet werden konnte, der gesamte Aktenbestand sei nun digitalisiert. Die beiden älteren Damen, die jahrzehntelang in den Kellerräumen für Ordnung gesorgt hatten, waren in den vorgezogenen Ruhestand versetzt worden.

Ich scrolle die Seiten runter und fange an zu lesen. Das vertraute Gefühl stellt sich schnell ein. Die Sprache ist gespreizt, als würde man versuchen, Wörter zu finden, die möglichst weit weg von jeder Emotion sind. Und das ist ja auch der Sinn: Aus allem wird ein Sachverhalt, ein Aktenzeichen, ein Protokoll.

Ich lese:

AUFTRAG

Die Tätigkeit der geführten Person ist langfristig angelegt. Das Ziel ist es, möglichst viele Informationen über die Zielgruppe zu liefern, insbesondere über mögliche Pläne von Aktivitäten, die gegen das Gesetz verstoßen. Die geführte Person operiert selbständig, steht aber – je nach Bedarf – in Kontakt zu den zuständigen Stellen. Die geführte Person ist sich der Gefährdung der eigenen Person bewusst. Die geführte Person ist umfassend ausgebildet für diese Tätigkeit, sie hat sich für diese Aufgabe ohne jeden Druck entschieden.

Die Notwendigkeit des Einsatzes einer verdeckten Operation ergibt sich aus der hermetischen Abgeschlossenheit der Zielgruppe. Es erscheint nahezu ausgeschlossen, Informationen aus der Gruppe herauszubekommen. Die politisch wirkende Gruppe ist indoktriniert, geradezu »gleichgeschaltet«, vergleichbar mit religiösen Sekten oder – historisch gesehen – mit aktiven Mitgliedern der frühen Roten Armee Fraktion (RAF). Die Mitglieder der Zielgruppe gelten als außerordentlich misstrauisch gegenüber Personen, die sich ihnen nähern. Dies ist der geführten Person in vollem Umfang bewusst.

> Die Notwendigkeit des Einsatzes einer verdeckten Operation ergibt sich des weiteren aus der zunehmend wachsenden Gefährlichkeit der Zielgruppe. Es gibt keine Zweifel, dass die Aktivitäten der Zielgruppe verschiedene Gesetze der Bundesrepublik Deutschland in hohem Maße verletzen. Es gibt weiterhin die berechtigte Annahme, dass die Aktivitäten der Zielgruppe in Verbindung mit Todesfällen von führenden Bankmanagern stehen. Im Gegensatz zu Operationen früherer terroristischer Organisationen wie etwa – historisch gesehen – der Roten Armee Fraktion (RAF) operiert die Zielgruppe im anonymen Dunkel. Die Zielgruppe vermeidet jede Öffentlichkeit, es gilt als ausgeschlossen, dass sie die Ergebnisse jedwelcher Aktivitäten für sich reklamiert. Dies wirkt zusätzlich erschwerend auf eine Aufklärung der Taten.

Ich lasse den Laptop für einen Moment am Tisch zurück und hole mir noch einen Kaffee am Automaten. Elisabeth Bergner. Das war der letzte Name, den ich ihr gegeben hatte. Sie war aufgeflogen und musste plötzlich abgezogen werden. Wie hieß noch mal der Tarnname davor, den sie bei den Linksradikalen trug? Na ja, unauffällig sollte der Name ja immer sein, ein Name, den man leicht schnell vergisst. Jetzt habe sogar ich ihn vergessen. Ich erinnere mich, wie ich ihr die neuen Papiere gegeben habe, mit dem neuen Namen darauf.

»Elisabeth«, sagte sie, »ach nö. Elisabeth hieß meine Oma, und die war schrecklich.«

Ich sehe ihr Bild vor mir. Eine hübsche Frau, kurze blonde Haare. Lesbenlook, so sagte sie es selbst, und fügte hinzu: »Vielleicht gefällt das ja den Italienern.«

Ich höre wieder ihre Stimme von damals. Und meine.
»Dort kann mich also niemand finden, wirklich niemand?«
»Nein. Dort sind Sie sicher.«
»Das versprechen Sie mir?«
»Das verspreche ich Ihnen.«
Ich merke, wie mir der Schweiß ausbricht.
Und lese weiter.

BIOGRAPHIE
Die geführte Person stammt aus der ehemaligen DDR. Sie war 18 Jahre alt, als die Mauer fiel. Sie stammt aus einer Familie, die dem sozialistischen Regime nahestand. Die Familie gilt als zerrüttet, Eltern haben sich früh getrennt. Vater war in ihrem Leben nicht existent. Auch mit der Mutter besteht seit Jahren kein Kontakt mehr. Geschwister gibt es nicht. All dies kann als günstig betrachtet werden, da so keinerlei familiäre Strukturen die Aufgabe der geführten Person erschweren. Ebenfalls als günstig bewertet werden kann, dass sich die geführte Person schon als junges Mädchen bei staatlichen Einrichtungen der DDR angedient hatte – was vor allem daran lag, dass die Mutter der geführten Person ebenfalls für staatliche Behörden tätig war. Auch wenn heute natürlich die Ausrichtung der DDR-Dienste als höchst verwerflich betrachtet werden muss – die geführte Person teilt diese Einschätzung aus heutiger Sicht voll und ganz –, so scheint es durchaus von Vorteil, dass die geführte Person bereits die Erfahrung gemacht hat, was es heißt, »unter anderer Flagge« ein Leben zu führen.

> Es wird allseits als nützlich angesehen, den DDR-Teil in der neuen Biographie der geführten Person – in veränderter Form – zu belassen, da die Erfahrung besagt, dass Mitglieder der Zielgruppe aus politischen Gründen durchaus Sympathien für das sozialistische Gedankengut der DDR empfinden. Die Mitglieder der Zielgruppe könnten also der geführten Person eine gewisse Glaubwürdigkeit zusprechen, wenn sie sich der Zielgruppe nähert.

Ich eile über die Seiten. Bleibe hängen bei einer *Gefahrenanalyse der Zielgruppe.* Da steht:

> Die Mitglieder der Zielgruppe sind geradezu besessen von der Idee, die gesellschaftlichen Verhältnisse in diesem Land zu verändern. Sie sind bereit, alles in ihrem Leben diesem Ziel unterzuordnen. Es kann als Gewissheit bezeichnet werden, insbesondere auch nach Einschätzung der geführten Person, dass die Mitglieder der Zielgruppe bereit sind, Gewalt auszuüben. Auch nach Einschätzung der geführten Person ist bis auf weiteres keine Idee vorhanden, wie man diese Leute von diesem gefährlichen Weg abbringen könnte. Die Zuspitzung des Konfliktes scheint unausweichlich zu sein.

Diesmal keine schmutzigen Finger, kein Husten vom Geruch der Blätter. Der Käsekuchen war nicht besser, als er aussah, sondern deutlich schlechter, gegessen habe ich ihn trotzdem. Wird man Käsekuchen irgendwann im Internet essen können? Besser wäre es wahrscheinlich. Ich merke, dass mich das Lesen erschöpft. War das früher anders beim Aktenlesen?

Wahrscheinlich nicht. Aber die Sache mit dem Geruch, da ist was, denke ich. Überall liest man, wie wichtig der Geruch ist. Neulich erst habe ich einen Text von einer Psychologin gelesen, dass bei der Partnerwahl der Geruch ein entscheidender Faktor ist. Und auch für die Dauer einer Beziehung. Wer sich gut riechen kann, der bleibt zusammen.

Na ja. Ich muss kurz an Britta denken, an ihren wunderbaren Geruch. Und vertreibe den Gedanken wieder, ganz schnell. Lieber allgemein denken. Der Geruch im Internet. Es gibt keinen Geruch im Netz. Der nächste Gedanke, und Britta ist aus dem Kopf: Was hat es eigentlich für Folgen, wenn mit der Digitalisierung der Welt immer mehr Gerüche aus unserem Leben verschwinden?

Ich suche in den Akten ihre Geburtsurkunde, die echte. Auf Seite 152 finde ich sie. *Magda Kobell* steht da, *geboren in Dessau.* Das war der einzig echte Name, den sie hatte. Wie viele verschiedene Namen sie in ihrem Leben am Ende wohl gehabt hat?

Mir hat mal ein langjähriger V-Mann die Geschichte erzählt, wie er nach einem Unfall kurzzeitig ohne Bewusstsein war und wie nach seinem Aufwachen ein Polizist über ihm kniete und fragte: »Wissen Sie, wie Sie heißen?« Weil der Polizist wissen wollte, ob er noch richtig tickte. Aber so spontan fiel ihm sein neuester Name nicht ein, den er gerade trug und der in seinem Pass stand. Der Polizist wirkte jedenfalls tief beunruhigt und alarmierte den Notarzt, dabei hatte er es nur mit einem verwirrten V-Mann zu tun, dem für einen Moment die Kontrolle über das Spiel mit seinen Namen entglitten war.

Wer konnte eigentlich glauben, dass es für eine junge Frau gut ausgehen könnte, wenn sie die Nähe von politischen Fanatikern sucht, sie dann betrügt und verrät? Die Wahrheit ist: Das hat nie jemand geglaubt, es war nur allen, die mit dem Fall zu tun hatten, völlig egal. Und zu diesen allen gehörte auch ich.

Ich scrolle noch mal zum Anfang, zum Inhaltsverzeichnis der Akte. Allein mehr als 800 Seiten nehmen die Berichte der geführten Person ein. Sie war fleißig gewesen. Ich scrolle zum Ende. Da ist ein letzter Punkt verzeichnet, *Zusatzprotokoll*, 32 Seiten, versehen mit einem kleinen roten Stern. Ich klicke den Punkt an. Doch es geht nur ein Fenster auf: *passwortgeschützt.* Und: *Bitte Passwort eingeben.*

Ich rufe Herbert an. Er geht gleich dran.

»Hallo, ich bin's noch mal. Da gibt es in der Akte einen letzten Bereich, der ist passwortgeschützt. Kannst du mir das Passwort besorgen, möglichst schnell?«

Herbert sagt: »Vergiss es. Das ist mega geheim. Ich vermute, das Passwort hat nur Becker.«

»Herbert«, sage ich, »du ...«

»Lukas, ich kann da nichts machen, wirklich nicht. Sorry.«

Mir ist klar, dass das stimmt.

Also beende ich das Gespräch und gehe zurück zum Auto. Ein Leihwagen. Der Suzuki ist bei Angelo. Man kann mit ihm ohnehin nicht so weite Strecken fahren. Das Navi zeigt noch 405 Kilometer bis Maccagno an. Ich kenne sie gut, diese 405 Kilometer, und fädle auf die Autobahn Richtung Garmisch-Partenkirchen ein.

14

AB UND ZU TRÄUME ICH NOCH IMMER MEINEN Lara-Traum. Er ist keine Phantasie, alles bis ins kleinste Detail hat sich genauso abgespielt, wie es mein Hirn jetzt manchmal nachts wieder zusammenfügt. Nur ganz am Schluss nimmt sich mein Traum die Freiheit, einzugreifen. Auch das tut er auf stets identische Weise.

Der Traum beginnt auf der Rückbank im Auto meiner Eltern auf der Fahrt zum Lago Maggiore. Ich bin 14 Jahre alt, habe Kopfhörer auf, neben mir auf der heruntergeklappten Armlehne liegt der Walkman, den ich zu Weihnachten bekommen habe. Die Kassetten sind verstreut über den Nachbarsitz. Die Sitzbezüge sind aus braunem Kunstleder. Ich höre Mike and the Mechanics: »All I need is a miracle, all I need is you.« Was meine Eltern vorn reden, höre ich nicht. Ich spüre die Vibration des Alfa-Romeo-Motors und sehe die Hand meines Vaters, die in gleichmäßigen Bewegungen den Schalthebel bedient. Er ragt schräg aus der Mittelkonsole, die aus Holz ist wie das ganze Armaturenbrett und das Lenkrad. Ich habe mein Fenster ein Stück heruntergekurbelt und sitze in einem leichten Luftzug. Wir sind noch in der Schweiz, fahren die Serpentinen zum San-Bernadino-Tunnel hoch. Es ist Ende Juli, vor mir die großen Sommerferien, unendliche sechs Wochen. Seit Tagen habe ich nur einen Gedanken: Lara. Ich zähle die Stunden, mein Herz macht immer wieder Ausflüge in hohe Frequenzen, abends beim Einschlafen habe ich mein Kissen umarmt und mir vorgestellt, was in diesen sechs Wochen alles geschehen wird. Es ist später Vormittag, und ich hoffe, dass meine Eltern in Maccagno haltmachen, um eine Pizza zu essen oder eine Pasta. Dann könnte ich gleich zum Seestrand laufen, zum Club »Unione Velica Maccagno«, wo die Mopeds stehen, wo die Segelboote festgemacht sind, wo ein Holzhaus steht mit einer gestreiften Markise und einer Fahne – »Gelato« –, wo Lara ist. Hoffentlich. Sicher.

Die italienischen Sommerferien sind noch länger als unsere. Die Leute hier kürzen »Unione Velica Maccagno« ab, sagen nur UVM. Der UVM ist der Segelclub für die Einheimischen, Touristen kommen da nicht rein. Und er ist der Treffpunkt aller jungen Leute der Gegend. Letzten Sommer hat mich Lara mitgenommen, immer wieder sind wir zusammen dorthin, sie hat mich ihren Freunden vorgestellt, und wir lagen nach dem Schwimmen am Strand auf unseren Handtüchern nebeneinander. Das Wasser perlte von ihrer sonnengebräunten Haut.

Wenn ich Lara zu Hause erwähne, wirft mir meine Mutter in letzter Zeit einen vielsagenden Blick zu, und mein Vater lächelt. Jetzt im Auto macht er mir ein Zeichen, dass ich die Kopfhörer abnehmen soll.

»Vielleicht halten wir in Maccagno erst mal an und essen eine Kleinigkeit«, sagt er. »Was meint ihr?«

»Dann könntest du auch mal bei diesem Bootshaus vorbeischauen, wo die anderen Kinder sind«, sagt meine Mutter.

Heute ist mir klar, dass die beiden es genossen haben, meine Verliebtheit zu beobachten. Aber im Traum weiß ich das nicht. Da ist alles, wie es wirklich war: Ich tue cool und sage: »Ja, mal sehen, vielleicht mach ich das. Ich habe sowieso noch keinen Hunger.«

An der Grenze zu Italien ist ein kleiner Stau, der viel zu lange dauert. Und in der Kurve bei Pino hält uns noch eine nervige Baustellenampel auf. Als die weiße Giulia endlich in Maccagno an den Straßenrand fährt, hab ich Walkman und die zwei wichtigsten Kassetten schon in der Hand und bin sofort draußen. »Du kannst den ganzen Nachmittag bleiben, wenn du willst«, ruft mir meine Mutter aus dem offenen Fenster hinterher. »Wir kommen abends und holen dich ab.«

Es gibt einen Zaun um das UVM-Gelände und ein Eingangstor, das verschlossen ist. Aber ich weiß, wo der Schlüssel hängt, wenn man mit der Hand seitlich durchgreift. Manchmal bleibt man dabei an einer spitzigen Schraube hängen und ritzt sich den Handrücken auf. Jetzt auch, ich lecke ein paar Blutstropfen ab, die nach Eisen schmecken.

Ich sehe die Mopeds, es müssen hundert sein, ich höre Musik und das Lachen der Leute. Plötzlich bin ich sehr aufgeregt, und meine Schritte werden langsamer. Alte Pinien stehen hier auf dem Rasen, und ich bleibe erst mal neben einer stehen. Vor dem Holzhaus sitzen ein paar Leute auf roten Plastikstühlen, weiter drüben spielen welche zu viert Federball. Vorn am Kiesstrand wird ein Schlauchboot ins Wasser geschoben. Unter meiner Jeans habe ich meine Badehose an.

Es dauert eine Weile, bis ich Lara mitten in einer Gruppe von Mädchen und Jungen ausfindig mache. Ihr schwarzer Bikini glänzt in der Sonne. Ihre Haare sind lang und offen und nass. Sie steht mit den Knöcheln im Wasser und bespritzt jemanden. Bückt sich und schaufelt das Wasser mit beiden Händen in seine Richtung. Ein Junge ist das, Valerio heißt er, er war letzten Sommer auch da. Er ist schon älter, vielleicht zwei, drei Jahre, und er raucht Zigaretten. Lara lacht. Der Anblick sticht in mein Herz, und es fängt an zu zappeln. Mir wird heiß. Sehe ich da etwas, was ich nicht sehen sollte? Ich habe Angst, am liebsten würde ich weglaufen. Ach was, die machen doch nur bisschen Unsinn … Langsam setzen sich meine Füße in Bewegung.

In Wirklichkeit ist damals dann Folgendes passiert: Als ich etwa zehn Meter weit vom Ufer entfernt bin, entdeckt mich Lara. Ich sehe, dass sie erschrickt, dass ihr mein Auftauchen gar nicht passt, unsere Blicke treffen sich nur ganz kurz, dann schaut sie weg, als hätte sie mich nicht gesehen. Sie greift nach Valerios Hand, und die beiden rennen ins Wasser. Weg vom Strand, weg von mir.

Ich bin damals sofort gegangen, habe das Gelände verlassen, hab das Tor offen stehen gelassen, nicht mal den Schlüssel zurückgehängt. Den ganzen Nachmittag bin ich umhergelaufen, verletzt, verzweifelt, wütend. Ich bin den Berg hochgelaufen, der Turm stand natürlich damals auch schon da, und ich bin den Berg wieder hinuntergelaufen. Ich bin am See entlang Richtung Schweiz gelaufen und am See entlang wieder zurück. Es war ein heißer Tag, alles war herrlich, nur ich war im Arsch. Als ich abends in die Giulia stieg, hätte ich meine Eltern am liebsten angeschrien. Der Sommer wurde schrecklich. Ich bin nicht noch einmal zum UVM gegangen, hab Lara auch nicht angerufen. Ich blieb fast die ganze Zeit oben in Curiglia. Eingesperrt in meinem Zimmer im »Lady Jane« lag ich auf dem Bett, hörte Musik und wartete, dass Lara mich suchen würde, dass Lara mich finden würde. Aber Lara tauchte nicht auf. Mit jedem Tag wurde ich wütender auf sie – und auf mich selbst.

Viel später haben wir mal darüber geredet, da war sie schon verheiratet. Ich sei ein Idiot gewesen, hat sie gesagt. Sie hätte auch den ganzen Sommer gewartet, sei geschockt gewesen.

Valerio? Ach, Valerio ... Kanntest du nicht seinen Spitznamen? Primitivo, *wie der Wein. Wie konntest du glauben ...*

In meinem Traum endet unsere Begegnung am Wasser anders: Lara sieht mich, und ich sehe, dass sie sich freut. Und wie sie sich freut! Sie dreht sich von Valerio weg, winkt und kommt mir entgegengerannt. »Ciao, Lukas!«, ruft sie. Und wenn sie dann unmittelbar vor mir steht – wache ich auf.

15

ICH STECKE DEN GELBEN USB-STICK IN MEINEN LAPtop. 2213 Seiten.

Ich lese weiter in der Akte. Da ist die Sache mit den Toten. Viele, viele Seiten in der Akte kreisen um die Toten.

Zum Beispiel Seite 178:

> Treffen beim Innenminister. Es wird eine Arbeitsgruppe gegründet, direkt dem Herrn Dr. Minister unterstellt. Die Existenz dieser geheimen Arbeitsgruppe muss auf öffentliche Nachfragen unbedingt dementiert werden. Es muss unbedingt der Eindruck vermieden werden, dass der Herr Dr. Minister den Tod der Banker in Zusammenhang mit möglichen Aktivitäten von Linksterroristen sieht …

Zum Beispiel Seite 289:

> Es ist nun mehrfach bestätigt und als sicher anzusehen, dass die Zielperson M. der Zielgruppe in direktem Kontakt mit den Bankern stand, die später zu Tode kamen. Aus diesen Tatsachen müssen sicher weitere Schlüsse gezogen werden, für die es zu diesem Zeitpunkt allerdings noch zu früh ist. Es besteht Einigkeit in der Arbeitsgruppe, dass die Ermittlungstätigkeiten stark ausgeweitet werden müssen.

Ich füge die vielen Infos aus der Akte in meinem Kopf zusammen und krame in meinen Erinnerungen: Damals starben in Frankfurt in wenigen Monaten drei führende Bankmanager. Sie gehörten den Vorständen dreier verschiedener Großbanken an und standen in keiner unmittelbaren beruflichen Verbindung. Außer eben, dass sie Großbanker waren. Alle drei waren noch keine fünfzig Jahre alt; alle drei nahmen sich das Leben. Der eine sprang aus dem 21. Stock aus seinem eigenen Büro, der andere warf sich vor einen Zug, der dritte schnitt sich in einem Hotelzimmer in der Badewanne die Pulsadern auf. In zwei Fällen gab es Abschiedsbriefe, im dritten nicht. Es stellte sich damals schnell heraus, dass die drei ein desaströses Privatleben hatten, kokainsüchtig oder medikamentenabhängig waren. Und beruflich unter großem Druck standen.

Es herrschte großer Aufruhr in der Frankfurter Bankenwelt. Auch deshalb, weil sich viele Banker fragten: Kaputtes Privatleben? Probleme mit Drogen? Druck im Job? Wenn das Gründe für Selbstmord sind, müssen wir dann nicht alle Selbstmord begehen?

Gute Frage, bis heute, finde ich. Aber keine Frage, die die Polizei etwas angeht. Es gab nie ein Ermittlungsverfahren, keine öffentlichkeitswirksamen Polizeieinsätze, keine Durchsuchungen von Büros, Häusern oder Wohnungen. Es gab keinen Fall, aber es gab einen Mann, mit einem Namen, den man wirklich nicht vergessen kann: Marienthal, Vorname: Angelus. Er hatte die drei Banker wenige Tage vor deren Tod getroffen. Das war insofern bemerkenswert, als Angelus Marienthal ein Student ohne Abschluss war, der Chef einer linken Bewegung, die dringend die Verstaatlichung sämtlicher

Banken forderte und eine sofortige Luxussteuer auf Einkünfte von Bankmanagern in Höhe von 95 Prozent. Warum sollten die drei diesen Mann, diesen Nichtsnutz und Feind empfangen, jeder für mehrere Stunden? Tja, warum. Sie hatten es jedenfalls getan. Und danach Selbstmord begangen. Diesen Zusammenhang hat jedenfalls der damalige Innenminister gesehen. Und wir mussten diesem Zusammenhang nachjagen.

Ich lese weiter.

Seite 341:

> Es ist davon Abstand zu nehmen, die Zielperson M. direkt zu kontaktieren. Es ist auf keinen Fall anzunehmen, dass die Zielperson M. mit den ermittelnden Behörden kooperieren und Informationen liefern würde über die tatsächlichen Begegnungen mit den Bankern. Es ist vielmehr zu befürchten, dass die Zielperson M. eine behördliche Kontaktaufnahme als internen Triumph innerhalb der Zielgruppe feiern würde. Es ist deshalb unbedingt der Eindruck zu vermeiden, dass die Zielperson M. von den Behörden verdächtigt wird. Für die zuverlässige Aufklärung der Ereignisse müssen andere Ermittlungswege gegangen werden.

Die anderen Ermittlungswege? Ich sehe vor meinen Augen das Bild ihrer Leiche im Hotel in Luino. Die Frau, die am Ende Elisabeth Bergner hieß. Sie wurde in das Milieu eingeschleust und sollte es richten. Sie sollte die Sache aufklären. Sie sollte das Vertrauen von Angelus Marienthal gewinnen und die Wahrheit herausfinden.

Ich scrolle die Akte runter und runter, suche nach Berichten, die sie über die Zielperson M. geschrieben hat.

Finde was auf Seite 646:

Die Zielperson hat den Ruf, höchst charismatisch zu sein. Die geführte Person kann die Wirkung, die der Mann angeblich besonders auf Frauen habe, nicht nachvollziehen. Aber die geführte Person kann bestätigen, dass die Zielperson M. in der Zielgruppe einen absoluten Führerstatus hat. Ohne die Zielperson M. geschieht nichts.

Ich finde weiter etwas auf Seite 781:

Die Zielperson M. hielt in der Küche einer anderen Zielperson einen längeren Vortrag über die zentrale Bedeutung des ökonomischen Kollapses verschiedener Banken. Es waren mehrere Personen der Zielgruppe anwesend. Die Zielperson M. wies daraufhin, dass ein solcher Kollaps viel leichter erreicht werden könne, wenn einzelne Entscheider innerhalb der Banken an diesem Ziel bewusst mitwirken würden. Würde es gelingen, einzelne Banker zur Mitarbeit zu gewinnen, könnten die Banken ganz schnell wie Kartenhäuser zusammenbrechen. Die Zielperson M. betonte jedoch, wie schwierig es sei, solche Überläufer zu gewinnen. Dennoch sei sich die Zielgruppe an diesem Küchentisch einig gewesen, dass ein solches Vorhaben unbedingt verfolgt werden müsse.

Und sieben Seiten weiter, Seite 787:

Der geführten Person gelingt es, die Zielperson M. in Anwesenheit verschiedener Mitglieder der Zielgruppe direkt auf die drei verstorbenen Bankmanager anzusprechen. Nach Eindruck der geführten Person ist die Zielperson M. sehr genau informiert über das Schicksal der drei Banker. Die Zielperson M. geht jedoch in keiner Weise darauf ein, dass er sie persönlich getroffen hat.

Die Berichte hat Frank Becker geschrieben. Frank Becker war ihr Führungsoffizier. Becker hat sich immer wieder mit ihr getroffen, sie hat ihm von ihren Erlebnissen erzählt, ihm vermutlich manchmal Notizzettel und irgendwelche Aufzeichnungen in die Hand gedrückt. Dann hat es Becker aufgeschrieben. Manchmal hat Becker noch Anmerkungen hinzugefügt, dabei geht es immer um den Blick des Führungsoffiziers auf die geführte Person. So ist das festgelegt.

Ich finde eine Anmerkung auf Seite 1107:

Die Nähe der geführten Person zu der Zielperson M. könnte noch ein Problem werden. Bislang ist es wohl noch keines.

Angelus Marienthal. Ich google den Namen. Es kommt – gar nichts. Kein einziger Eintrag. Das kann nur bedeuten, dass er bis heute jede Spur im Internet vernichtet. Was wohl aus ihm geworden ist?

Ich sichere und entferne den USB-Stick und schalte den Laptop aus. In meiner Küche mache ich mir einen Kaffee. Von einer Sache steht in der Akte nichts: Wie hat Angelus Marienthal reagiert, als herauskam, dass die Frau in seiner Nähe eine V-Frau war? Als er gemerkt hat, dass sie ihn die ganze Zeit reingelegt hatte?

16

»WORUM GEHT ES IN DEM SONG?«, FRAGT CONNIE, nachdem ich den letzten Ton gesungen habe.

»Weiß nicht so genau«, sage ich.

»Du weißt es nicht? Willst ihn aber singen?«

O Mann.

»Ja, ja, ja«, sage ich und lege die Gitarre weg. »Du hast dich nicht verändert.«

Sie lächelt. »Hast du mich vermisst?«

Für einen Workshop kam sie. Zwei volle Tage hier im Turm. Ich habe ihr unten im Hotel Torre ein Zimmer besorgt. Mir ist gar nicht nach einem Gesangsworkshop, aber der Termin war lange geplant. Cornelia Moore ist eine gefragte Lehrerin. Singen heißt sich zeigen, sagt sie. Nur darauf kommt es an, nicht auf einzelne Töne. Die können noch so gut sein – wenn sie kein Gefühl offenbaren, wird niemand zuhören.

»Worum geht es in diesem Song?«, wiederholt sie. »Du singst von einem Herbsttag und davon, dass du zurückwillst in ein Haus ... *Take me back to Casa Rosa.*«

»Vielleicht geht es um ein diffuses Gefühl von Verlassenheit«, sage ich.

»Das höre ich nicht in deiner Stimme«, sagt sie. »Wer wird verlassen? Wer fühlt sich verlassen?«

»Jeder«, sage ich. »Es ist ein Gefühl, das jeden manchmal befällt. Verlassenheit in der Welt.«

»Jeder singt aber nicht diesen Song. Wen befällt dieses Gefühl?«

»Mich.«

»Aha. Jetzt kommen wir der Sache näher. Erzähl mir mal von diesem Gefühl. Sprich den Text mal auf Deutsch, ganz frei, alles, was dir dazu in den Sinn kommt.«

Wir sitzen uns auf zwei Stühlen gegenüber im Wohnzimmer. Connie ist irgendwas zwischen 40 und 60 Jahre alt, genauer kann man es nicht schätzen. Sie ist eine zierliche Person, so gelenkig wie eine Katze. Wenn sie wollte, könnte sie ansatzlos vom Stuhl auf den Fenstersims springen, da bin ich sicher. Gemacht hat sie so was aber noch nie.

Normalerweise beruhigen mich die Stunden mit Connie. Die Atemübungen am Anfang, die große Konzentration auf den Körper, auf den Klang der Stimme. Heute macht mich alles nervös. Ihre Anweisung, die Schultern zurückzunehmen und das Kinn zu heben, ihre Frage, wie sich dies und jenes anfühlt, ihr forschender Blick, einfach alles. Heute entfernt mich das von meinen Gefühlen, anstatt sie mir näher zu bringen. Es sind dieselben Straßen, die dich heimführen oder fort. Hubert von Goisern hat das mal gesungen.

»Komm, wir machen eine Pause«, sage ich mittags. »Wir gehen runter in den Ort und am See spazieren.«

»Ja, vielleicht ist das das Beste«, sagt sie. »Und du erklärst mir, was los ist.«

Wir trinken bei Biagio einen Kaffee und spielen an der Promenade mit zwei Rauhaardackeln, die dort immer sind, weil

Herrchen jeden Tag seinen Liegestuhl dort aufbaut. Ich sage zu Connie, dass ich vielleicht in einer musikalischen Krise bin, dass ich Ambrogio nicht rauswerfe, überhaupt zu selten nein sage, dass ich dabei bin, mich zu verzetteln in meinen Wünschen und Sehnsüchten ... Ich krame alles zusammen, was mir einfällt und eine Erklärung sein könnte für die Mauer, die mich umgibt. Sie glaubt mir nicht, das sehe ich, und sie weiß, dass ich es sehe.

Später am Nachmittag sitze ich wieder auf dem Stuhl im Wohnzimmer, diesmal mit verbundenen Augen. Ich höre, wie Connie nach oben in die Küche geht und dort hantiert. Schließlich steht sie wieder hinter mir und sagt: »Okay, Lukas. Egal, was ich jetzt mit dir anstelle, ich will, dass du mit einem Ton reagierst, ganz spontan. Du kannst schreien, stöhnen, singen, brummen ... Hauptsache, es kommt ein Ton aus deinem Mund. Ready?«

Ich spüre etwas an meinem Oberarm. Ein Stich? Ja, das ist ein Stich. Mit einer Nadel? Ganz schön heftig, tut richtig weh. Ich überlege, welcher Ton dem Schmerz angemessen ist. »Iiiiih«, mache ich.

Der Stich hört auf. Connie nimmt mein Handgelenk und führt es zur Seite. Ich spüre: Wasser. Heißes Wasser. Sehr heißes Wasser. Meine Hand wurde in heißes Wasser getaucht. Welcher Ton?

»Aaaaaah!«

Ich werde gekniffen, an den Haaren gezogen, mir werden die Arme verdreht ... Und ich suche nach Tönen.

Endlich nimmt Connie die Binde ab, setzt sich mir gegenüber auf den Stuhl und sagt: »Merkst du, dass du immer erst nachdenkst, bevor du reagierst? Jedes Gefühl nimmt bei dir den Umweg übers Gehirn. Sogar, wenn man dich verletzt, wenn man deinem Körper etwas antut.«

Ach Connie, was weißt du schon davon, was Menschen einander antun? In deiner friedlichen Welt der Musik und der Künstler? Wo das Wort Verletzung verwendet wird für einen unbedacht geäußerten Satz, eine überzogene Kritik ... Was weißt du von der anderen Welt, in der ich so viele Jahre war? Die Parallelwelt, die überall ist, auch hier. Lass dich ja nicht täuschen von den Palmen, dem blauen Himmel und der Pizza Capricciosa. In der Parallelwelt gibt es Menschen, die nichts anderes im Schilde führen, als anderen etwas anzutun. Dann fallen diese anderen vor fahrende Züge, stürzen aus hohen Häusern, ihre Autos kommen von der Straße ab, oder sie verschwinden einfach – und ihre Leichen werden 30 Jahre später durch Zufall gefunden, einbetoniert im Fundament einer Turnhalle, die abgerissen wird. Das sind die Umwege meiner Gedanken, aber ich darf sie nicht ausdrücken, auch nicht als Ton. Es würde noch mehr Menschen in Gefahr bringen.

Abends sitzen wir bei den Bösen. Connie isst Tessiner Bündner-Fleisch mit Olivenöl und Zitrone und eine kleine Portion Spaghetti in Tomatensauce.

»Morgen früh fahre ich zurück nach München«, sagt sie. Den Grappa, der mit der Rechnung kommt, lässt sie stehen, und sie will nicht, dass ich sie zum Hotel begleite. »Ich gehe noch ein bisschen am See spazieren«, sagt sie.

Als ich im Dunkeln zum Turm hochgehe, steht plötzlich im Lichtkegel der Taschenlampe ein fettes Wildschwein vor mir. Es ist ein Keiler, ich sehe die Zähne an der Seite. Seine kleinen Augen blitzen.

Als ich hierhergezogen bin, habe ich viele Leute gefragt, wie man sich idealerweise verhält bei der Begegnung mit Wildschweinen. Leise und friedlich? Oder Laut und aggressiv? Antwort: beides falsch und beides richtig. Jeder weiß was anderes, keiner was Genaues. Eigentlich kein Wunder. Wer kennt schon ein Wildschwein gut genug?

Der Keiler grunzt, dreht sich zur Seite und geht ganz langsam in den Wald hinein. Er tritt dabei auf Äste, die am Boden liegen. Das Knacken ist noch eine Weile zu hören.

17

TUTTO BENE? ALLES GUT?

Ich habe seit Tagen nichts auf Facebook gepostet, wo alles und jeder immer tutto bene ist.

Twitter, Youtube, Instagram – alles tot auf meinen Kanälen gerade.

Man hat mir damals eingeredet, dass ich unbedingt auch Social Media machen muss – oder jemanden damit beauftragen soll, der es für mich macht. Ich hatte zu den Hochzeiten der Tournee gigantische Follower- und Klickzahlen. Aber auch jetzt noch folgen mir über zwei Millionen Menschen.

Das Schlimmste am Füttern dieser Kanäle: Man sieht sich selbst beim Altern zu. Mann, war ich vor drei Jahren noch schlank, ich muss dringend wieder mehr Sport machen. Und damals hatte ich noch nicht eine so hohe Stirn … Solche Sachen denkt man und findet es bescheuert, dass man sie denkt.

Als *Tutto Bene* rauskam, war ich 37 Jahre alt. Viel zu alt fürs Musikgeschäft, hieß es schon damals. Viel, viel, viel zu alt.

Ich hatte diese Band mit Helen und Paul schon lange, lief jahrelang nebenbei zum Job, wie das eben so ist. Wir hatten schon einige Demo-Aufnahmen an Plattenfirmen geschickt, hatten uns die Kommentare von schrecklichen Wichtigtuern anhören müssen, die immer genau wussten, was erfolgreich sein würde und was nicht.

»Wankers, all of them«, waren Helens Worte. Wichser, alle.

Die Plattenfirma und der Produzent, denen die Tutto-Bene-Songs dann gefielen, schlugen mir als Erstes vor, den Song von einem gutaussehenden jungen Mann singen zu lassen – oder, fast noch besser, von einer gutaussehenden jungen Frau. Der Typ von der Plattenfirma gebrauchte das Wort »lecker«. Sie sagten, sie hätten da einige Talente anzubieten. Wir einigten uns dann darauf, dass ich zwar singe, aber man im Video nicht mich sieht, sondern einen leckeren jungen Mann, der mit einer leckeren jungen Frau telefoniert. Er in einem Bus auf einer Straße an der Amalfiküste, sie in einem Vorortzug, der ins graue Berlin einfährt. (*Börlin*, wie der Typ von der Plattenfirma es aussprach). Die beiden im Video taten aber wenigstens nicht so, als würden sie singen. Als die Tutto-Bene-Rakete dann startete und das Lied in allen Hitparaden an die Spitze schoss, mussten mich die Leute der Plattenfirma natürlich aus dem Hut zaubern – für Auftritte in Talkshows, Interviews, Reportagen und schließlich: Konzerte. Und sie forderten ein Social-Media-Konzept.

Meines ist relativ einfach. Auf Facebook poste ich ausschließlich kleine Videos von Bandproben. Helen filmt ab und zu mit dem iPhone und schneidet daraus geeignete Schnipsel zurecht. Der Tutto-Bene-Youtubekanal benutzt dieselben Videos, plus Interviewausschnitte, Konzertmitschnitte und so weiter. Auf Twitter poste ich nur Songzeilen, nicht nur meine eigenen, sondern alle, die mir zum Zeitgeschehen gerade einfallen. Mir fallen ununterbrochen Songzeilen ein. Und Instagram habe ich mit einem Automatismus gelöst: Seit ich den Turm bezogen habe, fotografiert eine Webcam jeden Nachmittag um 17 Uhr den Blick aus dem großen Turmfenster über den See und die Berge. Das gefällt mir am besten, weil auf der Seite im Laufe der Zeit ein Mosaik entstanden ist, bestehend aus Sonnenuntergängen, zuckenden Blitzen, dramatischen Stürmen. Man sieht die vier Jahreszeiten, die Blüten, den Schnee, man sieht metallgraue Tage und azurblaue, manchmal nur Nebel, und manchmal eine Mondsichel, die wie in der Augsburger Puppenkiste über dem See hängt. In jedem Fall niemals mich. Aber auch diese Webcam ist ausgeschaltet, seit die Geschichte mit der Toten aus Zimmer zehn begonnen hat. Ist ja nur ein Knopf. Ich habe ihn reflexartig gedrückt, als Kommissarin Conte und der schwitzende Carabiniere meinen Turm verließen. Vielleicht, weil ich sofort verschwinden wollte – von jeglicher Bildfläche.

Lara hat natürlich meinen Auftritt in ihrem Hotel auf allen Kanälen verbreitet, inklusive Video auf ihrer Homepage. Das war nicht abgesprochen, aber was soll's. Die Plattenfirma hat gleich angerufen, dass sie dagegen vorgehen wollen. Um Gottes willen, habe ich gesagt. Lara Ärger machen? Meiner Lara?

Sie ist schon sehr geschäftstüchtig, keine Frage, war sie immer schon. Damals wollte sie mit unserer selbstgebauten Armbrust einen kleinen Schießstand auf dem Wochenmarkt in Maccagno aufbauen, jeder Schuss ein paar Lire, Euros gab's noch nicht. Daraus wurde aber nichts, weil wir einmal beim Üben im Wald aus Versehen einem Wanderer den Pfeil in den Arsch geschossen haben. Der musste sogar zum Arzt. Leonardo hat dann die Armbrust konfisziert.

Leonardos Kiste, die mir Lara nach der Bootsfahrt übergeben hat, steht seither ungeöffnet im Erdgeschoss des Turms, gleich wenn man reinkommt, rechts von der Badezimmertür. Das war eine der wichtigsten Fragen beim Ausbau des Turms: Welches Zimmer in welchem Stockwerk? Wegen der Auflagen des Denkmalschutzes durften in den unteren beiden Stockwerken keine zusätzlichen Fenster in die Mauern geschnitten werden, man musste sich mit den ehemaligen Schießscharten begnügen. Deshalb habe ich entschieden: Ganz oben Küche, darunter das Wohnzimmer. Dann Schlafzimmer und ganz unten Bad. Beim Schlafen braucht man nichts zu sehen und beim Pissen auch nicht. Die Toilette dort unten hat auch den Vorteil, dass man vom Garten aus leicht hinkommt, ohne durch den ganzen Turm zu klettern. Ambrogio jedenfalls hat sich sehr anerkennend darüber geäußert: *un'idea geniale*. Er duscht auch gern lang, manchmal singt er dabei.

Ich hatte jedenfalls keine Lust, Leonardos Kiste nach oben zu schleppen, dafür sehe ich sie jetzt jeden Tag mehrmals. Nicht ausgepackte Umzugskartons haben immer etwas Vorwurfsvolles, dieser hier besonders.

Leonardo war der Held meiner Kindheit und Jugend. Ein zweiter Vater, ein Mentor, ein bester Freund, ein Lehrer, alles in einem. Ein großer hagerer Mann mit Adlernase und langen Haaren, die früh silbergrau waren. Er residierte oben in den Bergen über dem kleinen Ort Curiglia con Monteviasco, den man nur über 1400 Steinstufen erreichen kann oder – seit 1989 – in der Kabine einer Seilbahn. Ich weiß noch, wie die Seilbahn eröffnet wurde. Zehn war ich damals, wir freuten uns alle, nur die Alten im Dorf nicht. »Was bringt die schon, diese Seilbahn?«, sagten sie. »Nur komische Leute, die kurz hier rumtrampeln und wieder fahren.« Leonardo hielt diese Alten für reaktionär: »Wenn ihr schon die Welt nicht kennenlernen wollt, seid doch froh, wenn die Welt euch kennenlernen will.« Leonardo lebte in einem großen Haus, das er aus grauen Steinen fast ohne Zement selbst errichtet hatte. Und immer lebte mit ihm ein ganzer Haufen anderer Leute dort, Frauen, Männer, Kinder. Manche blieben Jahre, andere nur einen Sommer oder einen Winter. »Die Kommune von Curiglia«, wurden er und seine Truppe genannt oder auch »die Hippies von Curiglia«. Es gab Gerüchte über Drogenpartys und Gruppensex. Tatsächlich hatten dort oben bei Leonardo die linken Ideale der sechziger und siebziger Jahre überwintert, und sie hielten sich bis vor kurzem irgendwie frisch. Als wären sie nie angegriffen worden – von den Hedonisten der Achtziger, den Egomanen der Neunziger, den Islamisten der Nullerjahre.

Leonardos Haus war lang und schmal, es hatte drei Eingänge nebeneinander, die in verschiedene Wohnungen führten. Um den ganzen ersten Stock gab es einen Balkon. Das Dach war aus grauen Schieferplatten, es hatte keinen Giebel, sondern neigte sich von der hinteren Wand in leichtem Winkel nach vorn, wo es auch die drei Eingänge überspannte. Auf dem Platz vor dem Haus war der Brunnen mit der Handpumpe, aber das Wasser wurde nur zum Arbeiten oder Auffüllen des runden Plastikpools benutzt, den irgendjemand mal spendiert hatte.

Um Leonardos Haus herum hatten sich im Laufe der Zeit auf dem Grundstück kleinere Holzhäuser gruppiert, manche von ihm selbst gebaut, andere von den Bewohnern. In so einem wohnten wir immer, wenn wir am Lago waren, mein Vater, meine Mutter und ich. Es war immer dasselbe Haus, es war unser Haus, es war das einzige Holzhaus mit einem ersten Stock, und es hieß »Lady Jane«. Ein anderes hieß »Layla«. Leonardo hatte die Häuser nach Frauen in Songs benannt: Michelle, Angie, Suzie Q. Ich weiß nicht, ob meine Eltern an Leonardo eine Art Miete bezahlten, vielleicht am Anfang, später, als sie kaum noch Geld hatten, sicher nicht. Die Leute hier halfen Leonardo, das Anwesen instand zu halten. In der Wohnküche seines Hauses gab es eine Tonvase, in die Geld steckte, wer Geld übrig hatte. Der Kühlschrank wurde von allen aufgefüllt. So funktionierte das. Ich kann mich an keine Streitigkeiten erinnern, auch wenn Leonardo nicht da war, weil er unten im Tal oder am See einen Job als Maurer oder Steinmetz angenommen hatte. Sogar meine Eltern waren friedlich dort oben. Jedenfalls in meiner Erinnerung. Es war, als hätten ihnen die Zollbeamten an der Grenze di Zenna ihre Auseinandersetzungen abgenommen. Einfuhr nach Italien verboten.

Lady Jane lag am Rand des Areals, direkt vor dem Wald, der sich abends im Dämmerlicht wie eine schwarze Wand hinter dem Haus aufbaute. Das war die Perspektive meines Glückes: Vorn ein Feuer, um das wir saßen, dahinter die Silhouette von Lady Jane, dann die schwarze Wand aus Bäumen und darüber der dunkelblaue Abendhimmel, manchmal mit Mondsichel, schneeweiß. Und irgendwer hatte immer eine Gitarre am Start.

Manchmal ergibt ein Handgriff den nächsten. Ich habe nur im Vorbeigehen den Deckel von Leonardos Karton angehoben, nur einen kurzen Blick hineinwerfen wollen, vielleicht nicht mal das. Jetzt sitze ich auf dem Steinboden, um mich herum ist der Inhalt des Kartons ausgebreitet. Tatsächlich die Armbrust, viel kleiner als ich sie in Erinnerung habe, tatsächlich Mutters Strohhut, wenn ich an ihm rieche, bilde ich mir ein ... aber das kann eigentlich nicht sein. Warum ist hier der Autoschlüssel der Giulia mit dem Alfa-Romeo-Kleeblatt? Hatten sie die Giulia zuletzt hier in Italien gelassen? Oder verkauft? Oder verschrottet? Die Giulia, das Auto meiner Kindheit. Warum weiß ich das nicht? Wie kann ich so was vergessen?

Die drehbare Sternkarte meines Vaters ist da noch und sein Fernglas, ja, die Sternenhimmel dort oben waren legendär. Ein paar Bücher meiner Eltern, Johannes Mario Simmel, den liebte mein Vater, »Doch mit den Clowns kamen die Tränen«, Bestseller von 1987, warum hat er den nicht weggeworfen? Ich sehe den Grund auf der ersten Seite. Eine Widmung von meiner Mutter: *Gib mir den Clown in Dir zurück, ich will wieder lachen, nicht weinen. Frohe Weihnachten.*

Beinahe hätte ich den sonderbaren Briefumschlag übersehen, der zwischen zwei Fotoalben gerutscht ist. Es ist ein hellblauer Briefumschlag, er ist zugeklebt, hat keinen Absender, aber eine eindeutige Adresse:

An
Lukas Albano Geier
c/o Leonardo
Curiglia con Monteviasco
21010
Italia

So steht es da. Und die Handschrift, mit der diese Adresse geschrieben ist, kenne ich gut. Eben ist sie mir in Erinnerung gerufen worden. Ich schlage noch einmal den Simmel-Roman auf. Kein Zweifel: Die Schrift auf diesem Umschlag ist die Schrift meiner Mutter. Ich schaue mir die Briefmarken und den Poststempel an. Sonderbare Marken, asiatische Schriftzeichen, aber auch andere. Ich lese: *République Démocratique Populaire Lao.* Der Brief wurde in Laos abgestempelt. Und am 21. Juli 2015 versandt. Was zum Teufel?

Ich höre, dass sich draußen Schritte nähern. Dann die Klingel. Wenn er weiß, dass ich da bin, klingelt Ambrogio, immerhin.

»Geht gerade nicht, Ambrogio, lass mich in Ruhe!«, rufe ich durch die schwere Holztür.

Die Klingel tönt erneut.

Und eine Frauenstimme spricht. »Ich bin es, Cristina Conte.«

Ich schaue auf die Uhr. Es ist schon nach acht Uhr abends, ich habe die Zeit ganz aus den Augen verloren. Ich lege den Brief in den leeren Karton, stehe auf und öffne die Tür.

Cristina Conte lächelt. »Buona sera, Signor Geier, ich möchte gerne mit Ihnen sprechen, passt es gerade?«

Ich zögere nur kurz und trete zur Seite. »Ja, klar, kommen Sie herein.«

Sie bleibt in dem kleinen Flur stehen und betrachtet die Sachen auf dem Boden und den Karton. Sie trägt ein dunkelblaues Kleid mit kleinen weißen Punkten. Ihre Füße stecken in weißen Sneakers. »Wollen Sie umziehen?«, fragt sie.

»Nein, nein«, sage ich, »das ist … ach, lange Geschichte, egal.« Ich mache eine vage Handbewegung. »Und Sie? Gehen Sie heute noch aus?«

Sie sieht mich aus ihren blauen Augen an. »Darf man ein Kleid nur anziehen, wenn man ausgeht?«

»Nein, nein, natürlich … es ist nur … ich …« Ich muss lächeln, schließe einen Moment die Augen und setze neu an. »Ich kann Ihnen einen Kaffee anbieten, ein Glas Wasser oder auch ein Glas Wein, aber dazu müssen wir uns diese Treppe nach oben schrauben, das kennen Sie ja schon.«

»Oder?«, fragt sie.

»Oder Sie begleiten mich runter in den Ort, da wäre ich jetzt dann hingegangen. Wir könnten irgendwo einen Fisch essen …«

»Das klingt gut«, sagt sie. »Ich habe Hunger.«

»Schön«, sage ich, nehme ein Jackett vom Garderobenhaken und die Taschenlampe vom Schuhschrank für den Rückweg im Dunkeln. »Andiamo«, sage ich und halte ihr die Türe auf. Ich bücke mich noch nach dem Brief aus Laos und stecke ihn in die Innentasche meines Jacketts. Juli 2015, das war der Sommer, in dem Tutto Bene abging. Elf Jahre nach ihrem Verschwinden …

Draußen ist es noch sehr warm. Zwischen den alten dicken

Mauern des Turms merkt man davon nichts. Ich hänge das Jackett nur über die Schulter. Eine Grille zirpt, es riecht nach den großen Lavendelbüschen neben dem Eingang.

»Was für ein Abend«, sagt die Kommissarin.

»Ja«, sage ich und merke, dass ich froh bin, nicht allein zu sein.

18

»WIE WAR IHR TAG?«, FRAGE ICH DIE KOMMISSARIN, als wir am See im Ristorante *Lido* Platz genommen haben.

»Im See ist jemand ertrunken«, sagt sie. »Die Leiche wurde heute Morgen unten bei Laveno aus dem Wasser gefischt. Vielleicht von der Autofähre ins Wasser gefallen. Wir wissen es noch nicht.«

Wir sitzen nicht draußen, sondern drinnen im Lokal, in einer ruhigen Ecke gegenüber dem Pizzaofen. Die Terrasse ist im Sommer besetztes Gebiet. Ganze Kompanien von Campern in Outdoor-Kleidung und Funktionssandalen halten die Stellung und verteidigen sie auch. Gut für Giorgio, den Wirt, der Stunde um Stunde, Tag für Tag mit unbewegtem Gesicht an der Bar sitzt und Thriller liest. Stephen King, Dan Brown …

»Können wir bitte über etwas anderes als die Arbeit reden?«, fragt Cristina Conte.

»Gern«, sage ich. Und ich merke, wie mich ihre Frage freut. »Über was zum Beispiel?«

»Über Lara.«

»Lara?«

Sie lächelt. Der Kellner bringt Wasser, Brot und die Speisekarte.

»Lara sagt, Sie seien ihre große Liebe.«

Ich muss ein komisches Gesicht machen, weil Cristina Conte lacht.

»Wem hat sie das gesagt? Wann?«

Sie zuckt nur die Achseln und schließt dabei kurz die Augen. Die Polizistin, die mehr weiß als andere ... »Stimmt es denn?«, fragt sie.

»Lara spielt gern«, sage ich.

»Mit Gefühlen?«

»Mit Situationen. Sie hat das Talent, genau das zu sagen, was eine Situation zum Leuchten bringt. Da wird die Wahrheit manchmal ein wenig, sagen wir: angepasst.«

Sie blickt in die Karte. »Darf ich den Wein aussuchen?«, fragt sie, wartet aber nicht auf Antwort, sondern redet gleich weiter. »Sie haben gut gesungen an diesem Ballettabend im Hotel Camin, Respekt, war toll. Sie verändern sich auf der Bühne.«

»Finden Sie? Bühne konnte man das ja nicht wirklich nennen.«

»Sie sind offener«, sagt sie, den Blick immer noch in der Karte. »Jedenfalls sehen Sie so aus.«

»Unbelastet vielleicht«, sage ich.

Jetzt blickt sie auf. »Unbelastet wovon?«, fragt sie. »Von dem, was mir Ihr Kollege Becker erzählt hat?«

»Wir sprechen doch heute Abend nicht über die Arbeit«, sage ich.

Cristina Conte hat wirklich einen Mordshunger. Sie isst unglaublich viel. Erst Carpaccio, dann Linguine *scoglio* mit Meeresfrüchten, dann Felchen, das ist der Fisch aus dem See, und dann noch Panna Cotta mit Honig und Thymian. Wir trinken zuerst eine Flasche Roero Arneis. »Kennen Sie die Traube? Sie ist klein und zickig und wäre deshalb beinahe ausgestorben. Jetzt hat sie Gott sei Dank ein Comeback.« Sie sagt, dass sie selber fast nie kocht, nur Risotto könne sie gut. Becker hat anscheinend ganze Arbeit geleistet. Sie stellt mir keine einzige Frage mehr zu dem Mord an Elisabeth Bergner. Wir unterhalten uns über Musik, über meine Kindheit am Lago Maggiore, über ihr Ethnologiestudium in Mailand. Mit der Nachspeise bestellt sie noch eine zweite Flasche Wein, rot diesmal, Valpolicella Ripasso.

Ambrogio sagt, wenn eine Frau bei einem Abend-Date in die zweite Flasche Wein einwilligt, dann ist die Wiese gemäht. Sprich, es ist klar, wie der Abend endet. Internationale Regel, sagt er. Weiß doch jeder. Aber, mein lieber Ambrogio: Sie hat ja nicht *eingewilligt* in die zweite Flasche, sondern sie *angeordnet*. Was sagt der Experte dazu?

»Sie wohnen in Varese?«, frage ich.

»Ja«, sagt sie, beugt sich vor und wartet demonstrativ. Als keine Nachfrage kommt, sagt sie: »Keine Tiere, keine Kinder, kein Mann. Aber trotzdem alleinerziehend: Ich lebe mit vier Bonsaibäumen.« Sie lacht und hebt das Glas. »Salute«, sagt sie.

»Ich weiß nichts über Bonsais«, sage ich.

»Bonsais sind sehr pflegeintensiv und sehr empfindlich. Und zwar jeder Baum auf unterschiedliche Art. Und man darf sie nicht lange allein lassen. Ich warte nur darauf, dass eine Frauenzeitschrift mal nicht titelt: ›Kind und Beruf – so geht das!‹ Sondern: ›Bonsai und Beruf – so geht das!‹«

»Das klingt nach einer spannenden WG mit eigenwilligen Persönlichkeiten.«

»Vielleicht stelle ich sie Ihnen ja bei Gelegenheit mal vor.«

Sie rückt vom Tisch ab und entschuldigt sich. Während sie zur Toilette geht, fische ich den Umschlag mit der Briefmarke aus Laos aus meinem Jackett. Er enthält nur eine weiße Karte, beschriftet mit blauem Kugelschreiber. Links oben im Eck ist eine kleine Blume gezeichnet. Solche hat meine Mutter oft auf irgendwelchen Zettel dazu gekritzelt. In der Mitte der Karte stehen nur zwei Zeilen.

Tutto bene, my love, don't worry
Tutto bene, my love, we're alright

Ich verstaue Karte und Umschlag wieder im Jackett. *We're alright*, steht da, uns geht es gut. Im Song heißt es: *I'm alright.* Mir geht es gut.

Cristina Conte nimmt wieder am Tisch Platz. Wir stoßen mit dem letzten Wein an. Das Lokal leert sich allmählich. Auf der Terrasse wird abgedeckt, die Kaffeemaschine wird schon gereinigt.

»Nehmen wir noch einen Grappa?«, frage ich.

»Nein«, sagt sie. »Ich lasse Sie jetzt einfach sitzen und gehe. Die Rechnung ist bezahlt, mein Taxi muss gleich da sein.«

Sie ist schon aufgestanden. Als ich protestieren will, legt sie einen Finger auf ihre Lippen. Dann beugt sie sich zu mir herunter und küsst mich auf die Wange. »*A dopo*«, sagt sie. »Bis bald.«

19

ICH HATTE ALL DIE JAHRE NICHTS VON IHR GEHÖRT, das war ein gutes Zeichen gewesen. Sie sollte in ihrem neuen Leben verschwinden. Nur wenn ein Problem auftrat, durfte sie sich bei mir melden. Als sie meine Telefonnummer auf ihren Unterarm schrieb, hatte sie vermutlich Todesangst. Oder hatte der Todeskampf da schon begonnen? Ich muss Cristina Conte das nächste Mal fragen, ob die Gerichtsmediziner wissen, wie sie genau gestorben ist, wie lange es gedauert hat.

Einmal hatte sich Elisabeth Bergner nicht an die Abmachung gehalten. Die Anzeige kam in einem dick gefütterten Briefkuvert, es war nichts drin außer der Geburtsanzeige. An den Text erinnere ich mich nicht mehr, es stand da irgendwas von glücklichen Eltern, die sich über ein gesundes Mädchen freuen. Ich erinnere mich an die zwei Namen der Eltern auf der Anzeige. Elisabeth Bergner stand da, und ich dachte: Interessant, sie hat ihren neuen Namen behalten, den Oma-Namen. Und Luigi Bollisto, der Vater, den habe ich mir gemerkt, weil man bei Bollisto einfach an Essen denken muss. Man sieht sich im Lokal sitzen und hört sich sagen: Ich nehme das Bollisto. Oder: Ich nehme die Bollisto. Schmeckt alles sicher gut.

Als ich aufhörte bei der Polizei, packte ich ein paar Umzugskisten zusammen, in einer könnte diese Geburtsanzeige sein, ich vermute, ich habe sie eingepackt. Dinge, die mit Glück zu tun haben, wirft man nicht so einfach weg. Viviana. Ein kleines, hübsches Mädchen ist sie geworden, die vom Tänzerinnen-Dasein träumt. Und jetzt vermutlich des Öfteren von ihrer toten Mutter, die umgebracht worden ist. Zwei, drei Wochen vor ihrem Tod, hatte Viviana erzählt, hat ihre Mutter plötzlich zu ihr gesagt, sie solle mich anrufen, wenn etwas passiert, und sie solle das niemandem sagen, nicht einmal ihrem Vater. Wovor hatte Elisabeth Bergner auf einmal Angst, was hatte sie gefürchtet? Was war geschehen?

Ich hatte von Anfang an einen Kontaktmann im Umfeld von Elisabeth Bergner, das ist immer so, das muss so sein, wenn man jemanden in ein neues Leben entlässt. Meistens ist das der Chef der neuen Arbeitsstelle, denn es ist von Vorteil, wenn von dieser Seite keine Probleme entstehen. Und so war es auch bei ihr. Giorgio Marone heißt er, den Namen konnte ich mir leicht merken: Wie der Amarone, der berühmte Rotwein aus dem Piemont, nur ohne A. Giorgio Marone leitet ein Kulturinstitut in Varese. Es ist das Institut einer reichen Stiftung, die es sich zur Aufgabe gemacht hat, die europäischen Werte zu stärken. In meiner alten Profession galt immer die Regel: Je allgemeiner und banaler die Ziele von Instituten und Stiftungen formuliert sind, desto größer sind die Geheimnisse, die sich dahinter verbergen. Giorgio Marone ist jedenfalls ein sehr vielschichtiger Mann. Ich hatte öfters mit ihm zu tun.

Elisabeth fing bei ihm als persönliche Assistentin an. Er hatte verschiedene neue Projekte im Zusammenhang mit Osteuropa, da brauchte er Unterstützung. Ihre berufliche Legende war: Sie hatte die letzten Jahre in Moskau und Prag gelebt und gearbeitet, als Sekretärin und Managerin an verschiedenen Kulturinstituten. Marone hatte sie geholt, so hieß es offiziell, weil ihre Kenntnisse über den Zerfall der osteuropäischen Systeme und ihre kulturpolitischen Kontakte hilfreich sein könnten. Dass ihr Italienisch zunächst noch etwas schwächelte, war für ihn kein Problem. Sie hatte tatsächlich ein dickes Notizbuch voll mit privaten Handynummern und anderen Direktzugängen zu wichtigen Leuten und verantwortlichen Stellen. All die Infos hatte ich ihr an einem langen Nachmittag diktiert, mit kleinen Zusatzgeschichten zu den einzelnen Personen.

Als die Geburtsanzeige damals kam, rief ich Marone an. Seine Antwort war beruhigend: Es läuft alles bestens mit Elisabeth. Marones Tonfall hatte ich immer schon gemocht; hinter jedem Wort lag ein Hauch von Ironie. Sie habe sich sehr gut eingelebt, sie sei gut im Job und sehr beliebt. Und sie habe vor einem Jahr etwa diesen Mann kennengelernt, ein paar Jahre älter als sie, Luigi Bollisto, und kurz danach war sie schon schwanger. Scheinen an die Liebe zu glauben, die beiden, erzählte Marone. Und dass dieser Bollisto ein Glücksfall für Elisabeth sei, wenn man das von jemandem sagen könne, der zur Gattung von uns Männern gehört. Ich protokollierte das Telefongespräch, das gehörte dazu, für die Akten. Luigi Bollisto leite eine Künstleragentur für Schauspieler und Kleinkünstler und er habe in Varese ein eigenes Puppentheater. Ein unheimlich beliebter Mann, dieser Bollisto. Ein echter Glücksfall für Elisabeth, das hatte ich mir notiert.

Ein paar Tage, nachdem Elisabeth tot im Hotel aufgefunden wurde, habe ich wieder bei Marone angerufen. Bestimmte Angewohnheiten kann man sich nicht abtrainieren, und als Polizist schon gar nicht. Man hört sehr genau hin, wenn man nach einer Tat mit Menschen spricht, die irgendwas damit zu tun haben könnten. Man ist geradezu programmiert, etwas Auffälliges zu hören. Marone war ziemlich abgebrüht, er hat eine Menge gesehen in seinem Leben. Floskeln jeder Art sind unter seinem Niveau. Und trotzdem habe ich in dem Gespräch gespürt, das ihn die Sache doch berührte. In der Musik sagt man manchmal: Spiel den Ton noch ein bisschen matter. Dafür hat Marone selbst gesorgt. Aus welchem Grund?, dachte ich. Marone sagte, er habe keinerlei Idee, was da passiert sein könne. Elisabeth habe in letzter Zeit wieder regelmäßig in dem Institut gearbeitet, aber ihm sei da nichts Ungewöhnliches aufgefallen. Er sagte, er habe es Frank Becker auch schon erzählt: Er habe keine Ahnung. Luigi Bollisto tue ihm wirklich leid, sagte er noch und redete von der kleinen Tochter und davon, dass Bollisto ja schon einmal eine Ehefrau verloren habe. Sie sei an Leukämie gestorben, vor 20 Jahren. Das Schicksal, sagte Marone, meine es nicht gut mit dem Mann.

Über diese Formulierung musste ich nach dem Gespräch noch nachdenken. War Schicksal das richtige Wort?

Es ist später Vormittag und schon sehr warm, als ich an seiner Tür klingle. Das Haus liegt mitten in Varese, in einer Seitenstraße zum Bahnhof.

»Kommen Sie rein«, sagt Luigi Bollisto.

Es ist eine Erfahrung, die mich früher oft gewundert hat: Leute, die liebe Menschen verloren haben, sind oft sehr zutraulich, haben eine große Bereitschaft zu reden. Als wollten sie gegen den Verlust anreden.

Die Wohnung ist schattig und dunkel wie viele italienische Wohnungen. Die grünen Fensterläden sind geschlossen. Die Sonne soll nicht rein, sondern draußen bleiben. Das ist einer der grundsätzlichen Unterschiede zwischen deutschen und italienischen Wohnungen.

Ich schätze Bollisto auf irgendwas zwischen 50 und 60. Er trägt Jeans, ein weißes Hemd, das er wohl schon ein paar Tage anhat. Er ist unrasiert. Wir gehen in seine Küche.

»Setzen Sie sich doch.« Er stellt zwei Gläser auf den Tisch, öffnet eine Flasche Rotwein. »Trinken Sie bitte mit«, sagt er, »dann ist es Gastfreundschaft. Sonst sieht es so aus, als würde ich an der Flasche hängen.« Bollisto wartet auf keine Antwort, schenkt kräftig ein. Trinkt. Und schaut mich an: »Sie sind also auch von der Polizei?«

Ich trinke einen Schluck und sage: »Ich war mal bei der Polizei, das wäre die korrekte Formulierung.«

»Können Sie mir sagen, wer meine Frau umgebracht hat?«

»Nein. Leider nicht. Noch nicht. Aber deshalb bin ich hier. Ich hätte ein paar Fragen.«

Bollisto trinkt wieder, seine Hand zittert ein wenig. Ich fürchte, es war nicht die erste Flasche, die er heute geöffnet hat. Er hat eigentlich lustige Knopfaugen, passen gut zum grauen Bart. Bollisto sieht echt fertig aus, aber an sich ziemlich gut, denke ich.

»Herr Polizist«, sagt er. »Moment, Herr Expolizist. Ich bin am Ende. Ich leite ein Puppentheater, und nächste Woche wäre Premiere gewesen für ein neues Stück. Ich mache das seit 30 Jahren, aber ich habe die Premiere abgesagt. Es geht nicht. Ich kann nicht. Ich glaube, es ist vorbei. Over.«

Ich will irgendwas Aufbauendes sagen, und mir fällt nichts anderes ein als Viviana. Die Tochter als Sinn weiterzumachen, so was in die Richtung.

»Ist Ihre Tochter auch da?«

Die Schulferien haben vor ein paar Tagen angefangen, die dauern in Italien fast drei Monate.

»Viviana ist bei einer Freundin.« Bollisto macht eine lange Pause. Er schaut mich an.

»Haben Sie irgendeine Erklärung oder Ahnung, warum Ihre Frau in diesem Hotel war?«, frage ich.

»Nein«, sagt er, ziemlich schnell. »Das habe ich Ihren Kollegen auch schon gesagt. Ich habe keine Vorstellung, keine Ahnung, keine Idee, nix. Ich weiß nicht, warum meine Frau in diesem Hotel war und was sie da wollte.«

»Herr Bollisto«, fange ich an – aber er unterbricht mich. »Ich glaube, es ist besser, wenn ich Ihnen ein paar Dinge über uns erkläre. Über meine Frau und mich.«

Er steht auf. Geht zum Fenster, bleibt vor den geschlossenen Fensterläden stehen, mit dem Rücken zu mir. »Als ich Elisabeth traf, hatten wir beide schon ein Leben hinter uns. Sie wollte nie groß darüber reden, ich auch nicht. Das war der Anfang, das hat uns sofort miteinander verbunden. Wir wollten uns nicht mit unserer Vergangenheit beschäftigen. Und wir hatten den festen Willen, wir lassen uns unsere Liebe nicht von der Zeit auffressen.« Er schluckt. »Wir haben was dagegen unternommen, dass uns die Zeit auffrisst. Dazu gehörte, dass jeder freie Tage hatte, nur für sich. Da konnte jeder machen, was er wollte, und man fragte nicht, wo warst du, das wäre eine Todsünde gewesen.« Bollisto dreht sich um. »An diesem Tag hatte sie einen freien Tag. Wissen Sie, meine Frau liebte Rollenspiele. Sie schlüpfte gerne in andere Leben. Ich erinnere mich, an einem ihrer freien Tage hat sie sich als Mann verkleidet, so ist sie aus dem Haus gegangen. Und am nächsten Tag kam sie zurück. Was sie gemacht hat? Keine Ahnung. Das war ja der Witz an unserem Modell.«

»Und was haben Sie an Ihren freien Tagen gemacht?«

»Ich bin meistens nach Rom geflogen. Lustig. Sie sind der erste Mensch, dem ich das erzähle. Ist ja jetzt auch egal.«

»Herr Bollisto, das ist jetzt eine bescheuerte Polizistenfrage, aber ich stelle sie jetzt einfach. Kann es sein, dass Ihre Frau einen Geliebten hatte?«

Bollisto setzt sich wieder. »Herr Expolizist, Sie verzeihen, aber die Frage ist nicht besonders einfallsreich. Ihre Kollegen haben das auch gefragt. Die hübsche Kommissarin von hier, zwei Straßen weiter ist die Polizeistation, und paar Tage später der Typ aus Deutschland. Und jetzt Sie.«

»Sorry«, sage ich.

»Ich glaube nicht, dass meine Frau einen Geliebten hatte. Und wenn, dann hoffentlich keinen, der sie umgebracht hat.« Bollisto schließt die Augen und schweigt einen langen Moment. »Ich habe Ihnen das vorhin erzählt, über uns, damit Sie ein bisschen was von unserem Leben verstehen. Und jetzt sage ich es ganz deutlich, Herr Expolizist: Es wäre nicht schlimm gewesen, wenn sie einen Geliebten gehabt hätte. Oder ich eine Geliebte. Es wäre nicht schlimm gewesen.« Er öffnet die Augen. Er weint. Und weint.

Wenn ich als Polizist weinenden, verzweifelten Menschen gegenübersaß, hatte ich mir angewöhnt, erst mal zu schweigen. Meistens führte es dazu, dass es den Leuten irgendwann unangenehm wurde und sie sich wieder beruhigten. Bollisto gießt sich Wein nach, mir auch und sagt immer noch weinend, als würde er versuchen, mit den Worten seine Gefühle einzudämmen: »Erklären Sie mir bitte den Unterschied zwischen Ihnen und Ihren Kollegen? Und was es damit zu tun hat, dass Sie hier sind?«

Ich gehe davon aus, dass er nichts von meiner Telefonnummer auf Elisabeths Unterarm weiß. Informationen vom Tatort geben Polizisten nicht preis, potenzielles Täterwissen nennt man das. Ich versuche, so schwammig wie möglich zu antworten. »Ich hatte früher mal mit einem Fall zu tun, es ging da um ein sehr links stehendes Studentenmilieu, da gibt es eine Spur, die möglicherweise mit Ihrer Frau zu tun hat, mit ihrem alten Leben. Bitte entschuldigen Sie, ich darf darüber nicht mehr sagen ...«

Bollistos Stimme ist jetzt wieder fester. »Wissen Sie, ich bin ein Mann der Kunst. Mich interessieren Träume, mich haben immer schon die Wege interessiert, wie Menschen vor der Realität weglaufen können, wenigstens vor der Realität, wie sie unsere Gesellschaft definiert. Ich umgebe mich gerne mit Künstlern, ich fühle mich wohl mit ihnen, mit anderen Menschen eher weniger. Aber das heißt nicht, dass ich blöd bin. Mir ist schon klar, dass Sie mich verdächtigen müssen.

Ich bin der Ehemann. Ist es nicht so, dass Frauen meistens von ihrem Ehemann umgebracht werden?«

»Herr Bollisto«, fange ich an, »ich bin nicht hier, weil ich Sie verdächtige.« Und das ist sogar mal die Wahrheit. »Ich möchte von Ihnen wissen, ob Ihnen irgendetwas Ungewöhnliches an ihr aufgefallen ist, in letzter Zeit, vielleicht auch im Nachhinein.«

»Darüber denke ich die ganze Zeit nach, das können Sie mir glauben«, sagt er. Er schüttelt den Kopf. »Das Einzige waren diese Albträume. Sie hatte immer schlechte Träume, immer, aber jetzt war es so ein richtiger Albtraum. Immer der gleiche Traum. Es kommt jemand überraschend zu Besuch, klopft an der Tür. Sie macht die Tür auf. Niemand da. Aber sie spürt, da ist jemand. Sie schließt die Tür, es klopft wieder, wieder keiner da. Und so weiter und so weiter. Horrortraum. Sie wachte schweißgebadet auf. Als hätte sie was geahnt ...«

Irgendwann bringt mich Bollisto zur Tür. »Hat sie sich eigentlich daran gehalten?«, frage ich.

»An was?«

»Dass sie nie etwas von ihrer Vergangenheit erzählt hat.«

»Ja. Sie wollte es nicht, und ich habe es akzeptiert. Nur einmal ...« Er muss fast ein bisschen lachen. »Ich habe ihr gesagt, ich will ihre Eltern kennenlernen, da war ich hartnäckig. Ich wollte ihre Mutter sehen, ihren Vater hat es ja wohl nie so richtig gegeben.«

»Sie haben die Mutter kennengelernt?«

»Ja. Und ihren Stiefvater, wenn man das so nennen will. Wir sind nach Berlin gefahren, alles mit dem Auto. Und dann noch zwei Stunden weiter. Mecklenburgische Seenplatte. Schöne Gegend, ganz sicher. Und dann saßen wir da im Wohnzimmer.« Jetzt lacht Bollisto wirklich.

»War lustig, das Treffen?«

»Nein, das kann man so nicht sagen. Ich bin Italiener. Wenn ich meine Familie treffe ... da ist es immer schnell laut und hektisch. Das Treffen mit ihrer Mutter war leise, sehr leise. Sie haben sich kaum angefasst. Nach so vielen Jahren. Der Stiefvater wollte immer Schnaps nachgießen, das war mir ganz sympathisch. Nichts an der Mutter hatte mit Elisabeth etwas zu tun. Ich spüre so was. Sie waren sich wirklich fremd. Jetzt kann ich es ja sagen: Es war ein schreckliches Treffen. Elisabeth und ich haben immer viel geredet. Aber als wir da zurückgefahren sind, haben wir geschwiegen. Manchen Situationen kann man nur mit Schweigen begegnen.«

Ich gehe noch bisschen spazieren durch die Straßen von Varese. Varese gilt als hässlichstes Städtchen der Gegend, ich glaube, zu Recht. Der arme Bollisto. Mein Gott, er war sogar bei ihren Eltern. Wenn der wüsste.

20

ICH BIN AUCH IN DEM WOHNZIMMER DIESER ELTERN gesessen, ein paarmal. Herr und Frau Müller hießen sie bei uns in der Spezialabteilung. Viel wusste ich von ihnen nicht, sollte ich nicht wissen. Sie waren beide im Staatsdienst der DDR gewesen, vor dem Verschwinden ihres Landes waren sie in Athen beschäftigt, in der dortigen DDR-Botschaft. Was sie danach machten? Wie es kam, dass sie irgendwann die Seite wechselten und für die westdeutschen Behörden arbeiteten, die sie vorher bekämpften?

Ich weiß es nicht, es war mir auch schon völlig egal. Herr und Frau Müller waren fähige Leute, sehr effizient, es gab mit ihnen nie ein Problem. Wenn ich sagen müsste, was die beiden genau für eine Rolle gespielt haben, zumindest in meinen Fällen, dann klingt es wie ein Witz: Sie waren immer die Eltern. Sie waren in vielen meiner Fälle die Eltern. Für die Frau, die zuletzt Elisabeth Bergner hieß, spielten sie sogar zweimal ihre Eltern. Manchmal musste ich darauf achten, dass ich die Geschichten nicht durcheinanderbrachte.

Wenn man auf einen Menschen einen neuen Lebenslauf zuschneidet, dann muss der gewissen Prüfungen standhalten. Wenn man einen Menschen in ein radikal linkes Milieu einschleust, dann trifft er auf sehr misstrauische Leute. Sie kennen die Gefahr, dass Behörden Spitzel einschleusen, um an Informationen zu kommen. Und sie sind alles andere als blöd. Und bei linksradikalen Gruppen gibt es noch eine Besonderheit: Sie halten unheimlich zusammen, das ist der große Unterschied zu rechtsradikalen Gruppierungen. Da braucht man niemand kompliziert einzuschleusen, da besticht man einfach Leute, mit Geld. Für Geld tun Rechtsradikale so ziemlich alles. Es ist ganz leicht, rechte Quellen zu finden. Vielleicht ist das das bürgerlich-konservative Element in ihnen. Sie haben keine Probleme damit, Verräter zu sein.

Linksradikale schon. Sie hassen Verräter. Und wer enttarnt wird, schwebt in akuter Lebensgefahr. Deshalb muss der Lebenslauf absolut wasserdicht sein. Deshalb bin ich damals in das kleine Dorf Rechlin gefahren, hundert Kilometer von Berlin entfernt, und habe dort im Rathaus eine Geburtsurkunde von Elisabeth Bergner hinterlegt, natürlich in Abstimmung mit dem dortigen Behördenleiter. Ich war in der Grundschule im Nachbardorf und habe dort Namen und Zeugnisse ins Schularchiv eingefügt, natürlich in Absprache mit der Schuldirektorin. Behördenchefs zur Mitarbeit zu überreden ist übrigens ganz einfach. Man braucht nur betonen, es gehe um einen Vorgang der inneren Sicherheit, und man lässt sie eine Schweigeerklärung unterschreiben, in der steht: Wer diese Erklärung bricht, macht sich des Geheimnisverrats strafbar, was mit einer Gefängnisstrafe nicht unter einem Jahr geahndet wird.

Bei der Frau, die zuletzt Elisabeth Bergner hieß, gab es einmal ein Problem mit dem Finanzamt. Sie bekam ja Geld von uns, und das Finanzamt wurde aufmerksam und fragte:

Was ist das für ein Geld – und vor allem warum versteuern Sie dieses Geld nicht? Sie leitete mir das Schreiben weiter. Das wurde kompliziert. Ich fuhr zu dem Finanzbeamten und versuchte ihm die Sache zu erklären. Doch ihn interessierte das Thema nicht, er war ein besonders unangenehmer Kerl, der immer nur sagte: »Was reden Sie da? Das geht mich alles nichts an, aber was mich was angeht: Hier gibt es einen Geldbetrag, und dafür müssen Steuern bezahlt werden.« Ich ging zu seinem Chef und danach zu dem Chef von dem Chef. Die waren zwar einsichtiger, meinten aber, sie könnten dem unangenehmen Finanzbeamten die Sache schon entziehen, aber das würde auffallen, und genau das wollte man ja nicht. Am Ende zahlte Frank Becker die Steuern. Wie er das wohl verrechnet hat? Der unangenehme Finanzbeamte war jedenfalls zufrieden, er konnte den Vorgang ad acta legen.

Zu einem Lebenslauf gehören eben auch Eltern. Sicher, man hätte sie sterben lassen können, aber für misstrauische Leute wäre das möglicherweise weitere Nahrung für das Misstrauen gewesen: Relativ jung noch und die Eltern schon tot? Deshalb also Herr und Frau Müller. Wer nachschauen wollte, konnte vor der Tür der Eltern stehen und mit ihnen reden. Und Herr und Frau Müller wussten, was sie zu sagen hatten.

Meine Begegnungen mit ihnen waren in allen Fällen klar geregelt. Ich fuhr zu ihnen nach Hause und übergab ihnen die Akte mit den Informationen, die sie wissen mussten. Wir gingen die Akte zusammen durch. Sie machten sich Notizen und sie legten für jeden Fall einen eigenen Karteikasten an. Es war immer am Nachmittag, Frau Müller hatte einen Kuchen gebacken. Als ich mich verabschiedete, war es oft schon Abend, und sie wussten Bescheid. Das erste Treffen mit den falschen Kindern fand dann schon ohne mich statt. Meine Anwesenheit wäre als störend empfunden worden, das hatte Herr Müller deutlich formuliert. Mir war es recht.

Die Begegnung mit Luigi Bollisto war für sie sicher eher ungewöhnlich gewesen. Eigentlich war klar festgelegt: Der Kontakt zu den Eltern war abgerissen. Bollisto hatte anscheinend zu sehr gedrängt. Innerlich hatte ich lachen müssen, als er erzählte, dass Herr Müller immer Schnaps nachgoss. Diese DDR-Leute waren schon gut geschult, für jede Lebenslage. Als Bollisto die eisige Stimmung schilderte, musste ich an Herrn Müller denken, den ich mal gefragt hatte, was denn das Schwierigste bei dieser Art von Elternrolle sei: »Das Schwierigste ist«, hatte er geantwortet, »dass in dieser Beziehung mit einem jeweils Dritten nie ein wirkliches Gespräch entstehen darf, alles muss immer in einer Sackgasse enden. Es muss völlig klar sein, dass es keine nächste Begegnung gibt.«

Ein paar Tage nach dem Tod von Elisabeth habe ich bei den Müllers angerufen. Herr Müller war dran. Er wusste schon Bescheid. Er vermied jede Emotion. Er sagte nur, dass ihn am Tag zuvor jemand mit unterdrückter Nummer angerufen und ihm herzliches Beileid gewünscht habe. Er hatte ihn gefragt, wer er denn sei. Ein Freund, antwortete die Stimme, dann war das Gespräch beendet. Ich fragte Herrn Müller, ob ihm irgendetwas an der Stimme aufgefallen sei. Herr Müller sagte nein.

21

»ICH HABE DIR ETWAS MITGEBRACHT«, SAGE ICH und gebe Leonardo das Fernglas meines Vaters. »Du hast es dir ja oft ausgeliehen und gesagt, dass man damit sehen kann wie ein Adler.«

Leonardo lächelt sein schiefes Lächeln, das nur deswegen so schief ist, weil in dem einen Mundwinkel immer eine Zigarette hing, wirklich immer, also in jeder Minute seines Lebens. Die Zigarette ist weg, aber der Mundwinkel weiß es offenbar noch nicht.

»Danke«, sagt er, nimmt das Fernglas und legt es sich auf den Schoß.

»Wie geht es dir?«, fragt er.

»Wie machst du das hier mit dem Rauchen?«, frage ich.

Es ist klar, dass man in so einer Seniorenresidenz nicht rauchen darf, auch nicht im eigenen Zimmer.

»Gar nicht«, sagt er. »Ich rauche nicht mehr.«

»Leonardo raucht nicht mehr?«

»Hast du mal geraucht?«, fragt er.

Ich schüttele den Kopf. Die einzelnen Zigaretten ab und zu würde Leonardo nie als Rauchen durchgehen lassen.

»Die Nichtraucher verstehen nicht, was Rauchen bedeutet«, sagt er. »Rauchen ist ein Abstandhalter. Es hält die

Welt auf Abstand. Zwischen mir und einem Problem ist am Ende immer noch die Zigarette. Auch zwischen mir und einer Arbeit, zwischen mir und einem Menschen. Zwischen mir und einem Satz, den ich höre, oder einem Satz, den ich sage.«

Sein Blick geht zum Fenster hinaus, nach oben, wahrscheinlich zu den Berggipfeln auf der anderen Seeseite. »Aber diesen Abstandhalter kann man nicht einfach vor die Tür schicken oder auf den Balkon«, sagt er. »Dort verwandelt er sich in einen armseligen Glimmstängel.«

Er hält das Fernglas vor seine Augen. »Was soll ich damit anschauen?«

Ich trete neben seinen Rollstuhl ans Fenster. »Die Schwäne zum Beispiel«, sage ich und nicke Richtung Ufer.

»Die Schwäne?«

»Wir haben mal ein Spiel gespielt, als wir alle ums Feuer saßen, bei dir in Curiglia. Ich war noch klein. Welches Tier man gern wäre, sollte jeder sagen. Du hast damals gesagt, du wärst am liebsten ein Schwan.«

»Ich mag Schwäne.« Er richtet das Fernglas nach unten Richtung Wasser.

Seine Haare sind schneeweiß, nicht mehr so lang wie früher. Seine Hände sind noch die knochigen und starken Hände, an die ich mich erinnere. Das Gewicht der Steine hat sie geformt. Ein paar Altersflecke hat er auf dem Handrücken, auch im Gesicht. Aber nach Laras Schilderung habe ich einen schlimmeren Anblick befürchtet. Eigentlich sieht er immer noch so aus, wie er immer ausgesehen hat. Es sind die Beine, die ihn quälen. Sie schmerzen Tag und Nacht, sagt er, sie zittern, sie haben Krämpfe, sie knicken weg, wenn er steht, gehen kann er fast gar nicht mehr. Er reibt sie mit Salben ein, er nimmt Tabletten, manchmal kommt ein Masseur und macht Lymphdrainage. »Nützt alles nichts. Der Arzt sagt, es sind Durchblutungsstörungen. Wenn ich rauchen würde, könnte er es verstehen, sagt er, aber so ...«

»Hast du ihm nicht gesagt, dass du geraucht hast?«

»Nein«, er lächelt. »Warum? Ist ein junger Arzt aus Varese, der mich nicht kennt.«

Eines seiner Augen, das linke, scheint irgendwie eingetrübt zu sein. Aber sein Blick ist immer noch original Leonardo: scharf, unbestechlich, als würde er eine Waffe auf das richten, was er ansieht.

Die Residenz, in der ihn Lara untergebracht hat, ist schön. Eine alte, umgebaute Villa. Unten in der Lobby stehen mit Leder bezogene Clubsessel um einen offenen Kamin. Es gibt massive Bücherregale mit Tausenden von Büchern. Spenden, sagte die nette Dame am Empfang. Unsere Bücher werden immer mehr. Die Leute wollen keine Bücher mehr zu Hause haben.

Eine herrschaftliche Treppe führt nach oben, daneben hat man einen Fahrstuhl eingebaut. In einer Glasvitrine neben der netten Dame ist das Programm ausgestellt, das hier geboten wird. Literaturlesungen, Yogakurse, Achtsamkeitsseminare, aber auch Reisevorträge. »Mit dem Fahrrad durch Peru« ist nächsten Donnerstagabend. Auf dem Foto strahlt ein lockiger junger Mann mit Stirnband.

»Was ist aus deinem Haus geworden?«, will ich wissen. »Und aus den Holzhäusern? Aus Lady Jane?«

»Ich weiß es nicht«, sagt Leonardo. »Jemand hat alles gekauft. Dabei hat sich herausgestellt, dass mein Grundstück eigentlich viel kleiner war. Die Holzhäuser standen allesamt auf fremdem Grund und waren gar nicht erlaubt. Ich kann dir nichts sagen. Ich war nie mehr dort. Und ich werde auch nicht hinfahren. Dort beginnt jetzt eine neue Geschichte. Das ist gut so, aber es ist nicht meine Geschichte.«

Das Geld, sagt er, habe Lara für ihn angelegt, und sie habe auch alles gemanagt. Er lässt offen, ob sein Geld für alles reicht oder Lara noch etwas zuschießt. Wahrscheinlich weiß er es selbst nicht.

»Bekommst du Besuch?«, frage ich. »Von den Leuten von früher?«

»Nein, nie«, sagt er. »Du bist auch nicht mehr gekommen.«

»Das ist was anderes.«

»Nein«, sagt er. »Wie war der Text von den Stones, den wir immer gesungen haben? Du kennst das doch immer alles auswendig ...«

»Our love is like the water that splashes on a stone. Our love is like our music – it's here and then it's gone«, sage ich. Leonardo war damals riesiger Rolling-Stones-Fan. »No expectations« war sein Lieblingslied. Er hat sich mal die drei Griffe auf der Gitarre zeigen lassen und konnte es selbst spielen.

Ich lege das Kuvert aus Laos auf den kleinen Beistelltisch und gebe ihm die Karte. Ich merke, dass meine Hand zittert. »Das ist die Schrift meiner Mutter«, sage ich. »Oder sie ist sehr gut nachgemacht.«

Er stellt das Fernglas neben sich auf den Boden und mustert die Karte.

»Kannst du dir vorstellen, dass die beiden doch noch leben?«, frage ich Leonardo. »Dass sie die Gelegenheit der Katastrophe genutzt haben, um von der Bildfläche zu verschwinden? Und dort noch mal ein ganz neues Leben angefangen haben?« Ich mache eine Pause. »Ohne jemandem etwas zu sagen? Ohne *mir* etwas zu sagen?«

Leonardo überlegt ziemlich lange. Schaut aus dem Fenster. Schaut die Karte an. Schaut mich an.

»Ja«, sagt er schließlich. »Das kann ich mir vorstellen.«

»Weißt du«, fährt er dann fort, »deine Eltern hatten etwas, das nur sie beide hatten, das niemanden mit einschloss, auch dich nicht. Ein unheimlich starkes Band. Ich habe so etwas nicht noch einmal erlebt.«

Würde er noch rauchen, würde er sich jetzt eine Zigarette anzünden. Abstand halten zu den Sätzen, die er sagen wird.

»Deine Mutter war eine Frau des ersten Moments. Sie interessierte sich für den ersten Eindruck, den ein Mensch auf sie machte, sie sammelte diese ersten Eindrücke. Die ersten Stunden und Tage. Das Neue zog sie an. Das Neue ist nie tief und nie von Dauer, denn dann ist es nicht mehr neu. Deine Mutter brauchte das Neue, immer und überall. Und dein Vater war das genaue Gegenteil.«

Leonardo sieht mir direkt in die Augen.

»Deine Mutter brauchte Männer, wie eine Pflanze das Wasser braucht. Erlebnisse mit neuen Männern. Spielen, flirten, mitunter auch mehr. Und dein Vater liebte diese Lebendigkeit, die ja sehr zuverlässig war, er war fast abhängig davon. Und oben in Curiglia war einerseits alles immer gleich, das gefiel ihm. Andererseits gab es immer neue Menschen, tolle

Leute, das weißt du, das ernährte deine Mutter. In Curiglia waren sie glücklich. Vielleicht nur dort.«

Leonardos Zimmer ist klein, höchstens 20 Quadratmeter. Er sagt, es störe ihn nicht, die Residenz sei ja groß, und der Blick von hier sei noch besser als von Curiglia, noch weiter. Er sehe die Kette der über 3000 Meter hohen weißen Spitzen tief im Westen. Morgens, sagt er, leuchteten sie manchmal so hell, dass sie einen blenden.

Wenn ich Schnee sehe, muss ich immer an meinen Vater denken. Ob es schneit oder nicht im Winter, das war in meiner Kindheit die allerwichtigste Frage überhaupt. Davon hing die Stimmung ab zu Hause, wie sehr und wie oft meine Eltern sich stritten, wie die Laune an Weihnachten war und wie sehr ich mich auf meinen Geburtstag am 1. Februar freuen konnte. In seiner besten Zeit besaß mein Vater fünf Skilifte südlich von München im Gebiet zwischen Wolfratshausen und Garmisch-Partenkirchen. Im Voralpengebiet also. Vorteil: Nah an München, schnell erreichbar für ein kurzes Vergnügen am Wochenende oder abends bei Flutlicht. Nachteil: Nicht hoch genug gelegen für Schneesicherheit. Oder besser Temperatursicherheit. Auch Schneekanonen funktionieren nicht, wenn es zu warm ist. Mein Vater hatte seine Skihänge von Bauern gepachtet, im Sommer waren es Viehweiden. Als ich geboren wurde, liefen die Geschäfte meines Vaters gut. Damals kaufte er die weiße Giulia, nagelneu, und er bezahlte in bar, wie er oft erzählte. Drei gute Winter in Folge hatten seine Kasse gefüllt. Aber schon als ich in die Schule kam, gerieten seine Skilifte in eine böse Luft der Veränderung. Zwei schneelose

Winter hintereinander zwangen ihn, eine seiner Liftanlagen zu verkaufen. Außerdem wurden die Ansprüche der Leute immer höher. Sie wollten perfekten Schnee, sie wollten perfektes Flutlicht, das jede Mulde eines Hanges ausleuchtete, sie wollten Musik hören beim Skifahren – und sie wollten Gastronomie in der Nähe, wo man einen Jägertee zwitschern konnte oder auch mal ein Gläschen Schampus. Die Kosten stiegen, die Einnahmen sanken. Und mit dem Verschwinden der strengen Winter wurden die weißen Hänge meines Vaters zu braungefleckten Mahnmalen vergangener Zeiten. Um ein paar mehr Zehnerkarten zu verkaufen, bot er in umliegenden Schulen kostenlose Skikurse an, er war ja als Student Skilehrer gewesen. Er kaufte einen gebrauchten Kleinbus und organisierte Ski-Ausflüge für Senioren. »Aus dem Baby-Lift wird allmählich der Opa-Lift«, sagte er. Er kämpfte, aber seine Schlacht ging jedes Jahr ein bisschen mehr verloren.

Mein Vater stammte aus einem wohlhabenden Haus. Sein Vater war Frauenarzt im Kreiskrankenhaus Wolfratshausen gewesen und hatte auch noch eine Privatpraxis gehabt. Dr. Geier schenkte seinem Sohn zum Abitur ein nagelneues Motorrad, eine blaue BMW 750. Ich habe die Fotos oft gezeigt bekommen. Dr. Geier besorgte seinem Sohn über Kollegen ein Attest, damit er nicht zur Bundeswehr musste oder zum Ersatzdienst. Mein Vater studierte Philosophie und Politikwissenschaften in München und noch ein bisschen Sinologie, das war bei den Linken gerade angesagt. Er machte keinen Abschluss, und er ist nie in seinem Leben morgens in eine Firma gegangen und abends wieder raus. Als Student hatte er ein eigenes Taxi, und danach kaufte er den ersten Skilift, gebraucht. Eine Anzeige dafür hatte ihn auf die Idee gebracht. Im Sommer arbeitet man nicht, war fortan sein Credo. Als sein Vater durch einen plötzlichen Herzinfarkt starb, starb mit ihm ebenso plötzlich die Hoffnung auf ein Erbe. Zwei zu unterhaltende Ex-Ehefrauen, ein großzügiger Lebensstil und eine Anlagenpleite mit einem Immobiliengeschäft hatten das Vermögen aufgefressen. Ein lange nicht mehr gewartetes Segelboot am Ammersee konnte noch verkauft werden.

In meinen Teenagerjahren bin ich ab und zu noch mit meinen Freunden bei einem der Lifte meines Vaters aufgetaucht, damit wir umsonst Ski fahren konnten. Dann begegnete ich ihm manchmal beim »Einhängen«. Das bedeutete: Er stand am Drehrad des Seils, griff sich den vorbeiziehenden Holzbügel und schob ihn den wartenden zwei Skifahrern unter den Hintern. Früher hatten Studenten diesen Job für ihn erledigt. Jetzt stand er selbst da, eingepackt im dicken Anorak. Ich konnte bei der Begrüßung die Alkoholfahne riechen, und seine Witze waren böse: »Was darf ich den Herrschaften sonst noch in den Arsch schieben?« Wir sind dann bald anderswo zum Skifahren gegangen. War besser so.

Als ich meinen Eltern den Thailand-Urlaub schenkte, existierten die letzten beiden Liftanlagen längst nur noch in einer Lagerhalle, wo sie von Monat zu Monat unmoderner wurden und Rost ansetzten. Meine Mutter verdiente etwas Geld als private Italienischlehrerin, mein Vater holte gelegentlich noch Senioren ab in seinem Bus für einen Ausflug. Nur Ski musste er nicht mehr aufs Dach schnallen.

Ich denke an das starke Band, von dem Leonardo eben geredet hat. Falls es wirklich zwischen meinen Eltern existiert hat: In ihrer Wohnung zu Hause, in ihrem Leben zu Hause, zog sich dieses Band immer fester zusammen und nahm ihnen die Luft. Und nicht nur ihnen.

»Hast du von der Toten im Hotel gehört?«, frage ich, weil ich das Thema wechseln möchte. Ich will nicht mehr über meine Eltern reden, keine Sekunde mehr.

»Klar«, sagt Leonardo. »Ich habe für diese Frau und ihren Mann mal eine Woche lang gearbeitet. Ist bestimmt fünf Jahre her. Eine Stützmauer in ihrem Garten musste neu gemacht werden.«

»Ist dir da was aufgefallen?«

Der schiefe Mund lächelt: »Fragt da der Polizist, der ehemalige? Nein, mir ist nichts aufgefallen. Das waren nette Leute.«

Aber dann sagt er plötzlich doch noch was, da bin ich schon am Gehen.

»Ach, eine Sache ist mir doch mal komisch vorgekommen ... aber ist vielleicht gar nichts. Ich habe die Frau, Elisabeth hieß sie, später mal abends in Luino aus einem Lokal kommen sehen. Und auf der gegenüberliegenden Straßenseite saß ein Mann im Auto und fotografierte sie. Jedenfalls kam mir das so vor. Vielleicht hat er aber auch was anderes fotografiert.«

22

ICH BIN KEIN KOMMISSAR MEHR. DAS MUSS ICH MIR sagen. Das muss ich mir immer wieder sagen.

Ja, die Frau, die zuletzt Elisabeth Bergner hieß, ist erstochen worden. Ja, das hat mit meinem früheren Leben zu tun, mit meinem früheren Job.

Betonung: früher.

Du bist raus, sagt Becker.

Das ist nicht mehr deine Sache, sagt Becker.

Du sagst nichts, du weißt nichts, was ist daran so schwer?

Halt dich da raus. Das ist besser für alle.

Becker hat recht.

Ich bin kein Polizist mehr. Ich führe jetzt ein anderes Leben. Ich bin Musiker.

Ja, jemand hat sich bei Biagio nach mir erkundigt.

Ja, Leonardo hat jemanden gesehen, der Elisabeth Bergner fotografiert hat. Ja, ihre falschen Eltern haben einen mysteriösen Anruf bekommen. Mag alles mysteriös sein, mag verdächtig sein. Aber es ist nicht mehr meine Sache. Ich bin nicht mehr zuständig.

Was meine Sache ist: Ich habe erfahren, dass meine Eltern vielleicht noch leben, dass sie ihren Tod vielleicht nur vorgetäuscht haben. Dass die Bilder von ihren im Meer treibenden Leichen mich so lange völlig umsonst verfolgt haben. »*A simple twist of fate*«, wie Dylan sagen würde? Ein kleiner Joke, oder wie? Danke, Mama. Danke, Papa.

Das ist deine Sache, Lukas Albano Geier. Ruf im Auswärtigen Amt an, damit man nach deinen Eltern sucht, dort in Laos oder sonst wo. Nutz deine früheren Polizei-Connections für diese Angelegenheit, nicht dafür, alte Kollegen zu erpressen für die Einsicht in über 2000 Seiten eines Sachverhaltes, der dich einfach nichts mehr angeht.

Ich sitze im Wohnzimmer und öffne meinen Laptop. Ich greife mit der Maus nach einem Symbol und schiebe es in den Papierkorb. Auswerfen, das Ding. Den Stick aus der Buchse nehmen. In die unterste Schreibtischschublade werfen zu den ausrangierten alten Handys und den anderen Sticks, von denen ich keine Ahnung mehr habe, was drauf ist.

Was kümmert mich diese Akte? Was kümmert es mich, was hinter dem Codewort noch abgespeichert ist?

Es ist schon spätabends. Draußen braut sich eines der kolossalen Gewitter zusammen, deren Blitze Bäume fällen, Stromnetze lahmlegen und die Luft verbrennen, bis sie nach Eisen riecht. Darum sollte ich mich kümmern. Ich habe all meine elektronischen Geräte an einen eigenen Stromkreis angeschlossen, den ich jetzt schleunigst abschalten muss.

Ich bin Musiker, kein Polizist. Ich bin ein Ritter in einem Turm, reich und unverwundbar. Ich kümmere mich um die Blitze der Gegenwart, nicht um die Stürme der Vergangenheit.

Ich schalte meine Geräte ab, ich trete ans Fenster und

schaue in die Nacht. »*The wind howls like a hammer, the night blows rainy.*« Wieder Bob Dylan.

Ein Blitz erleuchtet die Szenerie taghell, das Krachen kommt gleichzeitig, und im selben Moment fällt der Strom aus. Nicht nur hier oben im Turm, der ganze Ort ist plötzlich schwarz. Überall stehen hier Taschenlampen herum. Ambrogio unten im Studio hat auch zwei.

Ich knipse die Taschenlampe an und steige in ihrem Lichtkegel die Wendeltreppe hinunter. Draußen kracht und donnert es, als herrsche Krieg. Und jetzt hat auch noch prasselnder Regen eingesetzt, der rauscht wie ein Wasserfall. Im Schlafzimmer flackern die Schießscharten auf wie rechteckige LED-Anzeigen.

Ich lege mich ins Bett und schalte die Taschenlampe aus. Ich bin ein Ritter in seinem Turm, reich und unverwundbar. Was da draußen passiert? Nicht meine Sache.

23

WENN MENSCHEN DAS WORT »WETTER« BENUTZEN, meinen sie in der Regel etwas ganz anderes als das, was der Himmel am Lago Maggiore veranstalten kann. *Tempo* ist das italienische Wort für Wetter. Und das kann man auf jeden Fall schon mal so sagen: Das Wetter hier macht Tempo.

Es gibt Drehwinde, die einem wie ein Spuk vorkommen. Sie entstehen schneller, als man bis fünf zählt, sie sind auf kleine Flächen begrenzt, 200 Quadratmeter vielleicht, aber sie sind in der Lage, Bäume aus dem Boden zu reißen und Dächer anzuheben und woanders fallen zu lassen. Es gibt Gewitter, die nur über einem Ort toben unter einer riesigen schwarzen Wolke – während fünf Kilometer weiter die Menschen in Badehosen in der Sonne liegen. Es gibt Regengüsse, die so stark sind, dass kleine Bergstraßen in Minutenschnelle zu reißenden Flüssen werden und die Dachrinnen der Häuser überlaufen. Manchmal dauern sie zehn Minuten, manchmal drei Tage und drei Nächte. Dann kommen die Feuersalamander aus ihren Verstecken, weil sie das lieben: Dunkelheit und gleichzeitig Regen. Sie bevölkern dann das Grundstück um meinen Turm, schwarzgelbe kleine Echsen, ungeheuer träge und langsam.

Es gibt hier Nebel, der so dicht ist, dass die ganze Welt dahinter verschwindet. Ich hatte mal einen Freund aus München für zwei Tage zu Besuch, an denen so ein Nebel herrschte. Er war das erste Mal in dieser Gegend und erzählte später immer so davon: »Es soll dort einen See geben, und Berge soll es geben, und eine wunderbare Vegetation. Gesehen habe ich nichts davon.«

Das Wetter hier ist in der Lage, Gesteinsbrocken von der Größe eines Einfamilienhauses aus dem Berg zu lösen und auf die Küstenstraße oder die Bahngleise zu schleudern. Es ist aber auch in der Lage, blitzartig eine ganz andere Kulisse auf- zufahren, wie die Drehbühne in einem Theater. Dann wird blauer Himmel aufgespannt und eine Sonne angeknipst, die das Wasser aus Mauern, Wiesen und Kleidern zieht, als sei nichts gewesen. Und wenn sie bleibt, trocknet sie alles aus, und alles verbrennt beinahe, so dass sich alle nach Erlösung sehnen, die Salbeisträucher in den Beeten ebenso wie die Urlauber in den Wohnmobilen.

Das Wetter hier ist eine grandiose Theateraufführung mit viel Drama – aber auch Komödienelementen. Wenn im Winter Schnee fällt, zum Beispiel, was nicht oft der Fall ist. Schnee steht jeder Landschaft gut, jedem Haus und jedem Baum. Fast jedem Baum.

Palmen sehen unter den hohen weißen Hüten, die sich über die Fächer stülpen, ausgesprochen komisch aus. Die stolzen Symbole für Sonnenschein und Ferien verwandeln sich in Lachnummern, und man hat den Eindruck, sie wissen es auch. *Not amused*, so sehen Palmen unterm Schnee aus.

Auf meinem Grundstück machen mir zwei alte, 20 Meter hohe Eichen zunehmend Sorgen. Ihre Wurzeln krallen sich in wenig Erde auf schrägen Felsen, ihre Stämme stehen schon bedenklich schief. Ihre Kronen sind weit und bieten dem Wind viel Angriffsfläche. Eine der beiden steht sehr nah am Turm, direkt neben dem Studio. Ihr Stamm knackt schon fürchterlich, wenn Wind aufkommt. *»Pericoloso. Molto pericoloso«*, sagen alle Einheimischen, die das sehen. Sehr gefährlich. *»Via, via«*, sagen sie. Weg damit.

Bei dem Gewitter vergangene Nacht habe ich mir geschworen, dass ich den Tree-Climber anrufe. Er muss die Eiche entweder fällen oder, wenn das geht, so weit zurückschneiden, dass sie nicht beim nächsten Sturm umstürzt.

Heute Morgen sah natürlich alles wieder lieblich und harmlos aus. Die Sonne schien, kein Lüftchen regte sich, und der blaue Himmel dehnte sich über den Turm und die Bäume, als wüsste er gar nicht, was ein Gewitter ist. Und beinahe hätte ich wieder nicht angerufen. Aber die überall herumliegenden abgebrochenen, zum Teil schweren Äste erinnern mich an meine nächtlichen Beschlüsse.

Das ist meine Sache: dass ich mich darum kümmere, dass die Eiche nicht mein Studio zertrümmert, meinen Turm beschädigt und möglicherweise sogar Menschen verletzt.

Lorenzo heißt der Tree-Climber. Er nimmt das Gespräch in einer Baumkrone hängend an und sagt, dass er mich später zurückruft mit einem Terminvorschlag.

Ich schalte die Instagram-Kamera wieder ein, die jeden Tag den Blick aus meinem Fenster fotografiert. Ich poste auf Facebook zwei Filmchen aus der letzten Probe. Und ich twittere Dylan, all along the watchtower: *»There must be some kind of way outa here, said the joker to the thief.«*

24

AMBROGIO IST EIGENTLICH SCHREINER. ODER ZIMmermann. Jedenfalls hat er die zwei Holzbänke gemacht, die draußen vor dem Turm stehen, Gesicht zum See. So habe ich ihn kennengelernt. Jemand hat ihn mir empfohlen. Er hat die Bänke aus Kastanienholz gemacht, und er hat das Holz aus dem Wald geholt, sagt er. Dann gesägt, gehobelt, geschliffen. Die Bänke haben keine einzige Schraube, die Kanthölzer sind raffiniert ineinandergesteckt und verleimt. Ambrogio verachtet Schrauben. Sein Spitzname ist »der Holzmelancholiker«.

Ich sehe ihn natürlich nie arbeiten, hier oben bei mir. Er zuckt die Achseln und sagt, er brauche seine Werkstatt, die Geräte, die Werkzeuge.

»Aber deine Frau kann dich doch nicht aus deiner Werkstatt rauswerfen«, sage ich.

»Du kennst sie nicht«, sagt er.

Ambrogio löst bei Frauen Beschützerinstinkte aus. Dieser leicht abwesende, wunde Blick: Die Welt ist zu kompliziert für mich, aber was soll ich machen, ich komm schon irgendwie zurecht. Dieser fatalistische Zug um den Mund: Wenn es so sein soll, dann soll es so sein. Er redet auch gern über Frauen. Und die Unterschiede zu Männern.

Der größte Unterschied, sagt Ambrogio, liege im Umgang mit Problemen. Der Mann will ein Problem sofort loswerden, wenn es auftaucht. Er gibt es entweder einem anderen oder er verdrängt es – oder er löst es. Wenn das Problem weg ist, ist er zufrieden. Die Frau will bei einem aufgetauchten Problem vor allem eines: sofort darüber reden, und zwar ausführlich, auch mit vielen Menschen. Wenn das Problem besprochen ist, ist sie zufrieden. Das Problem selbst kann gern bleiben. Beides bringe die Menschheit voran, sagt Ambrogio. Das eine führt zum Antiblockiersystem beim Auto, das andere zum Elternabend an Schulen.

Ich liege wach im Bett und denke an die Kommissarin Cristina Conte. Sie ermittelt in einem Nebel, der seit Beckers Besuch nur noch dichter geworden ist. Wahrscheinlich werden ihre Anstrengungen keinen Erfolg haben. Die Deutschen jedenfalls werden dazu nichts beitragen, im Gegenteil. Und ich auch nicht, im Gegenteil.

Sie hat eigentlich gar nichts an sich, was man mit einer Italienerin assoziiert. Nichts Emotionales, Verspieltes, Lebendiges. Cristina Conte ist direkt, sachlich, und sie zeigt in ihren Augen manchmal einen stählernen Kern. Ich glaube, sie ist eine exzellente Polizistin und eine tolle Kollegin. Außerdem hat sie sehr schöne Hände. Aber solche Beobachtungen sollte ich mir verbieten. Ich weiß schon, wohin das führt. Als Nächstes fällt mir ihre Art auf, den Kopf zu heben, oder ihre Art, sich auf einen Stuhl zu setzen. Ich werde ihren Geruch wahrnehmen und ihren Mund beim Sprechen beobachten. Und meine Wahrnehmungen werden sich zu so etwas wie einem Reiseprospekt zusammenfügen. Der dir einzelne Bilder einer Gegend zeigt, Landschaften, Stimmungen ... Ausschnitte der Wirklichkeit, die das Begehren auslösen, in diese Gegend zu reisen. Weil ich mehr als nur diese Ausschnitte sehen will, weil ich *erleben* will, wie es dort ist, wie es sich *anfühlt*, dort zu sein.

Dann will ich erleben, was diese Hände sonst noch tun, wie sich der Kopf in ganz anderen Situationen hebt, wie der Stahl im Blick seine Farbe verändert.

Und was verspreche ich mir dann von diesem Erlebnis?

Bestätigung?

Bestätigung von was?

Was suche ich?

Nähe?

Die ich dann nicht aushalte?

Wonach sehne ich mich? Nach Erlösung?

Erlösung wovon? Von mir selbst?

Man hat sich selbst immer dabei auf Reisen, das weiß man doch.

Hat Helen all das gespürt, als sie ihren Grenzzaun errichtet hat? Warum hat Britta mich verlassen? Weil ich die Kinderfrage immer verschoben habe? Weil sie geahnt hat, dass ich schon in anderen Prospekten blättere? Und warum hat sie mich so, auf diese Art und Weise, verlassen? Eine Wohnung, in der plötzlich ihre Sachen fehlten. Ein Zettel: *Ich trenne mich von dir.*

Das war kein sich Lösen von einem Menschen, den man geliebt hat. Eine Rechnung wurde da präsentiert. Nur welche?

Ich werde keinen Prospekt von der Gegend Cristina Conte

anlegen. Ich werde nicht die Sehnsucht entwickeln, dorthin zu reisen. Ich werde mein Leben nicht verkomplizieren. Und ich werde meine Seele vor mir selbst beschützen. Vielleicht bin ich ja deshalb in einen Turm gezogen. Wer weiß?

Ambrogio sagt, wir verlieben uns nie wirklich in andere Menschen. Männer verlieben sich in die Möglichkeit der Eroberung. Frauen verlieben sich in das Begehren des Mannes.

Woher nimmt Ambrogio seine Weisheiten?

Er sagt, er lese viel. Gesehen habe ich das noch nie.

Er sagt, er sehe oft Filme. Aber wenn er davon erzählt, sind es meistens ungarische oder südamerikanische Filme, die keiner kennt und deren Titel ihm gerade nicht einfallen. Manchmal denke ich, die Filme laufen in seinem Kopf ab.

Gestern Abend habe ich ihn bei Biagio getroffen, in dem Café, das nachts zur Bar wird. Er stand am Tresen und redete auf den schweigsamen Barmann ein, der seit Jahren an wenigen Abenden im Monat hier Dienst macht und dessen Namen ich mir nicht merken kann. Ambrogio hatte schon gut getankt und winkte mich heran. Warum, war klar. Er witterte die Chance, dass ich am Ende seine Rechnung übernehmen würde. Was ich dann auch getan habe.

Als er mal »Händewaschen« war, wie er es nennt, sagte ich zu dem Barmann: »Hat Ambrogio Ihnen seine Theorien über Frauen erklärt?«

Der Barmann nickte.

»Er wohnt jetzt bei mir oben«, sagte ich.

Der Barmann nickte.

»Weil seine Frau ihn rausgeworfen hat«, sagte ich.

Der Barmann schaute auf.

»Seine Frau hat ihn rausgeworfen?«, fragte er und legte den Kopf ungläubig etwas schief. »Das hat er Ihnen erzählt?«

»Ja«, sagte ich.

Der Barmann lächelte.

»Warum lächeln Sie?«, fragte ich.

»Nur so«, sagte er. »Ambrogios Frau hat ihn schon vor sechs Jahren rausgeworfen.«

25

ICH STEHE AM KÜCHENFENSTER UND SCHAUE NACH unten. Die Siebenschläferfallen sind endlich verschwunden. Ambrogio ist noch da, das erkenne ich daran, dass die Tür zum Studio offen steht. Wann genau ist er eigentlich hier eingezogen? Wovon lebt der? Was genau weiß ich eigentlich von ihm? Warum lügt er mich an? Der Satz des Barmanns hat sich in meinem Kopf eingenistet: »Ambrogios Frau? Die hat ihn doch schon vor sechs Jahren rausgeworfen. Der Kerl ist doch schon lang allein.«

Die Warnlampen in meinem Kopf sind an. Sie funktionieren wie Bewegungsmelder: Wenn irgendetwas das gewohnte Bild stört, gehen sie an. Was stimmt hier nicht? Früher waren die Lampen zu oft an. Eine Lichtorgel des Misstrauens. Hinter allem vermutete ich eine andere Bedeutung als die naheliegende. Erst als ich aus dem Job raus war, konnte ich diese Stromkreise allmählich ausschalten. Ich war mit *Tutto Bene* und meinen Liedern in der ganzen Welt unterwegs, in Clubs und Konzerthallen, bei kleinen Radiostationen und in riesigen Fernsehstudios, auf Aftershowpartys von Reykjavík bis Melbourne. Auf unzählige unbekannte Menschen musste ich mich verlassen. Ich habe mit ihnen getanzt, getrunken, Sex gehabt. Die Lampen blieben dunkel, ich fühlte mich sicher – und tatsächlich ist nichts, gar nichts passiert in diesen Monaten. Mir wurde nichts gestohlen, ich wurde nicht betrogen, die Menschen waren gut zu mir. Vielleicht nur eine Illusion, die Illusion, der alle berühmten Leute anfänglich auf den Leim gehen – aber es ist eben eine schöne Illusion. Das Leben ist leicht, die Drinks sind gut.

Ich sehe, dass Ambrogio aus dem Studio kommt, und ziehe mich vom Fenster zurück. Er wird gleich nach oben schauen, ob es schon Lebenszeichen von mir gibt. Es ist neun Uhr morgens, der See und die Orte liegen noch kühl im Morgenlicht. Hat Ambrogio hier Stellung bezogen, um mich zu beobachten? Wurde er engagiert, um mich zu beschatten? Ist er eine Gefahr für mich? Eine vielleicht tödliche Gefahr? Oder bin ich jetzt paranoid?

Ist er einfach nur ein Lebenskünstler, wie es hier in der Gegend so viele gibt? Schlägt sich so durch, mogelt sich so durch, braucht ab und zu einen Job, ab und zu eine andere Bleibe ... Hat mir doch genützt früher für meine konstruierten Lebensläufe, dass in dieser Gegend keiner viele Fragen stellt. Wo kommst du her? Was machst du genau? Wer bist du? Ist es nicht gut, dass niemand meinen Bassisten Paul gefragt hat, was genau er früher gemacht hat?

Eben! Signalisieren die Warnlampen. Hinter jeder Fassade lauert vielleicht eine ganz andere Welt. Besonders hinter einer harmlosen.

Soll ich Cristina Conte bitten, Ambrogio mal zu checken? Mit welcher Begründung? Und wenn der Verdacht stimmt: Bringe ich sie damit nicht auch noch in Gefahr?

Heute kann ich den Suzuki bei Angelo abholen. Die Stoßstange ist endlich geschweißt. Am Nachmittag ist Bandprobe. Paul hat sich schon nach dem Wagen erkundigt. Er muss den Kontrabass zurückgeben, der war nur geliehen. Heute bringt er einen winzigen Ukulelebass mit, hat er schon am Telefon angekündigt. »Der klingt wie am Lagerfeuer, könnte geil sein.« Gestern hatte ich eine Idee für den Refrain von »Casa Rosa«. Ganz neue Melodie, und die bisherige könnte als Zwischenspiel verwendet werden, bräuchte dann nur noch einen Text.

Mal sehen.

Ich schalte meine Espressomaschine an und wähle die Nummer von Frank Becker, »Nachricht nach dem …« In drei Minuten wird er zurückrufen, und ich werde ihn bitten, dass er sich Ambrogio mal genau anschaut.

26

BECKER RUFT NICHT ZURÜCK. NICHT NACH DREI Minuten. Nicht nach drei Stunden. Nicht am Abend. Nicht am Morgen.

Heißt: Austrocknen.

Du bist raus.

Becker hat recht.

Ambrogio. Interessiert es mich wirklich, welche Frau ihn wann rausgeworfen hat? Ist das meine Sache? Kann mir der arme Tropf gefährlich werden?

Nein. Halt dich raus, sagt Becker. Das ist doch nicht so schwer.

Gefährlich ist die große Eiche. *Pericoloso, molto pericoloso.* Heute kommen die Tree-Climber und nehmen sich der Sache an. Ambrogio hat sich verzogen, er müsse ein paar Besuche machen, hat er gesagt. Und ich habe ihn vom Fenster aus auch weggehen sehen. Erstaunlich elegant angezogen, in Halbschuhen und schwarzem Hemd. Was so viel bedeutet wie: Körperliche Arbeit ist heute schlecht, ganz schlecht.

27

DER TREE-CLIMBER LORENZO HAT ZWEI ASSISTENten dabei. Die drei Typen sind alle unter 30 Jahre alt, und wenn ich eine Frau wäre, würde ich versuchen, mit mindestens einem davon eine Affäre anzufangen. Sie arbeiten mit nackten Oberkörpern, die Muskeln spielen träge unter der sonnengebräunten Haut. Am Gürtel hängt auf der einen Seite ein Seil, auf der anderen Seite eine – laufende – Motorsäge. Einer hat einen gelben Helm auf, ein anderer eine Zigarette im Mundwinkel. Sie klettern mit Steigeisen an den Füßen so selbstverständlich senkrecht nach oben am Baumstamm entlang, wie andere über einen Parkplatz zu ihrem Auto gehen.

Sie müssen die Eiche ganz wegnehmen, haben sie gesagt. *Pericoloso*, ja, die fällt bald um. Ganz wegnehmen heißt, von oben Stück für Stück absägen und am Seil nach unten befördern. Den Baum zu fällen geht nicht wegen der Gebäude.

Meine Aufgabe ist es, einen Platz zu schaffen, wo man den zersägten Baum dann lagern kann.

Ich stehe zu diesem Zweck mit einer Machete in einem Dickicht aus Himbeersträuchern und Robinien, alles bösartig stachelig, schlage zu, zerre an dem Gestrüpp, schwitze und fluche. Mücken schwirren um mich herum, ich habe Handschuhe an und eine blöde Plexiglasbrille auf, um die Augen zu schützen. Und ich habe ein bisschen Angst vor Schlangen, die hier vielleicht... Mit mir würde ich keine Affäre anfangen wollen, wenn ich eine Frau wäre.

Zuerst denke ich bei der Arbeit an Ambrogio und ärgere mich. Ich hätte ihn echt gut gebrauchen können heute. Dann denke ich an die vergangene Bandprobe und freue mich. Die Idee mit dem neuen Refrain hat funktioniert. Sogar Helen hat gestrahlt. Jetzt haben wir schon vier Songs für das neue Album fertig. »Casa Rosa« wird vielleicht die Single.

Ich habe mir angewöhnt, hier oben bei jedem Schritt, den ich mache, überhaupt bei allem, was ich tue, mein Handy bei mir zu haben. Das hat seinen Grund: Ich bin hier einmal auf dem Weg zum Suzuki ausgerutscht und ein Stück den Hang hinuntergepurzelt. Nicht schlimm, gar nicht der Rede wert, nur unten bin ich mit der Seite auf einem Stein gelandet und habe mir zwei Rippen gebrochen. Mein Telefon lag ein paar Meter entfernt im Haus. Was, wenn ich schlimmer gestürzt wäre? Wenn ich mich nicht mehr hätte bewegen können? Ich bin hier oben ja immer allein, normalerweise jedenfalls. Ambrogio ist ja nicht normal.

Jetzt vibriert das Telefon in meiner Hosentasche, während ich im Unterholz stehe und an einem langen dornigen Robinienast ziehe. Ich schaffe es natürlich nicht, ranzugehen, bis ich die Handschuhe ausgezogen habe und so weiter. Aber als ich dann sehe, wer mich angerufen hat, befreie ich mich aus dem Gebüsch, ziehe das Arbeitszeug aus und setze mich auf eine der beiden Bänke vor dem Turm. Ich rufe die Nummer zurück. Hinter mir in 20 Meter Höhe, in der Krone der Eiche, brüllt eine Motorsäge auf, und ich höre und spüre, wie ein schwerer Ast auf den Boden fällt. Es riecht nach frischem Holz.

»Herbert?«, sage ich, als der andere abnimmt. »Du hast gerade angerufen …«

»Lukas, ja«, sagt mein ehemaliger Kollege. »Ich muss dir was sagen, oder weißt du es schon?«

»Was soll ich wissen? Nein«, sage ich.

»Becker ist tot«, sagt Herbert. »Gestern Abend. Er ist erschossen worden.«

»Wie bitte?«

»Ja. Furchtbar.«

»Was heißt das, erschossen?«, sage ich.

»Erschossen. Auf offener Straße. Auf dem Weg nach Hause. Er geht ja immer zu Fuß, weißt du doch.«

»Aber … Wer? … Warum?« Ich spüre, wie mir kalt wird.

Herbert sagt etwas, aber ich kann ihn nicht verstehen, weil die Motorsäge wieder anfängt.

»Noch mal«, sage ich und halte mir das andere Ohr zu. »Du musst lauter sprechen.«

»Er ist regelrecht hingerichtet worden, Lukas. Aus dem fahrenden Auto heraus.« Herbert ist kurz still. »Mehrere Schüsse. Drei haben ihn im Kopf getroffen. Zwei in der Brust.«

Ich kann nicht sprechen, mein Mund ist blockiert. Becker. *Nachricht nach dem. Mal mit Peperoncini, mal kalt aus der Dose. Je nachdem. Mach's gut, Lukas.*

Becker. Erschossen.

»Lukas? Bist du noch da?«

»Ja«, sage ich endlich. »Ich bin da.«

»Denkst du, das hat was mit der Scheiße da bei dir am Lago zu tun?«, fragt Herbert.

»Keine Ahnung«, sage ich. »Was soll ich sagen? Was wisst ihr denn?«

»Nichts. Null wissen wir. Dunkelblauer Audi. Nix weiter. Kein Kennzeichen, nix.«

Du bist raus, Lukas. Geht dich nichts mehr an, Lukas.

Von wegen, Frank Becker. Du hast dich getäuscht. Und jetzt bist du tot. Jetzt hat man dir den Kopf weggeschossen.

Nicht meine Sache?

»Hör zu, Herbert«, sage ich. »Hörst du mir zu?«

»Ja«, sagt er. »Ich hör dir zu.«

»Es gibt hier einen Mann, den ihr durchleuchten müsst. Nicht so bisschen, sondern total. Alles, wirklich alles anschauen, was geht, und auch das, was nicht geht, alles, das volle Programm. Ich schick dir gleich seine Handynummer und paar Sachen, die ich über ihn weiß.«

»Okay«, sagt Herbert. Und fügt hinzu: »Bitte sag niemandem, dass ich dir die Akte gesteckt habe.«

»Herbert!«, fahre ich ihn an. »Du sollst mir zuhören! Ihr müsst diesen Mann durchleuchten. Röntgenblick reicht nicht, kapierst du das? Und es muss schnell gehen, kapierst du das?«

»Ja, ich verstehe ja«, sagt er. »Wie heißt der Mann?«

»Der Mann heißt Ambrogio Cassini.«

»Okay, Lukas. Wird erledigt.«

»Und noch was, Herbert«, sage ich. »Ich brauche das Codewort für die letzten Seiten der Akte.«

»Lukas, du weißt…«, sagt er. Und stammelt wieder irgendetwas herum. Ich höre nicht mehr zu.

»Schon gut«, sage ich. »Lass mal. Ich kümmere mich selber.«

Ich lege auf.

Erst jetzt sehe ich, dass direkt gegenüber von mir, keine zehn Meter entfernt, unter einem Busch ein Fuchs steht. Er steht da völlig reglos, sein Fell ist hellrot und leuchtet, und er schaut mir direkt in die Augen.

28

DAS CAFÉ *CLERICI* LIEGT MITTEN IN LUINO, DIREKT neben dem Hotel *Centrale*, wo kurz vor der Eröffnung die Leiche der Elisabeth Bergner gefunden wurde. Im *Clerici* treffen sich alle: Einheimische und Touristen, junge Leute und Rentner, große Geschäftemacher und kleine Gauner – alle nehmen hier den *aperitivo*, das heißt, sie essen Schinken, kleine *bruschette, parmeggiano* und Oliven, und sie trinken dazu Aperol Spritz oder Campari Orange oder Punt e Mes. Die Terrasse liegt zum Wasser hin unter einer Arkade, innen wurde das Café erst kürzlich renoviert. Früher saß Paul immer links vom Eingang in der Ecke. Jetzt steht dort die blitzende neue Kaffeemaschine, deshalb sitzt Paul jetzt rechts vom Eingang in der Ecke. Ich weiß, dass er nachmittags immer hier sitzt, wenn wir nicht gerade Bandprobe haben. Trotzdem habe ich ihn angerufen, um sicher zu sein.

Ich nehme an seinem kleinen Tisch Platz, bestelle einen doppelten Espresso und ein Wasser und schaue ihn an. Er trägt ein weißes Hemd und eine hellgraue leichte Weste darüber, dasselbe Grau wie die Metallfassung seiner Brille. Vor ihm liegen unberührt zwei zusammengefaltete Zeitungen, die *Süddeutsche Zeitung* und *La Repubblica.*

»Raus damit«, sagt er. Mehr nicht.

»Wir müssen die Firewall aufheben«, sage ich.

»Das wollten wir niemals tun«, sagt er. »Niemals, unter keinen Umständen.«

»Ich weiß«, sage ich.

Der Mann, der jetzt Paul heißt, war mein erster Fall in München, in der Abteilung Becker. Er war der Erste, für den ich ein neues Leben entworfen habe. Niemals darf eine Verbindung zu seinem früheren Leben hergestellt werden. Das ist die verabredete Firewall. Für den Mann, der jetzt Paul heißt, könnte eine solche Verbindung tödlich sein.

»Becker wurde gestern erschossen«, sage ich. Ich hole den Stick aus meiner Jeanstasche und lege ihn auf den Tisch.

Der Mann, der jetzt Paul heißt, hat damals streng geheime Daten des russischen Geheimdienstes an den BND weitergegeben. Er war wohl ein ebenso bedeutender Whistleblower wie später Edward Snowden, er wurde der Öffentlichkeit nur nicht bekannt. So formulierte es Becker einmal. Ich weiß nicht, was das für Daten waren, die er weitergegeben hat, ich weiß nur, dass er in einer dramatischen Aktion in einem Münchner Luxushotel vor einem Killerkommando gerettet wurde. Und dass ich ihn hier am Lago Maggiore versteckt habe. Hinter hohen Bergen, hinter einem neuen Namen, einer neuen Sprache, einem neuen Beruf, dem einzigen, zu dem er außer Programmieren und Hacken noch ein Talent hatte. Einmal hätte er sich bei einer Probe beinahe verraten, weil er Helen einen Programmiertipp gab, als sie ein Problem mit einer Sounddatei hatte.

»Hey, Paul!«, hat sie ungläubig gesagt. »Und ich dachte, du weißt nicht mal, was ein Computer überhaupt ist!«

»Was willst du?«, fragt Paul jetzt.

»Ich brauche ein Codewort«, sage ich. Und erkläre ihm, an welcher Stelle in der Akte auf dem Stick das Codewort fällig wird. »Ich muss dieses Codewort haben. Und ich muss es schnell haben, Paul.«

»Ich habe keinen guten Rechner«, sagt er. »Ich brauche deine Rechner im Studio.«

Ich denke an Ambrogio. Er darf nicht sehen, dass Paul in den Turm kommt außerhalb der Bandprobe. Besser nicht. Die Tree-Climber sind egal.

»Am besten, du kommst gleich mit«, sage ich.

Paul hat meine Gedanken erraten.

»Wir holen zur Sicherheit noch einen Bass«, sagt er.

Wir zahlen und gehen. Die Zeitungen bleiben liegen. Als wir an der Tür sind, ruft hinten im Lokal eine Gruppe junger Leute *»Tutto bene, tutto bene«* und winkt mir zu. Ich winke zurück.

Die Plattenfirma hat heute Morgen eine E-Mail geschickt, dass sie das Video mit der akustischen Version von »Tutto Bene«, die ich auf Laras Fest gespielt habe, auf eine Idee gebracht hat: *Wollen wir nicht ein Unplugged-Konzert geben und es aufnehmen?*

Heute Morgen dachte ich: Jetzt sagen sie schon »wir«.

Nun denke ich, während ich den jungen Leuten zulächle: Nie war die Musik weiter weg als jetzt gerade.

29

SIND DIE BÜROS VON POLIZISTEN IN ITALIEN SCHÖner, mondäner, größer als in Deutschland? Und sagt diese Frage etwas über mich aus? Egal. Ich kann sie sowieso nicht beantworten. Ich habe gerade zum ersten Mal ein Büro der italienischen Kriminalpolizei betreten. Zu diesem kann ich allerdings sagen: Es ist viel schöner als meines war in München, im Hinterhof der Landsberger Straße. Ein großer Raum ist das hier, Altbau, hoch, mit Fenstern, die bis zum Boden reichen. Sie sind geschlossen, die Läden davor zur Hälfte. Man hört trotzdem Straßenlärm. Das Licht im Raum ist schattig. Es ist später Nachmittag. Auf Cristina Contes Schreibtisch stehen Blumen. Ein großer Strauß roter Rosen.

»Hat den einer Ihrer Bonsaibäume geschickt?«, frage ich.

Sie lacht.

»Ich hatte Geburtstag«, sagt sie, »vorgestern.«

»Oh, gratuliere!« sage ich. »Sie sind Zwilling.«

»Zwilling?«

»Sternzeichen.«

»Kann sein, ja. Dafür interessiere ich mich nicht besonders.«

Wir nehmen in einer Sitzecke rechts vom Schreibtisch

Platz, sie auf einem Sessel, ich auf einem Sofa. Sie schenkt uns zwei Gläser Wasser ein.

»Frank Becker ist gestern Abend erschossen worden«, sage ich. »Hat man Ihnen das mitgeteilt?«

»Nein«, sagt sie, und sie wirkt durchaus erschrocken.

Ich tue das, was ich heute schon einmal getan habe: Ich hole einen Stick aus meiner Jeanstasche. Es ist eine Kopie.

»Signora Conte«, fange ich an. »Jemand hat mal geschrieben: Erst wenn alle Geständnisse abgelegt sind, fängt das Geheimnis an.«

Sie sagt nichts, sitzt jetzt sehr aufrecht, sieht mich ernst und konzentriert an.

»Ich bin hier«, rede ich weiter, »weil ich glaube, dass es höchste Zeit ist, dass Sie die Wahrheit erfahren. Zumindest die Wahrheit, die ich habe über den Fall Elisabeth Bergner.«

»Frank Becker sagte etwas Ähnliches, als er hier war«, sagt sie. »Und er hat mir, denke ich, Ihre Wahrheit erzählt.«

»Nein«, sage ich. »Diese Geschichte von den Drogen und der Razzia ... nichts davon, gar nichts, ist wahr.«

Sie sieht mich stumm an. Stumm, fragend, irritiert. Ich zeige ihr den Stick.

»Ich möchte, dass Sie sich das ansehen«, sage ich. »Es ist eine Akte mit über 2000 Seiten, aber ich habe die Stellen gelb markiert, die Sie lesen sollten.«

Ich reiche ihr den Stick über den Beistelltisch. Sie macht keine Anstalten, ihn zu nehmen.

»Wie wurde Becker ermordet?«, fragt sie.

»Er wurde auf der Straße aus einem fahrenden Auto heraus in den Kopf geschossen«, antworte ich. »Wenn Sie das hier gelesen haben«, fahre ich fort und lege den Stick auf den Tisch, »dann wissen Sie, wer Elisabeth Bergner wirklich war. Und auch, wer ich war.«

Es entsteht Stille, und sie dauert ganz schön lang. Auf der Straße unten hupen zwei Autos, und jemand ruft etwas.

»Und ich dachte«, sagt Cristina Conte schließlich, »ich flirte mit einem Musiker.«

»Ich bin Musiker«, sage ich. »Das ist so ungefähr das Einzige, was stimmt.«

Sie hat schwarze Leinenhosen an, ein schwarzes T-Shirt und dunkelblaue Turnschuhe.

»Willst du mir nicht lieber erzählen, was auf diesem Stick ist?«, fragt sie.

Unsere Blicke treffen sich. Das »Du«, das sie plötzlich gewählt hat, oszilliert in ihnen.

»Ja«, sage ich. »das kann ich tun. Ich kann es dir auch erzählen. Wann?«

»Jetzt«, sagt sie.

»Wo?«

Sie lächelt ein ganz kleines bisschen.

»Bei dir oder bei mir«, sagt sie dann.

30

»WAS IST EIGENTLICH GANZ OBEN IM TURM?«, FRAGT Cristina. »Oder besser: auf dem Turm, da, wo die Zinnen sind?«

Sie liegt neben mir, seitlich auf den Ellbogen gestützt, und sie fährt mit einer Fingerkuppe über die Linie meiner Augenbrauen. »*For such gesture one could fall hopelessly in love for a lifetime.*« Ist von Steve Harley and Cockney Rebel.

Nur eine kleine Lampe auf dem Nachttisch brennt, draußen ist tiefe Nacht, die drei Schießschartenfenster sind schwarze Rechtecke. Cristinas Augen glitzern im Licht der Lampe.

»Ich kann es dir zeigen«, sage ich.

»Hast du einen Bademantel?«

»Ich habe sogar zwei, sie sind unfassbar flauschig, einer ist sogar noch original verpackt. Aber ich warne dich: auf dem Rücken steht groß *Fuck you!*.«

»Die Warnung kommt zu spät. Du hast es doch schon getan«, sagt sie und springt aus dem Bett. Sie steht nackt im Zwielicht vor mir. Ihr kleiner Bauch wölbt sich sehr sexy. Ihre Brüste haben lange Nippel, die sich sogar im schwachen Schatten an der Wand abheben. »Was sind das für Bademäntel?«

Ich stehe auf und hole sie, der verpackte ist unterm Bett,

der andere hängt im Schrank. »Waren ein Geschenk von unserem Tourmanager in USA«, erkläre ich. »Sind von der Firma Chrome Hearts, die machen so sündhaft teuren Rock-n'Roll-Schmuck, Armbänder mit Totenköpfen und so was. Und anscheinend Bademäntel.«

Ich reiße das Zellophan auf, lege ihr den Mantel um die Schultern und rieche an ihrem Hals. Der Stoff ist dick und schwarz, auf dem Rücken ist eine weiße Lilie eingestickt und darunter steht das *Fuck you!*. In diesen schwarzen Mänteln gehen wir die Wendeltreppe nach oben.

»Wir sind ein bisschen wie Mönche«, sage ich.

Sie lacht. »Mönche dürfen Frauen nicht auf den Hintern schauen«, sagt sie.

»Ich bin nur hinter dir, weil ich dich beschützen will, falls du fällst.«

Zu den Zinnen kommt man von der Küche aus. Mit Hilfe einer Stange mit Haken ziehe ich eine Luke nach unten, aus der sich eine Treppe entfaltet. Ich war schon lange nicht mehr dort oben. Wir betreten eine quadratische Terrasse aus Stein, die von den Zinnen umrahmt wird. »Du siehst, ich kann dich verteidigen«, sage ich. »Ich sehe jeden Feind schon von weitem kommen.«

Jeder, der hier hochkommt, ist erst mal still, auch Cristina. Das Einzige, was einen hier umgibt, ist der Himmel, jetzt der Sommersternenhimmel – mit der Milchstraße, der hellen Wega, dem untergehenden Löwen und einer scharfen Mondsichel. Der Turm ragt in den Himmel hinein wie in eine Kuppel, die unten begrenzt ist von der schwarzen Silhouette der Bergspitzen.

»Was ist das?«, fragt Cristina nach einer Weile und deutet auf einen Gegenstand in der Mitte der Terrasse, der von einer schweren Plane bedeckt ist.

»Mein Teleskop«, sage ich. »Wenn du mal weiter weg willst ... Man kann 300 Millionen Lichtjahre weit sehen.«

Ich muss an meinen Vater denken. Er hatte nie so ein Teleskop, hätte es sich nicht leisten können. Wir hätten ja auch keinen Standort gehabt. Aber im Sternenhimmel kannte er sich aus wie kein zweiter. Und er hat mit seinem Fernglas Objekte aufgespürt, die andere mit den besten Teleskopen nicht gesehen hätten.

Vielleicht war dieser Gedanke an ihn jetzt ein Fehler. Ich spüre, wie meine Hände kalt werden. Ich kann nicht sagen, wann und warum mich manchmal ein Gefühl befällt, das so schwer ist wie tausend Tonnen Beton. Dann habe ich Angst, dass ich einstürzen könnte wie die Brücke über Genua. Jetzt in diesem Moment ist es wieder der Fall. In diesem wunderbaren Moment: Wir stehen unter diesem Himmel, Cristina lehnt sich an mich, wir sehen unten die Lichter von Luino und das vom Mondlicht beinahe weiß gefärbte Wasser. Die Luft ist warm, unsere Körper sind warm von unseren Umarmungen ... Aber in mir zieht sich alles Schöne und Leichte zurück, und es verschwindet, als hätte ich ein schwarzes Loch in mir. Stattdessen türmt sich das Schwere auf: Meine Eltern, was habe ich ihnen getan, das mir die Bilder ihrer schwimmenden Leichen im Golf von Thailand in den Kopf gepflanzt hat? Der vereinsamte Leonardo in seinem Heim – warum habe ich ihn nie besucht? Die Tote von Zimmer 10, ihre arme Tochter – und meine Schuld daran. Frank Becker mit Löchern im Kopf und meine Schuld daran. Welchen Fehler habe ich gemacht? Britta, die mich nach acht Jahren von einer Minute zur anderen ohne Erklärung verlassen hat – und meine Schuld daran. Der Schmerz hat mich fortgetrieben aus meinem Beruf, aus meiner Stadt, hierher auf einen Turm aus dem Mittelalter.

Eine Witzfigur, die jetzt dort oben steht und glaubt, sie habe hier ihr Glück gefunden.

Und auch die Frau neben mir, die eine Chance sein könnte, lehnt sich an den Falschen.

In solchen Momenten ist selbst die Musik kein Retter mehr, sondern ein verlogener Clown, der für ein paar Euro ruft: *Tutto bene! Tutto bene! Tutto bene!*

»Lukas?«

Cristina schaut mir ins Gesicht. »Du siehst so blass aus plötzlich. Oder ist das der Mond?«

»Lass uns wieder nach unten gehen«, sage ich. »Ich trinke einen Whisky.«

Als wir wieder im Bett liegen, nebeneinander, Gesicht zur Decke, sagt sie nach ein paar stillen Minuten. »Soll ich gehen?«

Ja. Ja. Ja. Geh. Sagt mein schwarzes Loch.

Aber ich schüttele den Kopf. »Nein, bleib da, bitte.«

Es dauert nicht lange, und ich fange an zu reden. Ganz plötzlich fange ich an zu reden. Ich spreche in das Dunkel über dem Bett, in das Nichts über unseren Gesichtern. Ich rede von meinen wachen Nächten als kleiner Junge. Erst im Pyjama vor der geschlossenen Wohnzimmertür stehend, die Stimmen der Eltern hörend, ihre Streitigkeiten, das Anschwellen der Töne, die einzelnen, vergifteten Worte. Dann oben im Kinderzimmer im Bett liegend, die pochende Angst, dass sie sich scheiden lassen würden, dass sie mich weggeben könnten. Das war die Melodie meiner Kindheit: der gedämpfte Ton von Stimmen, die böse Sachen sagten.

Meistens hatte ich schon geschlafen und war von den Stimmen aufgewacht, immer bin ich nach unten in den langen Flur. Es war wie ein Sog. Meine leisen nackten Füße auf dem Holzfußboden, vorbei an der Anrichte mit der alten Uhr von der Großmutter, weiter bis vor die cremefarben lackierte Holztür mit der Messingklinke. Mein Lieblingspyjama hatte den Superhelden He-Man vorne auf der Brust, aber der konnte mir nicht helfen.

»Und am Tag? Wie war das am Tag?«, fragt Cristina im Dunkeln. »Ich verstehe nicht, warum Menschen in so schrecklichen Ehen ausharren.«

»Nein, nein«, sage ich. »Die Ehe war nicht schrecklich, ich glaube, sie haben sich geliebt, und die Tage waren ganz normal. Das braute sich anfangs immer nur abends zusammen. Sie tranken Wein, ich weiß nicht, ob sie noch anderes Zeug genommen haben. Und dann schaukelte sich das hoch. Manchmal waren Namen im Spiel, Namen von Männern und Frauen, oft ging es ums Geld, einmal flog ein Weinglas an die Wand, einmal schrie mein Vater: ›Dann hau doch ab, du blöde Kuh!‹«

»Ging es dabei manchmal um dich?«, fragt Cristina. »Hast du da auch mal was mitgehört?«

Unten im Ort schlägt die Kirchenglocke drei Mal. Drei Uhr morgens.

»Ich bin doch nur wegen Lukas in dieser Scheißsituation. Manchmal wünsche ich mir, dass es ihn gar nicht gibt.«

Das habe ich zum Beispiel gehört. Und es war die Stimme meiner Mutter.

»Ja, am Rande ging es wohl auch mal um mich«, sage ich.

»Am Rande?« Cristina setzt sich auf.

»Es ist schon drei Uhr, und du musst morgen Verbrecher fangen«, sage ich. »Du musst jetzt schlafen.«

Sie antwortet nicht, sondern legt sich wieder hin und dreht sich in meinen Arm.

»Weißt du«, sage ich. »Meine Keyboarderin hat einmal den Vorschlag gemacht, aus Stimmengemurmel einen Soundteppich zu bauen. No way, habe ich gesagt. Niemals Stimmengemurmel, bitte, das kann ich nicht ausstehen. Auch nicht auf der ›Dark Side of the Moon‹ von Pink Floyd? Hat sie gefragt. Gerade da nicht. Sie wusste nicht, dass Pink Floyd für diese Platte Interviews mit Männern geführt haben, die ihre Frauen geschlagen haben. Das Gemurmel sind Fetzen aus diesen Interviews … *›I certainly was right!‹* … Solche einzelnen Sätze kann man auch verstehen.«

Und nach einer Weile sage ich noch: »Nur wenn sie am Lago Maggiore oben in Curiglia waren, haben meine Eltern nie gestritten. Da waren alle immer glücklich.«

Aber die inzwischen sehr gleichmäßigen Atemzüge der Kommissarin Cristina Conte sagen mir, dass meine letzten Sätze nur für die 1,40 Meter dicken Mauern des Turms bestimmt waren.

31

PAUL HAT MIR GESTERN ABEND DEN STICK OHNE viel Worte in die Hand gedrückt. »War ganz einfach«, sagte er nur. Und dann noch: »Wer die Firewall gebaut hat, wusste, dass man sie leicht knacken kann.«

Anders ausgedrückt: Was immer da drin steht, der es geschrieben hat, wollte nicht um jeden Preis verhindern, dass der Inhalt verschlossen bleibt.

Ich sitze am Küchentisch und stecke den Stick in meinen Laptop. Wenn ich über den kleinen Bildschirm gucke, sehe ich durchs Fenster den dunkelgrauen Himmel. Es hat in der Nacht wieder schwer gewittert, die Wolken hängen noch tief über dem See. Leider hat der Regen kaum Abkühlung gebracht, im Gegenteil, es ist jetzt am frühen Morgen schon sehr schwül. Die feuchte, dampfige Luft hat jede Kühle vertrieben, die hinter den dicken Mauern des Turmes eigentlich ihr festes Zuhause hat.

32 Seiten. *Zusatzprotokoll*, stand im Inhaltsverzeichnis der Akte, versehen mit einem kleinen roten Stern. Die 32 Seiten haben keine eigene Überschrift. Es geht einfach los: *Treffen mit der verborgenen Person, männlich.* Dazu ein Datum, und die Dauer des Treffens: *34 Minuten.*

Ich schaue mir das Datum an und rechne nach. Das Treffen

fand statt, zehn Tage bevor Elisabeth Bergner ermordet aufgefunden wurde. Zehn Tage. Wow. Das *Zusatzprotokoll* ist also viel aktueller als der Rest der Akte. Ich spüre mein immer feuchter werdendes T-Shirt am Rücken. Aber verdammt, was soll das heißen: *Treffen mit der verborgenen Person, männlich*? Von wem ist hier die Rede?

Ich scrolle die 32 Seiten runter. Was ist das für ein »Zusatzprotokoll«? Was lese ich hier? Eine Sache fällt sofort auf: Die zeitliche Abfolge läuft anders herum als meistens üblich in Akten dieser Art. Das Aktuellste ist vorn, das Treffen, das älteste Datum findet sich ganz hinten. Das spricht dafür, dass diese Akte ursprünglich eine Handakte war, also so was wie eine persönliche Mitschrift. Der Autor muss das Gefühl gehabt haben, diese Aufzeichnungen sind so wichtig, dass man sie in einem offiziellen, wenn auch oberflächlich verschlossenen Dokument festhalten sollte.

Der Autor. Als eine Art Anhang zu dem Bericht gibt es einen *Vermerk* über ein Telefonat mit einem gewissen ZZ:

> ZZ zeigt sich äußerst ungehalten. Er fordert das sofortige Einstellen weiterer Ermittlungen in dieser Angelegenheit. Er weist ohne Umschweife darauf hin, dass weitere Ermittlungen in dieser Sache sich als alles andere als karrierefördernd für den Ermittelnden erweisen würden. Die besondere Deutlichkeit von ZZ muss an dieser Stelle festgehalten werden.

ZZ. Das war der Humor von Frank Becker. Nur er nannte ihn so, den obersten Chef der Behörde. Zorro der Zorros. ZZ. Frank Becker ist also auch der Autor der 32 Seiten, es gibt keinen Zweifel. Becker hat die 32 Seiten getippt, möglicherweise erst nach dem Tod von Elisabeth Bergner und wenige Tage vor seinem eigenen Ende. Das Telefonat mit ZZ war vor dem Treffen mit der verborgenen Person erfolgt. Wenn ich das richtig sehe, hat Becker weiter ermittelt, obwohl ihm sein Chef das ausdrücklich untersagt hatte.

Ich mache mir einen Kaffee. Ein seltsames Gefühl, die Akte zu lesen, die er geschrieben hat, als er noch lebte. Ich stelle mir kurz vor, was Becker jetzt sagen würde, wenn er hier neben mir stehen würde. Lass den Gefühlsquatsch, das bringt nichts. Ich muss grinsen. Ja, das würde er sagen, ganz sicher. Warum hat Becker weiterermittelt? Er war alles andere als ein Hasardeur. Das Befolgen von Anordnungen bedeutete ihm etwas. Frank Becker bestand durch und durch aus Regeln. Was war dieses Mal anders? Wenn ich es richtig sehe, nach dem ersten Durchschauen dieser Zusatzakte, dann dreht sich auf diesen 32 Seiten alles um den Tod dieser drei Banker, die ja angeblich Selbstmord begangen hatten. Und es dreht sich um einen möglichen Zusammenhang dieser Tode mit der linken Protestgruppe. Im Grunde kreist Becker um die Fragen, die es damals auch schon gab, als wir die Frau, die später Elisabeth Bergner wurde, in das Milieu schleusten. Ich schäume mir die Milch für meinen Cappuccino auf. Diese 32 Seiten, das dürfte sicher sein, haben auch mit mir zu tun und mit meiner Angst, dass ich vielleicht der nächste bin, der umgebracht wird, weil ich irgendwie in Verbindung mit dieser Scheiß-Banker-Geschichte stehe.

Ich setze mich wieder hin. Scrolle zum Anfang und lese das *Treffen mit dem verborgenen Mann, männlich.*

Frank Becker schreibt:

Das Treffen findet in einem Hotel eines deutschen Flughafens statt. Den Besprechungsraum hatte der Gesprächspartner gebucht. Das war logisch, weil der Gesprächspartner auch um den Termin gebeten hatte. Der Gesprächspartner begann das Gespräch mit der Formulierung, ihm sei zu Ohren gekommen, dass sein Gegenüber auf der Suche nach ihm sei. Ihm sei weiter zu Ohren gekommen, dass sein Gegenüber ehemalige Weggefährten von ihm aufgesucht habe und sich nach ihm erkundigt habe. Kurzer Einschub: Der Gesprächspartner wirkte unfreundlich, geradezu wütend – und es war klar, dass er genau diesen Eindruck seinem Gegenüber vermitteln wollte. Das war die eine Botschaft, die er vermitteln wollte. Die andere Botschaft war: Hören Sie auf damit, in meinem Leben zu recherchieren.

Frank Becker schreibt weiter:

Der Gesprächspartner sagt, er werde keinerlei Fragen beantworten, er habe niemandem Rechenschaft abzulegen, schon gar nicht hier in diesem Raum, vor diesem Gegenüber. Er sagt weiter, er sei ein sehr beschäftigter Mann und werde nun das Gespräch beenden. Der Gesprächspartner sagt, er möchte seinem Gegenüber nie wieder in seinem Leben begegnen, zumindest nicht in dieser Angelegenheit. Diese Formulierung nimmt der Fragesteller auf – und fragt: Welche Angelegenheit meinen Sie denn? Der Gesprächspartner schaut den Fragesteller scharf an und sagt: Hören Sie auf damit! Und fügt hinzu, er sei sich sicher, dass ich diesen Rat auch schon von anderer Stelle gehört hätte.

Das Ende des Berichts über dieses Treffen besteht aus einem kurzen Dialog, den Becker aus dem Gedächtnis, wie er betont, niederschreibt:

Fragesteller: Wer sind Sie?
Gesprächspartner: Lacht und schweigt.
Fragesteller: Wer waren Sie damals? Für wen arbeiteten Sie? Für uns?
Gesprächspartner: Fragen Sie das andere Leute. Sie reden wie ein Anfänger.
Fragesteller: Was meinen Sie damit?
Gesprächspartner steht auf: Ich meine das, was ich sage.
Fragesteller: Sie waren mal ein sehr schöner Mann. Die Frauen lagen Ihnen zu Füßen. Und heute? Sie haben bestimmt 40 Kilo mehr auf den Knochen. Haare, Bart: Sie wirken ungepflegt. Ist das Ihr Leben oder eine neue Rolle?
Gesprächspartner verliert kurz die Kontrolle über sein Gesicht, doch leider nur kurz. Dann sagt er: Man kann sich manchmal sein Leben nicht aussuchen. Diese Erfahrung haben Sie vielleicht auch schon gemacht.
Ende des Dialogs, Ende des Treffberichts.

Angelus Marienthal. Das ist also der verborgene Mann, den Frank Becker am Flughafen getroffen hat. Der linke Frauenschwarm, der Chef der roten Terrorgruppe. Der Charismatiker. Dick ist er geworden und ungepflegt. Das ist er heute. Aber wer war er damals? Anscheinend jedenfalls nicht der linke Idealist, der das Wirtschaftssystem verändern wollte, für den ihn alle hielten. Angelus Marienthal. Was für ein

Name für eine falsche Identität. Normalerweise gilt die Formel, dass solche Namen nicht aufzufallen haben, am besten in der Masse verschwinden. Normalerweise. Angelus Marienthal hatte eine andere Idee.

Frank Becker hat die Regeln nicht verstanden, nach denen Marienthal spielte und immer noch spielt. Deshalb hat Becker nicht Ruhe gegeben, da bin ich mir sicher. Es hat ihn immer wahnsinnig gemacht, wenn er nicht wusste, was Sache ist. Wenn er nicht Herr des Verfahrens war. Tja, Frank. Jetzt hast du mich allein gelassen mit all den Fragen.

Ich rufe Herbert an. Er geht sofort dran. »Herbert«, sage ich, »ich habe hier ein paar Informationen, die könnten interessant sein.«

»Vergiss es, Lukas«, antwortet Herbert, »wir haben hier nichts mit den Ermittlungen zu tun, die Bundesanwaltschaft hat den Fall Becker übernommen, da sind jetzt andere am Zug.« Als ich von den drei toten Bankern erzählen will, unterbricht er mich. »Hör auf, Lukas. Das machen jetzt andere. Wir sind raus. Und vor allem du.« »Sehr witzig«, sage ich, »ich könnte der nächste sein, der hier umgebracht wird.«

Herbert sagt: »Ich kann dir jedenfalls nicht helfen. Servus, Lukas.«

Als ich den Inhalt des Sticks schließen will, merke ich, dass ich beinahe etwas übersehen hätte. Nach dem Bericht über das Treffen mit Marienthal und vor der nächsten Seite steht eine kurze Frage, beinahe im luftleeren Raum. Sie lautet: *Und wenn der P. am Ende doch recht hat?*

Der P.?

Wen meinte Frank Becker mit dieser Frage?

32

MEIN VATER HAT SICH NIE ÜBERS ALTWERDEN BEschwert. Nur einmal hat er gesagt, dass ihn der Anblick seiner Messer daran erinnert und deprimiert. In der Küche ist er dabei gestanden, und der Holzblock für sechs Messer stand vor ihm auf der Arbeitsplatte. Ich war für einen Schweinebraten zu Besuch gekommen, dessen Duft schon aus dem Ofenrohr herausströmte. Mein Vater kochte gern.

Die Messer waren gut, aber sie waren keine besonderen Messer, er schliff sie selbst mit so einem Metallstab.

»Weißt du«, sagte er, »wenn man etwas kauft, dann sagen Verkäufer doch manchmal: Das ist etwas fürs ganze Leben. Ein Mantel, ein Gürtel, ein Sessel ... Und man denkt, ach was, wer weiß schon, was das Leben noch bringt.«

Er nahm eines der Messer in die Hand, das große zum Schneiden des Fleisches. »Die Verkäuferin dieser Messer hat das damals auch gesagt, dürfte 30 Jahre her sein. Und jetzt denke ich: Ja, ich werde nie wieder Messer kaufen, die paar Jahre halten die locker aus, sie werden noch da sein, wenn es mich nicht mehr gibt.«

Er sagte, er hätte sie gar nicht besonders ausgesucht damals, diese Messer, er hätte sie einfach nur gekauft. Aber jetzt sei der Block wie ein Mahnmal. »Er sagt mir: Die Gedankenspiele gehen zu Ende. Diese leichten Gedanken: Vielleicht mache ich mal ein Café auf, vielleicht lerne ich Arabisch, vielleicht fange ich doch an, Tennis zu spielen, vielleicht mache ich eine Trekkingtour in Nepal.«

Ich weiß noch, dass er ein blitzweißes Hemd anhatte und darüber die dunkelblaue Schürze, die er mal in Südtirol gekauft hatte.

»Wie viele Sommer habe ich noch? Wie viele Championsleague-Endspiele sehe ich noch? Wie oft kaufe ich noch eine Autobahnplakette für die Schweiz? Das sind alles keine endlosen Ketten mehr«, sagte er. Er sah mich ernst an. »Wie oft koche ich noch Tafelspitz?«

»Und das fragen dich die Messer?«

»Das fragen mich die Messer.«

Ich erzähle dem Mann im Auswärtigen Amt in Berlin nichts von den Messern. Aber ich sage ihm, mein Vater sei durchaus offen gewesen dafür, etwas ganz Neues anzufangen. Es sei eher unwahrscheinlich, dass er versuchen würde, in Laos einen Skilift zu betreiben.

Der Mann im Auswärtigen Amt heißt Wellhöhner. Aber in der Schule war sein Spitzname Welli. Er war der beste Schlagzeuger weit und breit. Ich habe auch mal mit ihm in einer Schülerband gespielt. Welli saß auf dem Schlagzeugstuhl wie auf einem Pferd, irgendwie weit oben, man hatte immer das Gefühl, der Welli reitet auf dem Song. Seine Stimme am Telefon klingt genau wie damals. Er sagt, große Hoffnungen könne er da nicht machen. Aber er werde ein paar Stellen informieren und an anderen Stellen einen Suchauftrag erteilen. »Wir sind nicht die Polizei«, sagt er noch.

Dann will er noch über Tutto Bene reden, er habe das alles verfolgt, sagt er, und sich gefreut.

»Machst du auch noch Musik?«, frage ich am Schluss des Gesprächs.

»Schon lange nicht mehr«, sagt der Welli. »Leider.«

Ich habe meinem Vater zum nächsten Geburtstag, der dem Gespräch in der Küche folgte, ein japanisches Messer geschenkt. Superteuer und so scharf, dass die Schutzhülle der Klinge mit einer Schraube gesichert war. Außerdem habe ich ihm einen Kurs geschenkt, wie man mit solchen Messern umgeht. Als ich den Haushalt auflösen musste, habe ich das Messer an mich genommen. Es wirkte noch sehr neu, mein Vater hat es, glaube ich, nicht sehr oft benutzt. Jetzt liegt es in der Küchenschublade im Turm. Wieder ein Messer fürs Leben. Für mehrere vielleicht sogar.

Die Kurse hat mein Vater besucht. Das sah ich an dem kleinen Heftchen, das dabei war. Jeder Termin trug einen Stempel und das handschriftliche Kürzel des Kursleiters.

33

ES IST WIEDER DA, SEIT EIN PAAR TAGEN.

Ich habe mal gelesen, dass es Krähen großes Vergnügen bereitet, Menschen zu erschrecken. Deshalb fliegen sie zum Beispiel gern auf Balkone, wenn Menschen sich dort sonnen oder gerade am Tisch sitzen und etwas essen. Krähen werfen auch gern schwere Nüsse auf Autodächer, manchmal auch kleinere Steine, und dies bevorzugt, wenn Menschen im Auto sitzen. Es gibt Forscher, die behaupten, Krähen hätten eine spezielle Art von schwarzem Humor. Aber eines haben Krähen niemals: Angst. Sie kennen dieses Gefühl nicht, sie wissen nicht, was das ist. Sie wissen nicht, wie sich Angst anfühlt.

Die grauschwarze Krähe hatte sich vor dem Turmfenster niedergelassen, auf dem schmalen Mauerstreifen. Die schwarzen Augen, als würden sie mich anschauen. Und ich spürte ES. Wobei Spüren der falsche Ausdruck ist. Wenn ES sich wieder meldet, ist das keine vorsichtige, sanfte Angelegenheit. Es ist eher so, als würde plötzlich eine Musik laut anfangen zu spielen, eine unangenehme Musik, die man auf keinen Fall hören möchte, aber man findet den AUS-Schalter nicht und fürchtet für einen Augenblick, diesen Schalter nie wieder zu finden.

Ich nenne es ES wegen des Romans von Stephen King,

in dem einstmals verschworene Freunde nach vielen Jahren alle einen sehr kurzen Anruf bekommen: ES ist wieder da. Bei Stephen King ging es, wie meistens bei ihm, um das ultimativ Böse. Bei mir geht es, hat jedenfalls mein Therapeut gesagt, um etwas weniger Spektakuläres, um etwas fast schon Alltägliches: Panikattacken. Millionen von Menschen werden davon heimgesucht, es ist eine Art psychische Volkskrankheit. Wobei mein Therapeut sagte: Krankheit ist nicht der richtige Begriff. Er würde eher von einem Ratgeber sprechen, allerdings in einer sehr eigenwilligen und dominanten Gestalt.

Dieser angebliche Ratgeber meldet sich meist ungebeten in sehr unterschiedlichen Momenten. Manche Leute erwischt es in einem Tunnel, andere bevorzugt bei einem Mittagessen oder einfach aus dem heiteren Himmel. Bei mir fing es vor einigen Jahren in einem Café in München an. Ich mag diesen Ort im Hofgarten sehr, man sitzt draußen fast wie in einem Biergarten, nur ist die Stimmung viel ruhiger und friedlicher. Zu diesem Café gehört es, dass kleine freche Spatzen um die Tische kreisen und manchmal auf den Teller hüpfen und ein Stück Brot klauen. Keiner regt sich auf, im Gegenteil, es macht gute Laune.

Als es passierte, saß ich mit Britta bei einem Stück Kuchen. Ein sehr kleiner, grauer Spatz setzte sich neben meinen Teller, und auf einmal war das nicht mehr der freundliche Spatz, er wollte kein Brot, sondern schaute mich an, dachte ich jedenfalls für einen Augenblick. Und ich begann zu zittern. Der Spatz schaute mich weiter an. Und ich stand auf und verließ den Tisch, ohne zu Britta etwas zu sagen. Ich war sicher zehn, fünfzehn Minuten völlig außer mir. Schweißausbruch, Schwitzen und Zittern gleichzeitig, ja, das geht. Dazu rasender Puls. Ich dachte: Geht so ein Herzinfarkt los? Vielleicht ein Schlaganfall? Jedenfalls dachte ich nicht, natürlich nicht, mein Zustand könnte etwas zu tun haben mit dem kleinen Spatz.

Das nächste Mal waren es ein paar Krähen, die sich auf einem Autobahnparkplatz vor meinem Wagen aufstellten, als ich von der Toilette zurückkam. Ich brauchte eine Stunde, bis ich wieder einsteigen konnte. Mit geschlossenen Augen, nur so kam ich an den ganzen Schnäbeln vorbei. Keine Sorge, als ich losfuhr, habe ich die Augen wieder aufgemacht.

Dann waren es Wochen später Möwen über einem Ausflugsdampfer auf dem Starnberger See, die mich kurz die Kontrolle verlieren ließen. Da habe ich es dann begriffen: Ich war schon ziemlich lange ein erwachsener Mann – und hatte plötzlich Angst vor Vögeln. Erstaunlich, was das Leben so alles für einen bereithält.

Britta fragte ihre alte Tante, die sie immer nur »Gaga« nannte, nicht wegen Lady Gaga, sondern weil sie verrückt war. Ich kannte »Gaga« gar nicht, aber ihretwegen bin ich bei meinem Therapeuten gelandet, einem Spezialisten für Angststörungen, hatte »Gaga« gesagt. Es heißt gern, dass Frauen sensibler mit psychischen Problemen umgehen als Männer. Ich kann das so nicht bestätigen. Als ich versucht habe, Britta meinen Verdacht zu erklären, dass meine merkwürdigen Zusammenbrüche etwas mit den Vögeln zu tun haben müssten, schaute sie mich an und sagte nichts. Ihr Blick wäre mit dem Wort »fremd« deutlich zu freundlich beschrieben gewesen.

Sie kaute auf meinen Worten wie auf einem Kaugummi und spuckte sie dann aus. Ich hatte jedenfalls dieses Gefühl. Und dachte, ich bin in Wahrheit mit John Wayne liiert. Bin seither eher skeptisch, wenn Frauen fordern, Männer sollten doch endlich ihre Gefühle zeigen.

In meiner ersten Stunde bei dem Therapeuten fragte er mich, ob sich in meinem Leben in letzter Zeit irgendetwas Besonderes ereignet hat. Und ich antwortete allen Ernstes: Nee, eigentlich nicht. Verdrängung ist schon was Erstaunliches, keiner kann ihr vorwerfen, dass sie nicht ihren Job macht. Andererseits: Wie soll man auch draufkommen, dass die Furcht vor Vögeln etwas mit dem Verschwinden meiner Eltern zu tun haben könnte?

Ich gehe unten am See spazieren. Es ist sehr heiß, drückend, die Luft steht. Dunkle Wolken sammeln sich, das nächste Gewitter kündigt sich an. Die Wetterämter in Italien und der Schweiz haben Sturmwarnungen für den gesamten Lago Maggiore herausgegeben. Ein paar Enten schwimmen träge im Wasser, ein paar Möwen sind in der Luft, aber kein Problem, sie lassen mich gerade in Ruhe. Ich versuche mich zu erinnern, was mein Therapeut mir damals in unseren Stunden gesagt hat. Es ist ja doch eine Weile her, ich war wirklich sicher, ich hätte diese Sache hinter mir gelassen, in München. Ich dachte, das Leben in meinem ruhigen, langweiligen Turm hätte mich beruhigt.

Die Handynummer des Therapeuten habe ich noch gespeichert. Gut.

Ratgeber Angst. Das hat er auf jeden Fall gesagt. Ich solle

es positiv sehen. Wenn die Angst kommt, will mir das Unterbewusstsein etwas mitteilen. Wie es Nerven tun, die den Schmerz dazu benützen, zu signalisieren, dass irgendwo im Körper was schiefläuft. Als ich damals in Thailand unterwegs war, in den Tagen, als ich meine Eltern suchte, war ich in einigen Momenten verzweifelt, ganz bestimmt, aber diese komischen Angstattacken gab es nicht, null. Mein Therapeut hat gesagt, das sei sehr typisch. Wenn man sich einer Situation stellt, gibt das Unterbewusste Ruhe, dann ist es zufrieden. So hat er es gesagt. Es meldet sich erst, wenn Gefühle weggepackt werden. Wenn etwas auf krumme Art verdrängt wird.

Er hat gesagt, es ist häufig so, dass sich die Angst bestimmte Situationen oder eben bestimmte Gestalten sucht, um sie als Ratgeber zu benutzen, als Botschafter. Bei mir seien es Vögel. Gibt Schlimmeres, hat er gesagt. Er hat gesagt, wenn mich die Vögel anschauen, mit ihren seltsamen Vogelaugen, soll ich zurückschauen. Und fragen: Okay, was wollt ihr mir sagen, kommt her. Und die Angst mit, die im Huckepack dabei ist. Kommt her.

Mein Therapeut wollte immer und immer wieder wissen, was ich fühle, wenn ich an meine Eltern denke, an ihr Verschwinden, an ihren Tod, davon ist man doch ausgegangen, musste man ausgehen. Wenn ich antwortete, sagte er oft: Nein, Herr Geier, Sie *denken* schon wieder, ich will, dass Sie *fühlen*. Ich konnte nie weinen, nie, auch nicht bei ihm in der Praxis. Ich habe ihm mal geantwortet, ich glaube, ich fühle nichts, wenn ich an meine Eltern denke. Da schüttelte er den Kopf. Nichts fühlen, das geht nicht, Herr Geier. Sie müssen es einfach nur üben. Dieselben Worte, die Connie immer zu mir sagt. Nichts fühlen geht nicht. Vielleicht ist ja was dran. Ich schaue aufs Wasser. Zu den Enten hat sich ein Schwan gesellt. Sie schauen mich nicht an. Zu heiß. Sie wollen nicht herkommen.

Schon gut. Ich habe es verstanden. Ich habe die Postkarte gar nicht richtig wahrgenommen. Die Postkarte, die nichts anderes besagt, als dass meine Eltern wahrscheinlich noch leben. Die Postkarte, die sagt, dass meine Eltern Tutto Bene gehört haben, mein Lied, irgendwo auf dieser Welt. Die Postkarte, die besagt, dass meine Eltern mich allein gelassen haben, mit meinen Ängsten und meiner Trauer, und sind sie noch so vergraben. Die Postkarte, die besagt, dass meine Eltern mich getäuscht haben, mich verarscht haben. Ich habe das weggepackt, verdrängt. Okay, verstanden. So geht es nicht. Aber wie geht es?

Oder ist es diesmal anders? Becker ist ermordet worden. Es kann sein, dass ich in Lebensgefahr bin. Es ist sogar wahrscheinlich. Vergiss jetzt mal die Psyche. Heißt es nicht, dass Angst in Notsituationen lebensrettend sein kann, weil sie die Sinne schärft, weil sie einen die Gefahren wahrnehmen lässt? Vielleicht ist die Angst diesmal die Lösung.

34

ALS ICH AUFWACHE, IST ES VIER UHR FRÜH. IST AUFwachen das richtige Wort? Ich konnte nicht einschlafen, nicht einschlafen, nicht einschlafen. Dann vielleicht mal für eine Minute, dann noch mal für eine, vielleicht waren es auch zwei. Die schwarze Dunkelheit draußen ist jetzt weg, es wird allmählich grau mit der Tendenz zum Grün. Ich höre das anschwellende Gezwitscher der Vögel. Klingt gut. Fühle keinen Stress dabei. Ich erhebe mich, schwerfälliger geht es nicht, und taumle zum Fenster. Gegenüber im Walnussbaum sitzt ein Eichelhäher. Ich habe das Gefühl, er schaut mich an. Kein schönes Gefühl, aber es geht.

Okay, denke ich, es wird besser mit den Vögeln. Wenigstens das.

Vermutlich liegt es daran, dass sich meine Angst verlagert hat. Als ich mich im Bett hin und her gewälzt habe, drehten sich meine Gedanken, gefangen in einer Ewig-Spirale, um diesen irren Marienthal. Kann es sein, dass die Recherchen von Becker diesen Mann dazu gebracht haben, zuerst Elisabeth Bergner zu töten und dann sogar Frank Becker selbst? Weil er nicht wollte, dass man erfährt, wer er wirklich ist, was er getan hat, vielleicht noch tun will? Kann das sein, ist das nicht alles viel zu irre? Riskiert dieser Marienthal nicht jetzt, nach seinem Mord an Becker, erst recht, dass er auffliegt und enttarnt wird? Man bringt nicht so einfach einen hochrangigen Geheimdienstmann um.

Was man in einer solchen Nacht nicht alles denkt. Hatte nicht vor ein paar Tagen ein Typ nach mir gefragt, unten bei Biagio? Und Biagio hat gesagt, dass er dem gesagt hat, er kenne mich nicht, weil der Typ so unangenehm aussah. Kann das Marienthal gewesen sein? Ich muss Biagio ein Bild von ihm zeigen, ach, gibt ja keine Bilder, klar, wenn es ihn eigentlich gar nicht gibt. Ach, lass die Nacht zu Ende gehen. Alles schwachsinnige Gedanken. Mörder Marienthal? So einfach wird es nicht sein.

Langsam werde ich wach. Setze mich wieder an den Laptop, noch ohne Kaffee. Schau mir wieder die Zusatzakte an. Wie oft habe ich die 32 Seiten jetzt schon gelesen? Ich weiß immer noch nicht, wer dieser P. sein soll. Ich scrolle noch mal alles durch. Den Treffbericht. Und die Zeilen über die zwei anderen Treffen mit ehemaligen Mitstreitern von Marienthal, damals in der Frankfurter Radikalengruppe. Aus der Akte geht nicht hervor, ob Becker sie persönlich getroffen hat. Er fasst nur mit dürren Worten zusammen, was sie ausgesagt haben. Marienthal habe sich plötzlich zurückgezogen, angeblich, um in den USA zu studieren. Die beiden hätten keinerlei Kontakt mehr mit ihm gehabt. Sagten sie. Und sie sagten noch, dass sich die Gruppe damals rasch aufgelöst habe und dass Marienthal für sie schon eine große Enttäuschung gewesen sei. Die beiden Linken sind auch heute noch politisch aktiv, *irgendwie*, wie Becker vermerkt. Einer ist wohl bei Greenpeace engagiert.

Auf den restlichen Seiten sind Informationen über die drei verstorbenen Banker zusammengestellt. Kleine Fachdossiers, inwieweit sich die strategische Ausrichtung der Banken durch die Nachfolger verändert hat. Sehr komplizierte, ziemlich unverständliche Analysen, wenigstens für jemanden wie mich. Am interessantesten fand ich das Gespräch, das Becker mit einem Investigativ-Journalisten führte, der seit Monaten versuchte, das Ende der drei Banker nachzuzeichnen. Becker kam mit dem Journalisten ins Gespräch, indem er vorgab, möglicherweise über Informationen zu verfügen, die den Reporter interessieren könnten – dazu müsse er allerdings erst erfahren, was der Reporter bisher schon wüsste. Journalisten, pflegte Becker immer zu sagen, seien besonders leicht zu manipulieren, weil sie für eine gute Geschichte so ziemlich alles tun.

Das Fazit des Reporters hielt Becker fest: Er habe so gut wie keine Hinweise, dass die drei sich nicht selbst das Leben genommen hätten. Interessanter sei für den Reporter gewesen, dass die drei Banker sich weit besser gekannt hatten als bisher angenommen und gemeinsam an einem Finanzprojekt gearbeitet hätten – darüber wollte er aber keine weitere Auskunft geben.

Draußen werden die Vögel lauter. Es ist hell. Das Fazit dieses Morgens nach einer schrecklichen Nacht halte ich fest: Der Unterschied zwischen Becker, Bergner und mir ist, ich lebe noch, sie nicht. Das ist schon mal nicht schlecht. Ich mache mir jetzt einen Kaffee.

35

MIT DEM WEG DER ERKENNTNIS IST ES SO EINE SAche. Gab es nicht mal jemanden ganz Berühmten, der beim Hantieren mit einem Löschblatt etwas richtig Großes entdeckt hat? Ganz zufällig. Ich erinnere mich nicht mehr genau, aber ich erinnere mich an einen Freund, der wiederum einen Onkel hatte, der eines Tages auf eine Pfütze am Boden schaute und plötzlich einen besonderen Rotton da drin sah. Der Freund erzählte immer, dass diese rötliche Farbe vom Kalkboden kam und der Grundstock für einen Chemiekonzern wurde, den sein Onkel gründete und mit dem er schrecklich reich wurde. Mein Freund sagte immer, er könne sein Leben lang an keiner Pfütze vorbeigehen, ohne an den Onkel zu denken. Und er schaue schon auch öfters in diese Pfützen, ob da nicht noch mal eine Erkenntnis schlummere. Solange ich noch Kontakt hatte zu dem Freund, hat er in den Pfützen nichts weiter gefunden.

An diesem Morgen lief mir eine wichtige Erkenntnis zu, endlich, und das kam so: Ich saß unten bei Biagio, am Frühstücken, Cappuccino, ein Cornetto mit *marmellata*, ein Mineralwasser. Es war acht Uhr, die Luft war noch frisch, die Sonne hielt sich noch zurück. Biagio war selber da, was für einen so frühen Morgen ungewöhnlich war, und er setzte sich zu mir. Wir unterhielten uns, und ich fragte ihn auch, ob er noch wisse, wie dieser Typ ausgesehen habe, der neulich nach mir gefragt hatte. Biagio sagte, es sei auf jeden Fall ein Italiener gewesen. Damit hatte sich das mit Marienthal auch erledigt.

Biagio sagte, es passierten merkwürdige Dinge gerade, er habe gehört, es würden Leute herumlaufen, die sich nach dem Leben von Ambrogio erkundigen. »Das musst du dir vorstellen«, sagte Biagio, »nach Ambrogio! Sind denn jetzt alle verrückt geworden?« Biagio schüttelte den Kopf und lachte. Ich sagte nichts, natürlich nicht. Und dann irgendwann doch: »Wer weiß, vielleicht hat Ambrogio ein Geheimnis, von dem wir alle nichts wissen.« Biagio sagte: »Es gibt zwei Arten von Menschen, die einen hätten gerne ein Geheimnis, haben aber ums Verrecken keins. Die anderen haben ein Geheimnis. Zu denen gehört Ambrogio nicht.« Biagio lachte wieder. Ich dachte: Hoffentlich hast du recht.

Biagio hätte nie gefragt, ob bei mir alles okay ist. Ich gehe davon aus, dass er meine Nervosität spürte, dass er merkte, mit mir stimmt was nicht. Und ich gehe davon aus, dass er dachte, dass dies mit der ermordeten Frau in Luino zu tun hat. Biagio ist immer sehr gut informiert über alles, was passiert in der Gegend. Er hatte inzwischen auch einen Kaffee vor sich, als er fragte, was mir so durch den Kopf gehe gerade. Das war eine seiner Standardfragen. Keine schlechte Frage, finde ich. Diese Frage formuliert ein Angebot: Wenn du möchtest, kannst du erzählen, was dich bedrückt. Wenn du was anderes oder gar nix sagen willst, auch in Ordnung.

Es war nun ziemlich gut, dass ich ihm von dieser Frage

erzählte, die mich gerade beschäftigte, weil sie in einer Akte aufgetaucht war: *Wenn der P. am Ende doch recht hat?*

Und noch besser war, dass ich Biagio erzählte, dass ich wahnsinnig werde, weil mir nicht einfällt, wer dieser P. sein könnte. Und daraufhin sagte Biagio, blöd, dass ihr Deutsche seid, bei Italienern wäre völlig klar, wer dieser P. ist. Wieso wäre das klar, fragte ich. Und er antwortete: »P ist bei uns die Abkürzung für Papa. Papa ist italienisch und heißt Papst.«

Papst. Am liebsten hätte ich Biagio geküsst, aber ich umarmte ihn nur. »Danke dir, danke dir«, sagte ich. Und erklärte es ihm: Es gab einen obersten Polizeichef in Deutschland, der hatte einen Spitznamen: der Papst. »Und der war mit dieser Frage gemeint«, sagte ich, »das ist der P., jetzt habe ich es kapiert.« Biagio merkte, dass mir wirklich ein Stein vom Herzen gefallen war. Und er freute sich. »Ja, ja«, sagte er, »mit Biagio reden hat noch keinem geschadet.«

Jetzt beim Hochgehen zum Turm denke ich an diesen P. *Der Papst.* So nannten wir ihn. Sein richtiger Name war Gabriel Jaufmann. Als er der Chef des Verfassungsschutzes wurde, waren zunächst alle begeistert. Ein kluger, gebildeter Mann, der aus der Praxis kam, er hatte selbst ein Gefängnis und später eine Mordkommission geleitet, bevor er in die Politik ging und ein Spezialist für V-Leute wurde, also für das, was Becker machte und ich auch, für das Einschleusen von Menschen in gefährliche Milieus. Doch dann wurde alles anders, wir fingen an, ihn zu hassen, vor allem Frank Becker hasste ihn, denn Gabriel Jaufmann wollte uns abschaffen, anders konnte man es nicht bezeichnen. Der Verfassungsschutzchef vertrat plötzlich die Überzeugung, solche V-Leute würden am Ende mehr Schaden anrichten, als dass sie Nutzen brächten. Jaufmann suchte bereits eine politische Mehrheit für diesen Plan, wir dachten, er hätte den Verstand verloren. Nichts war uns damals ferner gewesen als die Zweifel an der eigenen Arbeit. Doch bevor Jaufmann uns wirklich gefährlich werden konnte, stürzte er über was ganz anderes, über eine Affäre im eigenen Haus.

Kaum zu glauben, Frank Becker hat wenige Tage vor seinem Tod geschrieben: *Und wenn P. am Ende doch recht hat?* Niemand hatte Jaufmann mehr gehasst als er, niemand hatte sich mehr über seinen Sturz gefreut. Was war nur passiert?

36

ES IST EIN WEISSES MOTORRAD, UND CRISTINA trägt auch einen weißen Helm, so einen altmodischen mit Leder an den Seiten. Für mich holt sie aus der Satteltasche einen sehr kleinen, eine Art Plastikschale mit einem dünnen Riemen, der unterm Kinn eine Schnalle hat.

»Ist das Ding erlaubt?«, frage ich.

»Klar, keine Sorge«, sagt sie und lacht. Ich kann ihre Augen nicht sehen hinter der Sonnenbrille. »Komm, steig schon auf.«

Das Motorrad ist eine alte Moto Guzzi California, es hat sogar eine Scheibe vor dem Lenker. Man sitzt tief, der Motor klingt angenehm und schwer. Cristina fährt ruhig und niedertourig. Wir können uns sogar ein bisschen unterhalten während der Fahrt. Dazu lehnt sie sich zurück, und ihr Pferdeschwanz weht mir ins Gesicht. Es ist abends, halb sieben. Die angesagten Unwetter sind ausgeblieben. Oft so hier. Der See lacht über die Wetterapps. Der Tag war heiß, die Sonne ist noch hoch, die Luft steht. Wir haben nur T-Shirts an und Jeans. Der Fahrtwind ist herrlich.

Sie hat nichts von dem Motorrad erwähnt, als sie gesagt hat: Ich hole dich ab. Stück für Stück lerne ich mehr von ihr kennen. Aber bei ihr zu Hause war ich immer noch nicht. Ich weiß nicht mal genau, wo sie wohnt.

Vielleicht ist sie ja gar nicht Single, hat der Exkommissar in mir schon gelegentlich gedacht. Vielleicht hat sie einen Mann und ein Kind und einen Hund – und leistet sich nur eine kleine heiße Affäre.

Wir fahren am Wasser entlang über die Schweizer Grenze zur nördlichen Spitze des Sees. Man kann das heiße Metall des Moto-Guzzi-Motors unter uns riechen, aber auch die Blüten der Büsche, an denen wir vorbeifahren. Und aus den Lokalen an der Straße den Kaffeeduft und die Pizzagewürze.

Einmal gibt es ein bisschen Stau vor einer Kurve, weil dort ein Ape umgekippt ist, so ein kleiner Dreiradler, der vielleicht eine Idee zu schwer beladen war. Der Fahrer ist doppelt so groß wie sein Gefährt, ein Hüne mit schwarzem Bart. Er blickt zornig auf unfassbar viele Obstkisten, die jetzt im Straßengraben liegen.

Cristina hat den Ausflug vorgeschlagen: zuerst nach Ascona für einen *aperitivo* an der Promenade, bisschen Schickeria beobachten, dann Raclette essen in einer kleinen Schweizer Trattoria in Locarno.

Lange Abende sind gut. Weil man mit Cristina bei jeder Begegnung irgendwie immer wieder von vorn anfangen muss. Was die Gefühle betrifft, jedenfalls. Sie ist sachlich, spröde, hält mich wie mit unsichtbarer Hand auf Abstand. Erst allmählich verringert sie diesen Abstand dann wieder.

Ich weiß alles über ihre Ermittlungen. Sie hat es mir erzählt. Die gefundenen Fingerabdrücke und eine DNA-Spur haben mit keinerlei Daten aus internationalen Registern übereingestimmt. Der gefundene winzige Stofffetzen führte zwar zur Überprüfung vieler Bekleidungsgeschäfte, nicht aber zu einer auch nur minimal brauchbaren Spur. Man hat versucht, die letzten Stunden der Toten zu rekonstruieren, aber ohne Erfolg. Bevor sie tot im Hotelbett gefunden wurde, war die Frau, die zuletzt Elisabeth Bergner hieß, wie vom Erdboden verschluckt gewesen. 18 Stunden lang hatte niemand sie gesehen. Sie hatte nicht telefoniert, keine E-Mails gelesen, ihre Kreditkarte nicht benutzt. Die Polizei hatte die ganze Gegend um Mithilfe gebeten: Zeitung, Radio, Soziale Medien. Man ist sehr vielen Hinweisen nachgegangen. Herausgekommen ist nichts. Die meisten hatten entweder eine andere Frau gesehen – oder sie hatten tatsächlich Elisabeth Bergner gesehen, aber an einem anderen Tag.

Wie war sie in das Hotel hineingekommen, das ja noch gar nicht geöffnet war? Handwerker wurden durchleuchtet, Lieferanten, Mitarbeiter der Baubehörde. Ein genauer Zeitplan wurde aufgestellt, wer wann in dem Hotel raus- und reingegangen war in den Tagen vor dem Mord. Cristina selbst hat sich die Mühe gemacht, die Registrierungen der Hotels in Luino und Umgebung durchzusehen, ob irgendwo eine verdächtige Person abgestiegen war, die nicht ins Bild passte: 13 Personen wurden daraufhin überprüft. Eine davon übrigens tatsächlich festgenommen, aber sie hatte nichts mit dem Fall zu tun. Es handelte sich um einen in Österreich gesuchten Steuerflüchtling.

Ich habe diese Registrierungslisten mit Cristinas Einverständnis auf nichtoffiziellem Dienstweg auch nach München gemailt. Aber das Resultat war nur ein neuerliches »Halt dich raus«.

Dieser Teil ist für sie schwierig, das ist klar: Sie weiß alles über Frau Elisabeth Bergner, weil sie die Akte gelesen hat. Alles, auch den geschützten Teil. Ich habe ihr auch erzählt, wer P. ist. Sie darf über all dies aber in ihrer Behörde nicht sprechen, es müssten schon eigene Ermittlungen sein, die eine Brücke zur Vergangenheit schlagen. Doch die Münchner Kollegen, auch ich, haben damals gut gearbeitet, ziemlich gut.

Manchmal, nachts vor allem, frage ich mich, ob ich nicht einen Fehler gemacht habe, Cristina einzuweihen. Die Preisgabe dieser Informationen ist strafbar. Für *mich* strafbar. Aber dann drehe ich mich ins Kopfkissen und bilde mir ein, noch ein wenig von ihrem Geruch wahrzunehmen. Und die Frage fliegt leicht wie eine Feder hinaus aus meinem Kopf.

Die Promenade in Ascona ist eine andere Welt. Die Leute lachen anders als in Maccagno, die Gläser klirren heller, die Absätze der Frauenschuhe sind höher. Man kann dort natürlich nirgends parken – es sei denn, man hat eine Moto Guzzi und ist Kriminalkommissarin. Ich trinke einen Punt e Mes, Cristina einen Prosecco. Wir schauen zu, wie ein relativ großes Segelboot anlegt, und amüsieren uns, weil die Leute drauf unerfahren wirken und sich etwas umständlich anstellen.

Später sitzen wir vor den kleinen Pellkartoffeln und dem geschmolzenen Käse in der Trattoria Borghese in Locarno, als Cristina noch mal auf den Fall zu sprechen kommt und einen Zeugen erwähnt, dessen Aussage noch ungeklärt im Raum steht.

»Er ist ein pensionierter Busfahrer, der schlecht schläft, und er schwört, dass er in der fraglichen Nacht gegen halb drei Uhr auf einem der Balkone des Hotels Centrale jemanden gesehen hat«, sagt sie.

»Von seinem Fenster aus?«, frage ich.

»Nein, nein, von der Straße aus. Er geht spazieren, wenn er nicht schlafen kann, das stimmt auch, das haben wir gecheckt.«

»Was hat er gesehen?«

»Er sagt, er hat ein Kind gesehen.«

»Ein Kind?«

»Ein Kind. Ein Kind in einer gelben Jacke. Sagt er.«

Cristina trinkt Wasser, weil sie nachher noch aufs Motorrad muss. Aber jetzt bestellt sie einen Schnaps, Schweizer Kirschwasser. Ich auch, trotz der Rotweinflasche, die schon fast leer ist. Ich muss mich später ja nur an Cristina festhalten.

Sie sagt, dass sie der Zeugenaussage nachgegangen seien: Kind in der Nacht, gelbe Jacke in der Nacht, Kind und gelbe Jacke in der Nacht: nichts. *Niente.*

»Die Erklärung liegt in der Vergangenheit«, sagt sie. »In eurer Vergangenheit.« Sie trinkt das Kirschwasser mit einmal Absetzen aus. Und bestellt noch eins. »Der fette Käse absorbiert das«, sagt sie. Sie hat zwei Grübchen neben dem Mund, wenn sie lächelt.

»Und diese Leiche, die in Laveno aus dem Wasser gefischt wurde?«

»Ja«, sagt sie, »da machen wir auch noch mal einen neuen Anlauf, aber …« Sie winkt ab. Das zweite Kirschwasser trinkt sie in einem Zug.

»Komm, wir gehen. Und wir springen noch in den See. Ich zeig dir eine geheime Badestelle.«

Ihre Wangen sind jetzt leicht gerötet, ihre Augen glänzen. Draußen vor der Trattoria blitzt das Chrom der Moto Guzzi im Mondlicht.

Geheime Badestelle klingt gut.

Das Leben ist schön.

37

»MUSST DU MIR ETWAS SAGEN, LUKAS?«

Lara blickt mich ernst aus ihren schwarzen Augen an. Sie sieht fremd aus, verschlossen, fast versteinert. Das liegt nicht nur an dem dunkelblauen Tuch, das sie wie einen Turban um den Kopf gebunden hat.

»Was ist los?«, frage ich.

Am frühen Morgen hat sie eine SMS geschickt: *Du musst kommen. Subito.* Das italienische Wort für sofort. Klingt weicher, hat sie mal gesagt.

»Was hast du mit der toten Elisabeth zu tun?«, fragt sie mich zurück.

Wir sitzen in ihrem Büro im Camin-Hotel. Sie hinter ihrem Schreibtisch, ich davor. Es ist kurz nach neun Uhr morgens.

»Lara ...«, fange ich an, »ich ... ich kann dazu nicht viel sagen ...«

Sie hebt die Hand und unterbricht mich: »Hör zu, Lukas, ich will dir eine Chance geben, bevor ich die Polizei rufe.«

Sie schiebt eine Visitenkarte, die vor ihr auf der Tischplatte liegt, ein paar Zentimeter in meine Richtung. Ich sehe: *Cristina Conte, Mordkommission Varese.*

Dann fasst ihre Hand zum Knoten des Turbans und löst ihn mit einem Griff. Sie zieht das Tuch vom Kopf.

Ich erschrecke.

Laras Augen füllen sich mit Tränen.

Auf der ganzen linken Seite ihres Kopfes fehlen die Haare. Ich sehe nur noch ein paar kurze Büschel und Teile ihrer Kopfhaut. Auf der anderen Seite fallen die blonden Haare wie immer auf ihre Schulter.

»Um Gottes willen«, stoße ich hervor. »Lara, was ist passiert?«

Erst jetzt bemerke ich den großen blauen Fleck an der linken Seite ihres Gesichts, unterhalb der Schläfe. Er ist überschminkt.

Sie steht auf, geht ans Fenster und dreht mir den Rücken zu. Ihr verunstalteter Kopf sieht grotesk aus. Bestimmt zwei Minuten steht sie still so da.

Ihr Büro ist an der Rückseite des Hotels, das Fenster zeigt zum Garten und den Bergen. Es ist offen. Von der Seeterrasse dringen Stimmen und Geschirrgeklapper herein. Frühstücksbetrieb.

»Es war ein langer Abend gestern im Restaurant«, sagt Lara schließlich, ohne sich umzudrehen. Ihre Stimme ist gefasst jetzt, eine Spur zu laut. »Zwei Geburtstagsfeiern. Ich bin erst spät von hier weggekommen. Gestern sogar als Letzte, weil ich mir noch eine To-do-Liste gemacht habe für heute.«

Die Lampen am Parkplatz seien schon aus gewesen, sagt sie. Deshalb hat sie den Mann nicht gesehen. Als sie die Tür ihres Wagens erreicht hatte, trat er aus dem Dunkeln von hinten an sie heran.

»Ich bin wahnsinnig erschrocken. Er hat mir sofort den Mund zugehalten und mir etwas an die Kehle gedrückt. Ein

Messer, hab ich gleich gedacht. Wir standen keine 30 Meter von der Straße entfernt, aber im Finstern, hinter der Oleanderhecke. Zwei Autos fuhren vorbei. Ich weiß das, weil ich gedacht habe, als ich die Scheinwerfer sah, das kann doch nicht wahr sein, auf meinem eigenen Parkplatz …«

Sie macht eine kurze Pause. Dann dreht sie sich zu mir um. Sie hat wieder klare Augen und den fernen Blick von vorhin.

»Ich dachte natürlich, der will Geld«, sagt sie. »Aber nein. Er presste sein Gesicht an meines, Gott war das ekelhaft. Hör gut zu, du Schönheitskönigin, das hat er gesagt. Er hatte wohl irgendeine Mütze übers Gesicht gezogen. Ich spürte die Wolle auf der Haut …«

»Was hat er noch gesagt?«

»Er hat gesagt, er hat eine Botschaft für dich. Er hat gesagt, ich soll dir ausrichten, dass du dich raushalten sollst aus dem Fall Elisabeth Bergner.«

Wieder der schwarze Blick.

»Ich hatte solche Angst.«

Jemand klopft an die Tür des Büros. »*Permesso?* Darf ich?«

»Nicht jetzt!«, sagt Lara laut.

Man hört, wie sich Schritte entfernen.

Lara spricht weiter: »Er hat gesagt, wäre doch schade, wenn du meine Schönheit nicht mehr genießen könntest. Das soll ich dir ausrichten. Du bist mein Pfand, Schönheitskönigin, verstehst du? Das hat er gesagt, und das soll ich dir ausrichten.«

Sie erzählt, dass in diesem Augenblick ein Auto in die Einfahrt des Parkplatzes bog, ein Stück nur, anscheinend, um zu wenden. »Da habe ich seine Hand weggestoßen und geschrien und nach hinten getreten. Da hat er zugeschlagen. Und wie der zugeschlagen hat. Und dann hat er mich an den Haaren gepackt und mir mit dem Messer die Haare abgeschnitten. Das Auto hat gewendet und ist davongefahren. Der Fahrer hat nichts mitgekriegt.«

Lara greift nach dem Tuch und bindet sich den Turban. Ich schweige.

»Du Miststück, hat er gesagt. Was glaubst du eigentlich, mit wem du es hier zu tun hast? Frag deinen Musiker, der hat eine Ahnung davon.« Lara setzt sich wieder hinter ihren Schreibtisch.

»Also frage ich dich, Lukas«, sagt sie. »Mit wem haben wir es hier zu tun? Mit wem hast du es zu tun?«

Ein einfaches Leben, das wollte ich, hier an diesem See. Ein Leben ohne Kompliziertheiten, ohne Paralleluniversen, ohne verschiedene Versionen von ein und derselben Geschichte. Morgens aufstehen, Musik machen, nicht darüber nachdenken, was man sagt, wie man es sagt, wem man es sagt. Die Menschen heißen, wie sie heißen, die Dinge sind so, wie sie sind. So wollte ich das. Morgens aufstehen, leben, abends zu Bett gehen. Und am nächsten Tag wieder.

»Soll ich Frau Conte anrufen?«, fragt Lara.

»Ja«, sage ich.

»Und was soll ich sagen?« Sie sieht mich an. Ich will dir eine Chance geben, bevor ich die Polizei rufe … Ihr Blick ist ganz weich jetzt. Vergiss nicht, ich bin deine Verbündete, sagt dieser Blick.

»Du sagst alles, wie es war. Genau so.«

Wie es war.

Wie es ist.

Ich erinnere mich an Cristinas Worte, als sie sich unlängst im Bett neben mir aufgerichtet hat: »Es wäre gut, wenn wir das hier nicht an die große Glocke hängen, oder? Davon muss niemand etwas wissen. Es sorgt nur für Unruhe und Fragen, könnte die Ermittlungen blockieren und mir schaden.«

Mir auch, denke ich jetzt.

Das einfache Leben. Gibt es das eigentlich wirklich irgendwo? Oder sieht das immer nur so aus bei anderen Leuten?

In der Tür umarmt mich Lara und legt ihren Kopf an meine Schulter. Wir stehen eine ganze Weile so da. Wann haben wir uns zuletzt so umarmt? Ich rieche ihre Haut.

Lara hat nie Antworten von mir verlangt, die ich nicht geben konnte. Verdiene ich ihr Vertrauen?

Ich bin schuld, dass ihr so übel mitgespielt wurde. Ich bin sicher, sie spürt mein Herzklopfen.

»Frühstücken wir zusammen?«, frage ich, als sie sich von mir löst.

»Nein«, sagt sie. »Ich rufe jetzt die Polizei, und dann geh ich zu Rudolfo, meinem Friseur. Sein Vater ist Restaurator von Gemälden. Vielleicht hat Rudolfo von dem Talent ja etwas geerbt.«

38

WELLI VOM AUSWÄRTIGEN AMT RUFT AN. ER HABE einen Vorgang, sagt er. Nicht in Laos, aber in Vietnam. Ein älteres deutsches Ehepaar hat in Hanoi vor zwei Jahren einen E-Bike-Verleih aufgemacht. Die Behörde dort hatte offenbar Zweifel an der Echtheit der Papiere und erkundigte sich bei der deutschen Botschaft, ob man dort die Papiere prüfen könne. Es kam aber dann nicht zu dieser Überprüfung, offenbar war die Behörde nicht mehr interessiert.

»Ich habe also keine Kopie der Pässe«, sagt der Welli, »keine Fotos, keine Daten. Ich habe nur die Namen.«

Es ist Vormittag. Im Hochsommer sind zwar die meisten Touristen im Ort, aber wegen der Hitze kommt kaum jemand nach oben. Spaziergänge werden aus dem Programm gestrichen, verständlicherweise. Heute Nachmittag ist Bandprobe. Wir werden das Unplugged-Projekt besprechen und erste Versuche machen. Diesmal hat Helen mich gebeten, sie mit dem Suzuki unten abzuholen. Sie will Handpans zum Einsatz bringen, das sind große Metallschalen, die ein bisschen so aussehen wie Woks. Phantastische Rhythmen und Klänge sind darin verborgen, man spielt mit Handflächen, Ballen und Fingern. Ich wusste gar nicht, dass Helen das kann. In der Schweiz heißt das Instrument »Hang«.

Ich schaue aus meinem großen Fenster über den See. Ich habe es geöffnet, und die Stimmen der Menschen am Badestrand klingen gestochen scharf herauf.

»Bist du in einem Restaurant?«, fragt Welli.

»Ja«, sage ich, um Erklärungen zu vermeiden. »Was sind das für Namen?«

»Ruppert und Anna Dobenek«, sagt Welli. »sagt dir das etwas?«

Wenn Menschen neue Identitäten annehmen, das weiß niemand besser als ich, dann wollen sie meistens Namen aussuchen, zu denen sie irgendeine Beziehung haben. Nicht nur, weil man sie sich besser merken kann.

Dobenek hieß eine Familie in unserer Nachbarschaft. Welli müsste sie auch gekannt haben. Vielleicht ruft er deshalb überhaupt an. Der Mann war ein großer, schweigsamer Mathematikprofessor, der jeden Abend beim Spaziergang mit seinem Hund Niki bei uns vorbei ging. Eines Tages war er allein, ohne Hund. Auf die Frage meiner Mutter hat der Professor nur gesagt: »Niki ist tot.« Und angefangen zu weinen.

»Hast du noch irgendetwas anderes als diese Namen?«, frage ich.

»Den Namen des E-Bike-Verleihs«, sagt Welli.

»Und?«, frage ich.

»Niki«, sagt Welli. »Der E-Bike-Verleih sollte Niki heißen.«

39

ICH LENKE DEN JEEP IN SERPENTINEN DEN BERG HINauf. Die Straße ist so schmal, und die Kurven sind so eng, dass ich sogar den kleinen Suzuki einmal zurücksetzen muss.

Das *Rifugio* auf der Alpe Pradecolo ist eine sonderbare Gaststätte. Sie ist wunderschön gelegen, geradezu atemberaubend: Völlig allein thront sie auf über 1000 Meter Höhe über den Bergrücken, gibt Blicke frei auf schneebedeckte Gipfelketten, auf den Lago Maggiore, auf dichte Buchenwälder und kleine, in die steilen Hänge gepflanzte Ortschaften. Die Gaststätte hat eine riesige Terrasse, und wenn man das hört, sieht man es vor sich, wie sie dort sitzen, die Menschen, wie sie essen und trinken und lachen, Sonnenbrillen in den Gesichtern, manche mit Rucksäcken und schweren Schuhen, andere in Shorts und Sandalen. Aber so ist es nicht. Diese Gaststätte will irgendwie keine Gäste. Fast immer ist sie geschlossen oder man bekommt die Auskunft: leider kein Kaffee, kein Eis, überhaupt keine Speisen. Auch heute lehnen die Tische und Stühle zusammengeklappt am Haus, ein Wasserschlauch liegt herum, ein Sack mit Gartenabfällen ist umgefallen, vorm Eingang zur Gaststätte versperrt ein Schubkarren den Weg. Auf der anderen Seite des Hauses steht eine Tür offen und ein alter 4x4 Panda wartet davor mit laufendem Motor.

Cristina sitzt mit dem Rücken zu mir auf einer Bank etwa hundert Meter vom Haus entfernt. Sie schaut Richtung Süden, Richtung Mailand. Aber der Himmel ist etwas diesig, er gibt den Horizont nicht ganz frei. Wird heiß heute. Ist jetzt schon heiß. Aber Cristina schwitzt nicht, nie. Nur manchmal beim Sex. Neben ihr unter einer Buche parkt ihr dunkelblauer Polizei-Alfa. Es ist vormittags, zehn Uhr. Ich habe kein gutes Gefühl, als ich zu ihr gehe.

»Wir müssen etwas besprechen«, hat sie am Telefon gesagt. »lass uns spaziergehen, oben am Pradecolo.«

Cristina trägt leichte beige Hosen, eine weiße Bluse und hellblaue Adidas Sneakers. Ihre Haare hat sie zum Pferdeschwanz gebunden. Als Erstes erklärt sie mir die Gipfel, die wir sehen. Sie weiß die Namen aller Berge. Dann, als wir schon den Wanderweg Richtung Monte Lema einschlagen, erzählt sie mir von einem Zahnarzt, mit dem sie mal zusammen war und mit dem sie eine Familie gründen wollte. Aber der habe dann seine Praxis nach Mailand verlegt und dort mit einer anderen eine Familie gegründet. Sie erzählt von ihrem Vater, der gesagt hat, eine Polizistin finde nie einen guten Mann. Dabei hakt sich Cristina bei mir unter und lacht. Sie ist gesprächiger als sonst heute Morgen, es entstehen keine Pausen, in denen ich etwas sagen könnte. Oder fragen.

Wir sehen einen Steinbock. Er steht so vollkommen still und unbeweglich da wie der Felsen hinter ihm. Und er ist auch ganz genauso grau. Ich hätte den Burschen bestimmt übersehen. Aber Cristina deutet auf ihn. Wir gehen auf ihn zu – bis er abdreht und mit ungeheurer Gelassenheit ohne ein Geräusch hinter dem Felsen verschwindet. Cristina erzählt von einem Hund, den sie als Kind hatte, und von einem gelben Fahrrad, dass sie zum siebten Geburtstag von einer Tante bekam. Es war viel zu groß, ihre Füße reichten nicht hinunter zu den Pedalen. Das erste Jahr radelte sie im Stehen.

Sie spricht kein einziges Wort über den Fall, über den Stand der Ermittlungen oder neue Überlegungen.

Als wir wieder zum *Rifugio* zurückkommen, ist es halb elf. Sie sagt, dass man gehen soll, wenn man etwas Wichtiges zu besprechen hat. »Die Bewegung hilft dabei, dass man auch im Gespräch vorankommt«, sagt sie. »Das ist besser, als sich gegenüberzusitzen. Das ist zu statisch, da kommt man nicht von der Stelle.«

»Vielleicht sollte man Verhöre bei einem Spaziergang führen«, sage ich, als wir auf ihren Alfa zugehen.

»Du weißt, was ich dir sagen will, oder?«, sagt sie und bleibt stehen.

»Nein.«

»Ich möchte es beenden«, sagt sie.

»Es?«, sage ich, weil mir nichts anderes einfällt.

»Uns. Uns will ich beenden, Lukas.« Sie schaut bei dem Satz über die Berge. »Das ist unser letzter Moment. Es ist besser so.«

Ich will etwas sagen.

»Sag nichts«, sagt Cristina. »Mein Entschluss steht fest. Ich lass dir ein Kästchen in meinem Herzen. Aber ich verschließe es jetzt. Wenn wir uns wiedersehen, bist du ein zu vernehmender Mann im Mordfall Bergner, und ich bin die Kommissarin.«

Sie dreht den Kopf zu mir und sieht mich an. Ihre Augen

sind blau. Das waren sie immer. Dann dreht sie sich plötzlich um und geht zu ihrem Auto.

Steigt ein, dreht den Schlüssel, wendet den Wagen, fährt an mir vorbei.

Und nach wenigen Sekunden verschwindet ihr Auto in der Kurve.

Als hätte sie jemand gerufen, kommt jetzt eine kleine uralte Frau aus dem Eingang der Gaststätte und ruft: *»Chiuso!«* Geschlossen. Sie denkt, ich sei ein Tourist, und da ist ein einziges Wort meistens besser als viele.

Ich gehe zum Suzuki.

Chiuso.

Ich will es beenden.

Was ist eigentlich mit meinem Leben los?

Der Suzuki springt nicht an.

Null. Total tot.

Ich sehe den Lichtschalter. Er ist eingeschaltet. Wegen der vielen Tunnel an der Straße unten am See muss man dauernd das Licht anmachen. Und der alte Suzuki warnt einen nicht, wenn man vergisst, es auszumachen. Geschweige denn, dass er das Licht selbst abschaltet, während man durch die Berge wandert. Solche Sachen wurden erst später erfunden und in die Autos eingebaut. Ich schaue durch die Scheibe auf das Bergpanorama. Entweder zur *Chiuso*-Frau gehen und sie um Hilfe bitten – mit Starterkabel und allem Drum und Dran.

Oder den Suzuki alleine hundert Meter weit schieben bis zu der Stelle, wo die Straße steil nach unten abfällt.

Es sind doch eher 200 Meter. Der Schweiß rinnt mir in die

Unterhose auf den letzten Metern dieser Strecke. Dann springe ich ins Auto und lasse den Motor kommen.

Ich brauche eine neue Batterie.

Wieso bin ich eigentlich so allein auf der Welt?

Als ich oben am Turm aus dem Auto steige, sitzt Ambrogio vor meinem Studio und schaut auf sein Smartphone. Ich frage ihn, ob wir heute Abend einen Wein trinken gehen. Mein böser Verdacht ist mir jetzt egal. Vielleicht kann ja sogar ich was rausfinden über ihn bei dieser Gelegenheit. Schließlich war ich mal Polizist.

»Ich lade dich ein«, sage ich.

»Heute ist schlecht«, sagt er.

Er wedelt eine fette Hummel vor seinem Gesicht weg. Heute Abend sei er mit seiner Frau verabredet. Sie wolle reden. Sie wolle, dass er zurückkommt. Sagt er.

40

DER E-BIKE-VERLEIH, DER URSPRÜNGLICH NIKI HEIßen sollte, gehört wahrlich nicht zu den größten Unternehmen in Hanoi. Und weil sein Name schließlich zu Nikibiki wurde, taucht er auf den Google-Seiten spät auf. Die simple Internetseite verspricht, dass man alle elektrischen Fahrzeuge dort leihen kann, die es gibt: E-Roller, E-Bikes, E-Motobikes, sogar kleine Elektroautos. Man sieht ein Foto von einer Garage voller Bikes, die auf den schmalen Gehweg hinausdrängen. Aber im Impressum steht als Inhaber ein vietnamesischer Name. Nichts von Dobenek.

Mein erster Anruf ist sinnlos, weil niemand *English* spricht, ich werde auf den nächsten Vormittag vertröstet.

Das *English* am nächsten Tag ist sehr asiatisch, und die freundliche Frau sehr auf den Verleih von Fahrzeugen programmiert. Auf das Wort *»information«* reagiert sie immer wieder mit *»Fifti dollar thlee day«*. Sie versteht den Namen Dobenek überhaupt nicht, und am Ende bittet sie um eine E-Mail.

Auf diesem Weg erfahre ich schließlich nach ein paar Tagen: Ja, Herr Dobenek hat den Laden gegründet und betrieben – ihn allerdings schon nach einem Jahr wieder verkauft. Auch den Grund erfahre ich: *Because of illness*, wegen Krankheit. Ich erinnere mich nicht, dass mein Vater je bei einem Arzt war. Einmal Probleme mit einem Backenzahn, das war alles, jedenfalls soweit ich weiß. Erkältungen et cetera hat er schnell in ein paar Tagen erledigt. Was für einen Patienten er wohl abgegeben hat? Einen ungeduldigen? Einen wehleidigen? Einen gelassenen?

Nein, mehr wisse man nicht, es gebe auch keine Kontaktadresse, Telefonnummer oder Ähnliches.

41

DER MANN SITZT IN DEM WUNDERSCHÖNEN CAFÉ des Hotels Savoy in Mailand und erzählt und erzählt. Ich erfahre, dass seine Mutter eine große Verehrerin Italiens war. Sie liebte italienische Opern, vor allem von Verdi, aber auch von Puccini. »Puccini«, sagt er, »hat diese ganz berühmte Arie geschrieben, die dauernd im Fernsehen läuft. Mir fällt gerade der Name nicht ein.«

»Nessun Dorma«, sage ich.

»Ja, genau«, meint er. Hat er überhaupt auf dem Schirm, dass er vor einem Musiker sitzt?

»Ich weiß noch gut«, erzählt er weiter, »wie damals Luciano Pavarotti gestorben ist. Meine Mutter war wirklich erschüttert. Sie hat tagelang geweint.«

Der Mann gilt in meiner früheren Behörde als der härteste Prüfer von Biographien, er riecht falsche Fährten, doppelte Böden, heißt es. Er hat mal einen Fall gelöst, weil ihm eine bestimmte ungeschickte Handbewegung eines angeblichen Gärtners aufgefallen war. Er ist ein Spezialagent zum Aufspüren von Täuschungen jeder Art. Ein paarmal hatten wir miteinander zu tun. Es müsste mich eigentlich ehren, dass sie mir ihren besten Mann geschickt haben. Es war sein Vorschlag, mich in Mailand zu treffen, um mir von seinem Ergebnis in Sachen Ambrogio zu berichten. »Wir sollten das Risiko minimieren, dass wir gesehen werden, dass jemand Verdacht schöpft«, hatte er am Telefon gesagt. Als müsste er mir unseren Job erklären.

Jetzt erfahre ich, warum Mailand. »Ich gehe heute Abend in die Scala«, sagt er. »Tosca wird da gespielt, soll toll sein. Wenn ich ehrlich bin, kann ich mit der Musik ja gar nichts anfangen. Aber ich stelle mir vor, wie meine Mutter da sitzen würde. Und wie stolz sie wäre, wenn sie mich da sitzen sehen würde. Ihren Sohn in der Mailänder Scala!«

Ich bin froh, dass er nicht fragt, ob ich mit in die Oper gehen will. Allerdings hat er mich auf eine Idee gebracht: Ein Abend in der Scala, eine Nacht in Mailand – kann man einer Frau, die gerade mit einem Schluss gemacht hat, Opernkarten schenken? Was Cristina wohl für ein Kleid anziehen würde?

»Ich danke dir jedenfalls sehr für diese Dienstreise«, sagt mein ehemaliger Kollege jetzt. »Weißt du, das Tollste an Italien ist ja für mich …«

Ich höre ihn reden und reden, erfahre noch, dass seine Mutter einmal in einen interessanten Italiener verliebt war, dass aber irgendwas mit ihnen schiefgegangen ist, klar, es geht ja immer irgendwas schief, warum nicht auch bei der Mutter eines Agenten für Täuschungsmanöver? Ich bemühe mich noch ein bisschen, so zu tun, als hörte ich ihm zu, doch irgendwann sage ich dann doch: »Leider habe ich nicht so schrecklich viel Zeit, ich müsste bald wieder los.«

»Ja, ja«, sagt er, »um Gottes willen, ich kenn mich gar nicht wieder, was dieses Italien aus mir macht. Da gehen die Sinne mit einem durch.«

Er öffnet seine Aktentasche neben sich auf dem Stuhl und legt eine Mappe auf den Tisch.

Ambrogio Cassini steht darauf.

»Dieser Herr Cassini wollte ja auch mal Opernsänger werden, wusstest du das?«

Ich schüttle den Kopf. Ambrogio und Gesang? Hab ich jemals einen anderen Ton von ihm gehört als sein Singen unter der Dusche?

»Er hat eine Aufnahmeprüfung auf einem Konservatorium gemacht – und ist durchgefallen. Die Begabung hat wohl nicht gereicht. Na, lange her.«

Der Mann schaut mich jetzt direkt an, und plötzlich sieht er dann doch wenigstens ein bisschen nach dem Ruf aus, der ihm vorauseilt.

»Ich will es kurz machen«, sagt er dann. »Dieser Herr Cassini ist vollkommen ungefährlich. Und er kennt nur einen einzigen Menschen, der gefährlich ist.«

Er macht eine Pause, schaut mich an.

»Und der bist du.« Er macht wieder eine Pause. Und lacht. »Sorry, kleiner Scherz. Dieses Italien macht mich übermütig …«

Er habe sich wirklich Mühe gegeben, er habe keinen Stein im Leben von Ambrogio Cassini auf dem anderen gelassen. »Ich muss sagen, es passiert mir wirklich selten, aber in diesem Fall kann ich nur sagen: Dieser Mann ist harmlos. Nach allem, was ich über ihn erfahren habe: Das ist ein anständiger Kerl.« Er sagt, er habe ein Computerprofil erstellt, also genau nachgezeichnet, wo er im Netz unterwegs war und ist. »Ich sag dir was, der guckt nicht mal Pornos. Und ich habe auch die Erklärung dafür gefunden, er hat sie mal einem Freund in einer E-Mail geschrieben: Pornos finde er unromantisch. Wusste gar nicht, dass es solche Leute noch gibt.«

Er schiebt die Akte über den Tisch. »Kannst selber alles nachlesen.«

»Nein danke«, sage ich, weil ich plötzlich denke, ich will nicht alles über Ambrogio nachlesen, ich will kein geheimes Wissen über ihn. Er soll Herr über die Geschichte seines Lebens bleiben. Kurz überlege ich noch, ob ich mich nach seiner Ehe erkundigen soll, nach seiner Frau. Ob, warum und wann sie ihn rausgeschmissen hat. Aber dann lasse ich auch das. Wäre unromantisch.

Als ich nach Hause fahre und mich wie immer in den endlosen Kreisverkehren um Mailand verirre, bin ich richtig froh. Der gute Ambrogio. Gleich morgen früh kriegt er seinen Kaffee.

42

SIE HAT MICH IN IHRE DIENSTSTELLE NACH VARESE bestellt. Vormittags um elf Uhr. Weil um halb elf ein gnadenloser Wolkenbruch einsetzt und die Hauptstraße von Luino überschwemmt, verspäte ich mich etwas.

Sie empfängt mich nicht in ihrem Büro, sondern wartet schon in einem fensterlosen Verhörzimmer. Neben ihr sitzt ein junger Beamter, gutaussehend, freundlich. Er steht auf, fragt, ob ich einen Kaffee will.

Nein, danke.

Cristina erhebt sich auch, reicht mir kurz die Hand, lächelt dünn. Deutet auf den Stuhl gegenüber: *»Prego.«* Bitte.

Sie trägt ein schwarzes Polohemd und eine schwarze Baseballkappe. Sie befragt mich zu dem Überfall auf Lara Luz. Der junge Kollege sagt während des ganzen Verhörs kein Wort.

Natürlich haben Cristina und ich schon über diesen Überfall geredet, sofort, nachdem Lara mich ins Bild gesetzt hatte. Aber jetzt läuft ein Aufnahmegerät der Kriminalpolizei Varese. Cristina fragt sachlich, und sie hat ins unpersönliche »Sie« gewechselt.

Können Sie zu dem Vorfall etwas sagen? Wissen Sie, warum sich der maskierte Mann auf Sie bezogen hat? Warum er

Ihnen gedroht hat? Warum er Sie aufgefordert hat, sich rauszuhalten? In welcher Angelegenheit sollen Sie sich raushalten? Haben Sie einen Verdacht? Haben Sie in letzter Zeit ungewöhnliche Beobachtungen gemacht?

So geht das etwa eine halbe Stunde. Dann werden mir Fotos von Männern vorgelegt, die ich tatsächlich noch nie gesehen habe. Und schließlich fragt sie, wo ich in der Nacht des Überfalls gewesen sei.

»Ich habe am Abend mit meiner Band geprobt in meinem Studio«, sage ich. »Das ging bis etwa 23 Uhr. Dann sind wir mit ein paar Flaschen Wein und zwei Paketen *prosciutto* noch runter zum See. Zu einer Badestelle, die mir eine Freundin erst kürzlich gezeigt hatte.«

Ich mache eine kurze Pause. Ihr Blick ist unbeteiligt.

»Dort sind wir geblieben, bis es hell wurde«, sage ich.

Ich muss die Namen und Kontaktdaten von Paul und Helen angeben zur Überprüfung der Aussage. Dann bittet Cristina den jungen Kollegen, uns allein zu lassen. Sie schaltet das Band ab. In dem Raum gibt es nur weiße Wände, keinen der halbdurchlässigen Spiegel, hinter dem uns jemand beobachten könnte, wie das oft in Verhörräumen der Fall ist.

»Cristina …«, sage ich.

Sie schließt die Augen und bringt mich mit einer kleinen Geste ihrer Hand zum Schweigen.

»Lukas«, sagt sie. »Wir haben zu diesem Überfall nichts außer Laras Aussage. Nichts, nichts, nichts. Es ist genauso wie bei dem Mord im Centrale.«

Sie räuspert sich.

»Lara ist deine Freundin, war ja auch mal die große Liebe,

nicht wahr ... Und du warst am Morgen nach dem angeblichen Überfall bei ihr.«

Sie steht auf und stützt beide Hände auf die Tischplatte.

»Wurde sie wirklich überfallen? Oder wird mir hier ein Theater vorgespielt?«

»Cristina ...«

Sie wendet sich ab und geht zur Tür, dreht sich mit der Hand auf der Klinke zu mir um. Ihre Augen sind ohne jede Farbe, wie zwei helle Steine.

»Ich warne dich, Lukas«, sagt sie tonlos. »Dich und deine ganze Münchener Truppe. Versucht ja nicht, die italienische Polizei zu verarschen.«

Sie öffnet die Tür, geht hinaus und lässt mich sitzen. Nach ein paar Sekunden erscheint wieder der junge Kollege.

»Sie können jetzt gehen, Herr Geier«, sagt er. »Ich begleite Sie hinaus.«

43

»WEISST DU, DASS HOLZ DAS CO_2 AUS DER LUFT speichert?«, fragt Ambrogio.

»Nein.«

»Nur wenn man das Holz vermodern lässt oder verbrennt, kommt das CO_2 wieder raus.«

»Was soll man also damit machen?«

»Bauen«, sagt Ambrogio. »Häuser bauen, Bahnhöfe bauen, Flughäfen, Lagerhallen, sogar Türme ... Du glaubst gar nicht, was da alles geht. Und das wird kommen. Die Zementwirtschaft ist einer der größten CO_2-Verursacher.«

»Du hast also einen zukunftssicheren Job«, sage ich.

Er nickt ernst. »Ja«, sagt er. »Aber die Leute wissen das noch nicht.«

»Wieviel CO_2 bläst du eigentlich mit einer Zigarette in die Luft?«

»Du kapierst gar nichts«, sagt er. Er lacht und hebt sein Glas Vermentino.

Wir sitzen in Laras Restaurant am See. Ich habe Ambrogio eingeladen. Wahrscheinlich, weil ich ein schlechtes Gewissen habe, seit ich weiß, dass ich ihn zu Unrecht verdächtigt habe. Wir haben wunderbare Ravioli gegessen, gefüllt mit Fisch aus dem See. Und dann einen Barsch in der Salzkruste.

Lara hat vorweg einen *aperitivo* spendiert, Prosecco mit Holunderblütensirup, und jetzt spendiert sie den Grappa. Sie hat wieder ein Tuch um den Kopf gebunden, aber diesmal sieht es weniger aus wie ein Turban, es erinnert eher an ein Burgfräulein. Als sie unseren Tisch verlässt, blickt ihr Ambrogio nach wie ein Schiffbrüchiger einem vorbeifahrenden Schiff.

»Du kennst diese Frau gut, oder?«, fragt er.

»Ja«, sage ich. »Seit meiner Kindheit.«

»Madonna«, sagt er.

Dann erzählt er von einem berühmten Film, in dem zwei Männer um dieselbe Frau buhlen, die ein Restaurant hat. Der eine Mann sieht sehr gut aus, ist lustig – aber arm. Der andere ist hässlich, etwas unbeholfen – aber sehr reich.

»Der eine kam durchs Leben mit seinem Charme, der andere mit seinem Willen«, sagt Ambrogio.

»Wie heißt dieser Film?«, frage ich.

»Hab ich vergessen«, sagt Ambrogio.

»Der Regisseur?«

»Vergessen. Ist doch jetzt völlig egal.«

»Wer von beiden hat die Frau bekommen?«, frage ich.

»Was glaubst du?«, fragt er.

»Der Lustige.«

»Du Träumer.«

Vielleicht hätte Ambrogio Autor werden sollen oder Regisseur anstatt Schreiner, CO_2 hin oder her.

Später gehen wir noch am See spazieren. Die Lichter in den Berghängen wirken wie Girlanden für ein Fest. Der Himmel darüber ist schwarz, die Sterne blitzen. Das Wasser ist auch schwarz. Wo ist der Mond?

An einem kleinen Bootssteg flüstern und lachen ein paar junge Leute, manche von ihnen sind im Wasser.

Wir reden über die Frauen. Ich erzähle ihm von Cristina Conte. Weiß nicht, warum. Der Wein, der Grappa, die Sterne …

Ambrogio sagt: »Es kommt darauf an, ob ihr Verstand das beschlossen hat oder ihr Herz. Wenn es der Verstand war, ist die Geschichte noch nicht zu Ende, glaub mir.«

Keiner von uns hat an eine Taschenlampe gedacht, und mein Handy ist leer. Ambrogio hat seines nicht dabei. Wir stolpern im Stockfinstern den Weg nach oben, manchmal stützen wir uns. »Mamma mia«, sagt Ambrogio im Dunkeln, und wir lachen.

Wie viele Freunde habe ich eigentlich? Wirkliche Freunde? Kann es sein, dass Ambrogio derzeit mein bester Freund ist? Mann, was ist denn mit mir?

Später im Bett denke ich: Ich habe viel erzählt heute Abend. Ambrogio nichts. Ich weiß immer noch fast nichts über ihn. Einmal habe ich das Stichwort »Singen« über den Tisch geschoben. Aber er hat es unbeachtet liegengelassen.

Frage ich zu wenig? Interessiere ich mich zu wenig für andere Menschen?

Das ist unser letzter Moment. Mein Beschluss steht fest.

Warum habe ich Cristina nicht gefragt, warum sie unsere Geschichte beenden will?

Und warum habe ich mich nicht längst noch mal bei Elisabeth Bergners Tochter gemeldet? Gefragt, wie es ihr geht? Ich muss mich doch da kümmern.

Halt dich raus, Lukas.

Sei still, Becker. Du bist tot.
Warst du ein Freund?
Becker!
Warst du ein Freund?

44

»STEHST DU ODER SITZT DU?«, FRAGT DIE VIZE-Chefin meiner Plattenfirma am Telefon ohne weitere Begrüßung. Braucht es auch nicht. Ihre Stimme kratzt immer so, als müsse sie sich jeden Moment räuspern. Ich schaue aus dem großen Fenster des Turmes und sehe die Passagierfähre unten anlegen. Gleich wird sich eine kleine Touristengruppe über den Holzsteg dem Ort nähern.

»Ich stehe«, sage ich. »Warum fragst du?«

»Setz dich, ich habe Hammer-Nachrichten«, sagt sie.

Gott sei Dank fällt mir jetzt ihr Name ein, Farina. Ich lasse mich tatsächlich auf das Sofa fallen, greife mit der anderen Hand nach der Dobro-Gitarre aus den dreißiger Jahren, die sich dort schon gestern niedergelassen hat, ich lege sie mir auf den Schoß. »Was gibt es denn?«

»Willst du in New York spielen, zusammen mit Beyoncé, Bruce Springsteen und Norah Jones?« Sie macht eine theatralische Pause.

»Komm schon, Farina«, sage ich.

»Also pass auf, Lukas«, sagt sie. »In den USA läuft gerade ein großes Ding. Die Demokraten planen eine Serie kultureller Mega-Veranstaltungen. ›Friendships Events‹ nennen sie das, der Arbeitstitel ist ›Hello World‹. Die Events sollen der Welt zeigen, dass es noch ein anderes Amerika gibt als das, was gegenwärtig politisch alles Porzellan zerschlägt. Jede Veranstaltung richtet sich an einen bestimmten Teil der Welt. Das meiste werden Konzerte sein, es gibt aber auch Ausstellungen, Lesungen. Immer Künstler aus der jeweiligen Region und Künstler aus Amerika. Den Auftakt macht »Hello Europe«, ein großes Konzert im Madison Square Garden. Oprah Winfrey moderiert. Das Fernsehen überträgt weltweit, es wird auch Direct-Streaming mit Hologrammen in diverse Konzerthallen in Europa geben.«

Farina räuspert sich selbst nie, das tun dann unwillkürlich andere an ihrer Stelle. Ich zum Beispiel jetzt.

»Es sind natürlich mehrere Agenturen mit der Aufstellung des Events beauftragt«, fährt sie fort. »Ich kenn die ja alle. Das Konzert wird unplugged sein, also akustisch, und die Maßgabe ist, dass jeder Künstler eine Premiere liefert. Es darf also nicht schon vorher eine Unplugged-Version des Songs geben. Was soll ich sagen, Lukas? Die sind auf Tutto Bene abgefahren. Und zwar auf diesen Mitschnitt aus dem Restaurant an deinem Lago.«

Unten vorm Studio steht Ambrogio und telefoniert. Er ist schick angezogen und rasiert. War er auch beim Frisör? Vielleicht geht er heute Abend in die Oper. Vielleicht nehm ich dich mit nach New York, Ambrogio. Aber nur vielleicht.

Ich brauche ein paar Sekunden, um zu realisieren, was mir Farina mit ihrer heiseren Stimme da gerade erzählt hat.

»Bist du noch da?«, fragt die Stimme.

»Ja«, sage ich.

»Ich muss denen jetzt Aufnahmen schicken, und zwar

schnell. Mindestens drei weitere Songs. Ich habe schon zwei Studios optioniert. Eines in München, eines in Berlin.«

»Kann ich das nicht auch hier bei mir aufnehmen?«, frage ich.

»Vergiss es«, sagt sie. »Wir brauchen Streicher, einen Flügel, Pauken, was weiß ich. Großes akustisches Besteck. Du kennst doch die Amis. Singer-Songwriter haben sie ja selber genug. Neil Young hat schon zugesagt, auch Joan Baez.«

Ich sage ihr, dass wir gerade erst zweimal geprobt haben, in diese akustische Richtung. Dass wir noch gar keine Songauswahl haben, geschweige denn Arrangements ...

Sie unterbricht mich. »Schreib schon mal die Studiotermine auf. So wie du sprichst, brauchen wir beide. Jeweils fünf Tage. Ich schick dir alles per Mail. Und Lukas?«

»Ja?«

»Fang sofort an zu denken, zu spielen, zu singen, zu proben. Räum alles andere, was gerade in deinem Kopf ist, auf den Speicher. Das Konzert ist schon im Herbst. 15. Oktober. Und der Vertrag wird erst unterschrieben, wenn sie die Aufnahmen abgenickt haben. Bene?«

»Bene«, sage ich. »Wer sind die anderen Europäer?«

»Ben Howard, Olafur Arnalds, die Wiener Philharmoniker, sogar Abba scheint möglich, diese Liga«, sagt sie. »Steht noch nicht alles ganz fest. Ich schick dir die Liste, die ich habe.«

Wir sprechen noch ein paar Namen durch für die Aufnahmen, Toningenieure, Studiomusiker und Aufnahmetechniken, solche Sachen. Dann bedanke ich mich, und wir legen auf.

Ich bleibe eine Weile sitzen und entlocke der alten Dobro ein paar metallisch schräge Bluestöne.

Dobros stammen aus der Zeit vor der Erfindung des elektrischen Gitarrenverstärkers. Um die Gitarre lauter zu machen, pflanzte man ihr einen Resonator aus Blech in den Bauch. Wer weiß, alte Dame, vielleicht kriegst du deinen Einsatz bei einem der neuen Arrangements. Dann kommst du mit auf die Reise in deine alte Heimat.

Es ist früher Nachmittag. Ambrogio ist weg da unten, die Studiotür ist zu.

Alles, was in meinem Kopf ist. Wegräumen. Auf den Speicher damit. Der Mord an Elisabeth Bergner, der Mord an Frank Becker, der Überfall auf Lara. Die Frage, ob der P. recht hat. Und meine Angst. Aber die ist ja nicht nur Kopf, sondern viel Bauch. Wird bleiben, fürchte ich.

Und die Eltern? Ihr Verrat? Kopf oder Bauch?

Und Cristina?

Cristina, Cristina, Cristina.

Ich will es beenden. Ich will uns beenden. So hat sie es gesagt.

Das ist eindeutig Herz. Da kann man gar nichts machen.

Wer Herz wegräumt, stirbt.

Bisschen früh für einen Whisky. Aber egal. Ich bin Musiker. Musiker dürfen auch im Dienst trinken. Ich schenke mir einen doppelten Bowmore ein. Malz, Torf, Holz, schweres schottisches Baumaterial für den Speicher.

Madison Square Garden, 15. Oktober. Das ist nah. Ich brauche Connie. Ich brauche Paul. Ich brauche Helen.

»Bist du erkältet?«, fragt Helen am Telefon.

»Nein, wieso?«

»Deine Stimme klingt so heiser.«

Ich nehme einen großen Schluck Bowmore.

»Hör zu, Helen«, sage ich. »Ich habe News. Stehst du oder sitzt du?«

45

WEGRÄUMEN? SO EIN QUATSCH.

Bollisto ist sofort an sein Handy gegangen. Ich nannte meinen Namen, er sagte: »Ach, der Expolizist.« An dieser Formulierung hat Luigi Bollisto einen Narren gefressen. Ich mochte sie eigentlich auch. Expolizist. Nur klang sie gerade so schrecklich weit weg.

»Ich hätte doch noch ein paar Fragen«, sagte ich, »zu Ihrer Frau und Ihrem gemeinsamen Leben …«

»Fragen Sie.«

»Das ist nicht gut am Telefon. Können wir uns sehen?«

»Klar. Kommen Sie ins Theater hier in Varese. Ich bin da jetzt wieder jeden Tag, wir proben ein neues Stück. Kommen Sie einfach.«

»Sie arbeiten wieder?«, fragte ich.

»Ja.« Und nach einer kurzen Pause: »Meine Leute haben mich überredet. Sie sagten, wenn du nicht arbeitest, gehst du vor die Hunde.«

Bollisto machte ein Geräusch. Klang wie die Missgeburt eines Lachens. Er sagte noch: »Gehen Sie zum Pförtner, der wird Sie zu mir bringen. Alleine finden Sie mich nie.«

Vor dem Pförtner stehe ich jetzt. Er sitzt in einem Glashäuschen. Was ich so sehen kann, hat er nur einen Zahn, aber er weiß den Weg. Und tatsächlich, alleine wäre es schwer geworden. Ich trotte dem schweigsamen Pförtner hinterher, kleine Treppe runter, kurzer Gang links, längerer Gang, Treppe hoch, langer Gang, Treppe hoch. Schwere Eisentür.

Warum bin ich hier? Ich will was tun, ich will nicht darauf warten, dass wieder was passiert. Lara wurde überfallen, nur weil sie mich kennt. Mein ehemaliger Chef: tot. Mein ehemaliger Schützling: tot. Irgendwo dazwischen: ich, noch lebendig. Ich will was tun gegen meine Angst. Sagen doch immer alle, es ist gut, wenn man was tut gegen die Angst. Ich habe heute eine verschlüsselte Mail an den Papst geschickt. Anders könne man ihn nicht erreichen, sagte Herbert. Paul musste mir einen Verschlüsselungscode einrichten, ohne den geht in der Verschlüsselungswelt gar nichts. Ich hatte all das Zeug gelöscht, dachte nicht, dass ich das noch mal brauche.

Die Mail an den Papst war nicht lang. Betreff: *Dringend.* Ich schrieb, wer ich sei und dass wir uns früher ein paar Mal begegnet seien, ich fragte, ob ich ihn treffen könne, um mit ihm über den Fall Frank Becker zu sprechen. Und ich schrieb, dass ich ihm was zeigen möchte. Ich würde überall hinkommen.

Bollisto muss doch eigentlich etwas bemerkt haben von der Angst seiner Frau, das hoffe ich wenigstens. Vielleicht weiß er doch was von Leuten, die plötzlich aufgetaucht sind. Vielleicht hat sie doch irgendwann mal was erzählt.

Der Pförtner drückt die Eisentür auf und verabschiedet sich wortlos. Ich gehe durch die Tür und stehe zu meiner Überraschung auf der Bühne. Eine Handvoll Leute sitzen auf Stühlen in einem Kreis.

Bollisto erhebt sich. »Ah, guten Tag.« Er gibt mir die Hand. Und sagt zu seinen Leuten: »Das ist der Herr Geier. Der war mal Polizist. Und kann es nicht so richtig lassen.« Er schaut mich an: »Kann man so sagen, oder?«

Ich sage nichts.

»Wir machen 'ne Pause«, sagt er zu den Leuten. »Ich hol euch in der Cafeteria wieder ab, wenn ich hier fertig bin. Oder kommt einfach irgendwann. Denkt doch weiter nach, wie wir das machen können mit der ersten Szene. Uns fehlt noch der erste Knall.«

Drei Männer und eine Frau ziehen ab. Die Männer sind ähnlich alt wie Bollisto, die Frau wohl deutlich jünger. Bollisto setzt sich wieder auf seinen Stuhl. »Kommen Sie.« Ich setze mich.

»An was arbeitet ihr?«, frage ich.

»Ein Stück von Dario Fo«, antwortet er, »es heißt BEZAHLT WIRD NICHT.« Er macht eine Pause. »Kennen Sie Dario Fo?«

Ich schüttle den Kopf. »Ich weiß natürlich, wer er ist, ein Dichter, Nobelpreisträger. Ich weiß, er stammt aus Luino und dass ihn alle verehren. Sogar mein Weinhändler hat mir neulich von ihm erzählt. Aber zu meiner Schande muss ich sagen, ich habe noch nie was von ihm gelesen.«

»Ja. Schande über Sie. Dario Fo ist mein Gott. Man kann ihn lesen, aber das ist zu wenig bei ihm. Er war ja nicht der einsame Schriftsteller, der vor sich hingebrütet hat. Er hat immer im Kollektiv gearbeitet, natürlich mit seiner Frau, aber auch mit anderen Leuten. Er hat immer alles gesteuert, aber er war davon überzeugt, dass mehrere Köpfe besser sind als einer.

Und er wollte, dass die Leute lachen, möglichst laut lachen. Dario Fo hat zu mir mal gesagt, wenn die da unten über die da oben lachen, dann gibst du denen da unten die Würde zurück.«

»Sie kannten Dario Fo?«

»Ja. Ganz gut sogar. Er ist ja erst vor ein paar Jahren gestorben. Er war öfters hier im Theater. Wenn er da war, war ich wahnsinnig aufgeregt. Der große Meister ist da. Er hat nachher immer tapfer gesagt, dass er unsere Arbeit sehr mag. Wie wir mit den Puppen umgehen, den Figuren. Dario Fo war ein wunderbarer Mensch. Er mochte meine Frau. Immer wenn er ins Theater kam, brachte er ihr Blumen.«

Er schaut mich an. »Herr Geier, ich kann Ihnen gerne mal einen Einführungskurs über die Kunst von Dario Fo geben. Ich mache das wirklich gerne. Aber ich glaube, Sie sind nicht deshalb nach Varese gekommen, oder?«

Bollisto sieht besser aus als das letzte Mal. Seine Augen wirken noch eingefallener, noch trauriger, aber das Gesicht hat wieder so was Ähnliches wie eine Kontur. Beim letzten Mal in seiner Wohnung hatte ich das Gefühl, es zerfließt. Vielleicht ist es auch das Licht. Wir sind nicht mehr in seiner dunklen Küche, wir sitzen im Theater, auf der Bühne. Das Theater ist übrigens ein sehr schönes Theater, viel Stuck, Kronleuchter und auch sonst viel Gezier, vielleicht 200 Plätze, dazu dreistöckig die Ränge an den Seiten.

Ich höre, wie Wörter meinen Mund verlassen. Ziemlich hilflose Wörter. Herr Bollisto, ich will ehrlich sein. Es gibt nichts wirklich Neues. Erinnern Sie sich vielleicht doch an etwas. Ist Ihnen an Ihrer Frau doch etwas aufgefallen. Im

Nachhinein. Ich sage: »Bei einem so schrecklichen Ereignis funktioniert die Erinnerung eine Zeit lang immer in dieselbe Richtung. Erst viel später verknüpft das Gehirn manchmal andere Dinge.«

Bollisto blickt auf seine Schuhe. Auffallend schöne Schuhe, schwarz, glatt poliert. »Ich möchte mich bei Ihnen entschuldigen, für die Begegnung bei mir zu Hause. Ich war in einem schrecklichen Zustand. Ich war in einer katastrophalen Verfassung. Ich war betrunken. Hab viel zu viel geredet. Bitte sehen Sie mir das nach. Ich habe mich normalerweise besser im Griff.«

Ich, wieder hilflos: Ich bitte Sie. Müssen sich doch nicht. Wer, wenn nicht Sie ... Solches Zeug.

Bollisto fährt fort: »Der eine Polizist, der kurz nach dem Tod meiner Frau bei mir war, ist tot. Erschossen. Kommissarin Conte hat es gesagt. Gibt es da einen Zusammenhang zum Tod meiner Frau?«

»Wir können das nicht ausschließen.«

»Wir können das nicht ausschließen?«, wiederholt Bollisto. »Was ist das für eine Sprache? Und was heißt ›wir‹? Ich dachte, Sie gehören nicht mehr zu dem Laden.«

Er hat ja recht.

Ich frage trotzdem: »Der ermordete Polizist heißt Frank Becker. Haben Sie diesen Mann schon vorher einmal gesehen, also vor dem Tod Ihrer Frau?«

»Nein.«

»Ganz sicher?«

»Ja.«

»Sind in den letzten Wochen denn irgendwelche Menschen in ihrem Leben aufgetaucht, die Ihre Frau beunruhigt haben? Oder irgendwelche Nachrichten? Erinnern Sie sich da an irgendetwas?«

Bollisto schüttelt den Kopf: »Nein.« Er wirkt genervt jetzt, wird lauter: »Was soll diese Frage? Irgendwelche Menschen? Irgendwelche Nachrichten? Ich sage Ihnen, meine Frau war nicht anders als sonst.« Er steht auf, geht kurz hin und her, bleibt gleich wieder stehen, schaut mich an, wird noch lauter: »Sagen Sie mir, was hatte meine Frau in ihrem früheren Leben mit der Polizei zu tun? Sagen Sie mir das bitte.«

Ich schweige. Für einen Moment denke ich, jetzt wirft er mich raus aus dem Theater. Aber Bollisto fängt sich wieder, er spricht ruhig, fast leise, weiter.

»Eine Sache gab es«, sagt er. »Etwa drei Wochen bevor das passiert ist, wollte Elisabeth plötzlich, dass ich eine Vollmacht für ihre Bank unterschreibe, sie wollte, dass ich, wenn ihr etwas passiert, Zugriff auf ihr Konto habe. Und dasselbe noch mal für ein paar Versicherungen.«

»Haben Sie unterschrieben?«

»Ja, weil sie es wollte. Sie sagte, sie habe eine Sendung im Radio gehört, dass man das machen soll. Es passte überhaupt nicht zu ihr. Ich habe das dann für meine Bank auch gemacht. Den Wisch hat sie auch unterschrieben. Wenn schon, denn schon.«

»Hatte sie vielleicht doch Angst, dass ihr etwas passiert?«

»Ich wusste, dass Sie das jetzt fragen. Ich glaube nein. Ich bleibe dabei. Ich hatte und habe keine Anzeichen. Meine Frau war wie immer. Alles war wie immer, ich kann mir noch so mein Hirn zermartern.«

Ich denke: Bollisto packt seine Frau und seine Ehe in einen Rahmen. Das ist seine Art, damit fertigzuwerden. Das Letzte, was er jetzt brauchen kann, sind Zweifel. Ich kann ihn eigentlich gut verstehen.

Viviana, seine Tochter, hat ihm anscheinend nichts erzählt von der Telefonnummer, von meiner Telefonnummer, die sie von ihrer Mutter einige Tage vor ihrem Tod bekommen hat. Sie hat es wohl für sich behalten, wie Elisabeth Bergner es wollte. Ich werde sie fragen, wenn ich sie das nächste Mal sehe.

»Wie geht es Ihrer Tochter?«, frage ich.

»Der geht es toll. Außer, dass ihre Mutter gerade umgebracht worden ist … Sorry.« Er zögert kurz. »Sorry, meine Nerven.« Pause. »Viviana ist sehr tapfer. Sie hält sich.« Bollisto schaut auf seine Uhr. »Sie hat vor einer Stunde ihren neuen Ferienjob angefangen. Da kommen Sie nie darauf, was das für ein Job ist.« Er setzt sich wieder. »Sie soll dafür sorgen, dass sich Hunde und Katzen nicht in die Wolle kriegen«, sagt er. »So ein reicher Typ in Laveno, der tagsüber nicht da ist, hat jemand gesucht, der aufpasst, dass sich die Viecher, die sind wohl alle noch ganz klein, nicht fetzen. Das macht Viviana jetzt zusammen mit ihrer Freundin, für acht Euro die Stunde. Nicht schlecht, oder? Meine Schauspieler kriegen manchmal weniger.«

»Wie kommt man zu einem solchen Job?«

»Viviana und ihre Freundin haben sich bei einer Tiersitter-Agentur gemeldet. Sie heißt *Anima Animale*. Kann man sich gut merken. Und heute früh haben die angerufen, ob sie Zeit hätten. Die beiden sind vorhin mit dem Bus nach Laveno gefahren. Ich hätte sie auch gefahren, aber es war ihnen lieber so.«

Die Schauspieler kommen aus der Kantine zurück. Der eine sagt zu Bollisto: »Wir haben eine super Idee für den Anfangsknall in der ersten Szene.«

Bollisto bringt mich noch zurück zur Pforte. Ich frage ihn noch, was im Zentrum des Fo-Stückes steht. Er sagt: »Kleine, arme Leute, die einen Supermarkt überfallen und Lebensmittel stehlen, weil sie genug vom Kapitalismus haben. Als Farce geschrieben. Wir holen es ins Jetzt«, sagt Bollisto. »Das ist ganz einfach. Dario Fo hat es in den siebziger Jahren geschrieben, irre, wie aktuell der Stoff ist. Die Kleinen da unten fangen an, sich zu wehren.«

Ich sage: »Es tut Ihnen gut, wieder zu arbeiten, das merkt man wirklich.«

Er antwortet: »Es ist nicht nur das Theater. Ich habe ja auch meine Agentur. Sie glauben nicht, wie viele Künstler darauf warten, dass ich sie irgendwohin vermittle, und sei es nur für einen kurzen Auftritt bei der Eröffnung eines Möbelhauses. Das Problem ist nur, um so was zu organisieren, sitze ich den halben Tag am Telefon.«

Ich muss an »Broadway Danny Rose« denken, den wunderbaren Woody-Allen-Film. Da hat auch einer eine Künstleragentur. Und schart die unglaublichsten Figuren um sich. Ich sage das zu Bollisto.

Er lächelt. »Das spricht wirklich für Sie, Herr Geier«, sagt er, »dass Sie diesen Film mögen. Sie können sich gar nicht vorstellen, wie oft ich ihn gesehen habe. Und es stimmt, dieser Job zieht die unglaublichsten Leute an.«

Bollisto gibt mir zum Abschied die Hand: »Kommen Sie vorbei, wann immer Sie mögen. Sie wissen, wo Sie mich finden. Ich bin die nächsten Wochen wieder jeden Tag hier.«

Sicher ist mein Polizeihirn schuld, das wieder aktiviert ist, dass ich draußen als Erstes die Nummer von Viviana wähle. Die Nummer, die sie mir an dem Abend bei Lara gegeben hat. In diesem Hirn ist kein Platz für nette Geschichten. Kleine Hunde, kleine Katzen? Ein reicher Typ sucht einen Tiersitter? In diesem Hirn klingt das nach einer Falle. Bollisto habe ich nichts davon erzählt. Warum soll ich ihn wahnsinnig machen? Ist er doch eh schon fast.

Ich lasse es lange klingeln, aber Viviana geht nicht dran. Ich rufe die Agentur an. *Anima Animale.* Seele der Tiere. Eine Frauenstimme meldet sich. Ich sage: »Ich bin ein Onkel von Viviana, soll sie abholen in Laveno, habe die Adresse aber aus Versehen gelöscht. Können Sie mir helfen?«

»Einen Moment bitte. Ich schaue nach.«

Im Theater war es angenehm kühl. Auf der Straße könnte der Gegensatz nicht größer sein; es ist brüllend heiß. Mir läuft der Schweiß runter. Die Frauenstimme meldet sich wieder. »Das muss ein Irrtum sein. Viviana ist bei uns im Verzeichnis, aber sie ist momentan für uns nicht im Einsatz.«

»Vielleicht erinnern Sie sich an den Job«, sage ich, »ein reicher Mann in Laveno suchte jemanden, der seine kleinen Katzen von seinen kleinen Hunden trennen kann. Sie haben heute früh doch diesen Auftrag vergeben.«

»Nein«, sagt die Frau, »ein solcher Auftrag ist uns nicht bekannt. Wie gesagt, da liegt wirklich ein Irrtum vor.«

46

DIE STRECKE VON VARESE NACH LAVENO BETRÄGT 25 Kilometer, über die *strada provinciale* braucht man normalerweise nicht mehr als 35 Minuten. Ich befürchte das Schlimmste, Stau an jedem Kreisverkehr, und es gibt auf dem Weg nach Laveno unzählige davon, aber die Befürchtungen treten nicht ein, es läuft geradezu reibungslos. Gut zu wissen, dass nicht jede Befürchtung eintreten muss.

Die Ortung von Vivianas Handy war eine Sache von paar Minuten. Herbert murrte, natürlich, aber dann ging es schnell. Die Infos kamen per SMS: Laveno, Via Condutti 72. Dazu der Name des Hausbesitzers und dessen Beruf: Banker. Wie hatte Bollisto gesagt? »So ein reicher Typ ...«

Ich biege in die Via Condutti ein. Edle Straße, eine Villa nach der anderen. Palmen in jedem Garten, in den meisten leuchtende Schwimmbäder. Mein Polizeihirn nimmt etwas anderes wahr, und es schnürt mir den Atem ab. Blinkendes Blaulicht, ein Wagen mit offenen Türen steht vor der Nummer 72. Ich steige mit zitternden Beinen aus, gehe zum Gartentor. Nein, bitte nicht.

Es dauert ein bisschen, bis ich eine andere Wahrnehmung zulasse. Es ist ein Geräusch, ein ziemlich schönes Geräusch: Das völlig losgelöste Lachen von zwei Mädchen, ein nicht mehr enden wollendes Gekicher. Ich schaue über den Zaun in Richtung des Lachens und sehe Viviana, da ist nichts mit Blaulicht, sie sitzt auf dem Rasen, daneben ihre Freundin, und ihre Freude hat einen Grund, beziehungsweise viele Gründe. Die beiden Mädchen sind umzingelt von kleinen pelzigen Lebewesen, auf der einen Seite sind es, wenn ich richtig sehe, winzige Hunde, kleine Welpen, megasüß, auf der anderen Seiten winzige Katzen, auch nicht schlecht süß.

Als Viviana mich sieht, erschrickt sie. Sie steht auf, »Herr Geier …«

»Hallo, Viviana«, sage ich, »dein Vater hat mir gesagt, du bist hier, und da ich in der Gegend war, dachte ich, schaue ich doch mal vorbei – und bin jetzt erschrocken, als ich den Notarztwagen sah.«

Viviana sagt: »Da ist im Nachbarhaus jemand krank, da kam ein Arzt …« Sie hat aufgehört zu lachen. Aber die Düsternis, die von mir ausgeht, hat Gott sei Dank jetzt gerade keine Chance, denn ihre Freundin schreit: »Viviana, Viviana, du musst kommen, schnell, komm.«

Mindestens zwei der kleinen Hunde haben Kurs genommen auf die Kätzchen. Und eine Armada der Kätzchen macht sich auf den Weg zum Swimmingpool. Viviana läuft zurück, stellt sich den Welpen, schneeweiß der eine, schwarz der andere. »Entschuldigung«, ruft Viviana, »aber ich muss …«

Ich versuche auch zu lachen. »Ich verstehe, ich haue wieder ab. Ihr habt hier wirklich einen Krieg zu führen.«

Die Mädchen quieken, »Ja«, sagt Viviana, »und wir haben keine Chance, wir werden ihn verlieren.«

Ich rufe: »Wie habt ihr denn diesen Höllenjob bekommen?«

Die Freundin von Viviana ruft zurück: »Meine Mutter kennt den Mann, dem das Haus hier gehört, und all diese kleinen Bestien ...«

Ich rufe noch: »Viel Glück«, und verschwinde.

Als ich nach Maccagno zurückfahre, beschließe ich, nichts zu denken. Nur zu schauen. Und ich mache das Radio an. Die italienischen Radiosender zeichnen sich leider dadurch aus, dass die Moderatoren viel zu viel reden und viel zu wenig Musik spielen. Gerade läuft eine Sendung, in der Zuhörer Witze erzählen, die mit ihrer aktuellen Lebenssituation zu tun haben. Erst soll der Witz erzählt werden, dann die Lebenssituation. Ein Anrufer meldet sich und erzählt: »Ein Mann kommt am Morgen ins Büro, um sich krank zu melden. Ich habe einen Sehsturz, sagt der Mann. Der Personalchef fragt, was ist das denn, ein Sehsturz. Der Mann antwortet: Man sieht nur noch Pfeifen.« Großes Gelächter der Moderatoren. Dann erklärt der Mann den Zusammenhang zu seinem Leben: »Ich arbeite in einer Firma, in der gerade wieder viele Menschen entlassen werden – nur die Chefs nicht. Der Witz ist in der Firma gerade unser Lieblingswitz.«

Die nächste Anruferin erzählt: »Zwei Mäuse treffen sich, die eine merkt sofort, dass bei der anderen was los ist. Und die berichtet auch sofort: Ich bin so verliebt, flötet sie, ich habe den ganzen Tag Herzklopfen, es ist so wunderbar. Die erste Maus fragt: Hast du ein Foto von ihm? Ja, antwortet sie. Sie nimmt ihr Mäusehandy, klickt sich kurz durch ihre Dateien, dann hat sie das Foto gefunden. Schau, das ist er. Die Freundin nimmt das Handy – und erschrickt: Um Gottes willen, das ist ja eine Fledermaus! Die verliebte Maus wird blass und stammelt: Und zu mir hat er gesagt, er ist Pilot!« Wieder viel Gelächter im Radio. Die Anruferin ergänzt: »Der Witz passt deshalb so gut in mein Leben, weil ich von einer Liebe sehr enttäuscht wurde und sehr unglücklich bin.«

Ich überlege kurz, welcher Witz zu meinem Leben gerade am besten passen würde. Mir fällt keiner ein.

Als ich wieder oben im Turm bin, schalte ich meinen Laptop ein. Der Papst hat geantwortet: *... ich treffe Sie sehr gerne. Und Sie brauchen auch nicht zu reisen, ich bin in Ihrer Nähe. Tragisch, was mit Frank Becker passiert ist. Ich bin gespannt, was Sie mir zeigen wollen.*

47

DIE LIEBLINGSKLEIDER MEINER MUTTER WAREN lang bis zum Boden, sie waren bunt, mit Blumenmotiven, Punkten oder Paisley-Mustern drauf, und vorn hatten sie eine Knopfreihe von ganz oben bis ganz unten. Diese Knopfreihe, das fiel mir erst in der Pubertät richtig auf, konnte sprechen. Waren alle Knöpfe geschlossen, dann sagte sie, dass auch bei meiner Mutter alle Türen zu waren. Sie war dann ernst, nach innen gewandt, auf irgendetwas konzentriert, das man nicht erkennen konnte. Manchmal waren nur sehr wenige Knöpfe zu. Dann kamen die sonnengebräunten Beine meiner Mutter zum Vorschein, beim Gehen und beim Sitzen. Das Kleid öffnete sich wie ein Theatervorhang, man konnte bis zu den Schenkeln hinauf sehen, manchmal blitzte sogar ihr – immer weißes – Höschen hervor. Und das obere Ende des Kleides gab den Ansatz zweier abenteuerlustiger Brüste frei, die am letzten der noch geschlossenen Knöpfe zu zerren schienen.

Mir war das unangenehm, aber ich fand es auch sehr sexy. Vielleicht war es auch umgekehrt: Ich fand das sehr sexy, aber es war mir unangenehm.

Nicht alle Botschaften der Knöpfe waren so extrem, es gab natürlich auch die mittleren Lagen, auch kleine Nuancen.

Und es gab Verläufe: Ein Tag, der offen begann, konnte verschlossen enden – und entsprechend andersherum. Es kam vor, dass meine Mutter im Laufe eines Gesprächs einen oder mehrere Knöpfe öffnete oder wieder zumachte.

Mein Vater reagierte auf die Mitteilungen der Knöpfe sehr unterschiedlich. Mal trafen sie seine eigene Stimmung, dann war er auch entsprechend zugeknöpft oder ausgelassen. Das waren die guten Tage. Gut für die beiden, gut für mich und gut für alle, die in die Nähe der zwei kamen.

An anderen Tagen versuchte mein Vater gegenzusteuern. Dann drehte er auf, wenn meine Mutter in Ruhe gelassen werden wollte. Oder versuchte, sie zu bremsen, wenn sie gerade Tempo aufnahm. Ich erinnere mich zum Beispiel an einen dieser Abende, wo oben in Leonardos Reich alle rund ums Feuer saßen. Es war der letzte Abend vor unserer Abreise nach Hause. Meine Mutter nahm ihren Strohhut und setzte ihn einem ziemlich jungen Marokkaner auf den Kopf, der am selben Tag angekommen war.

»Du siehst ja aus wie ein richtiger Cowboy«, sagte sie zu ihm, und ihre Augen glühten im Feuerschein. »Ich will 'nen Cowboy als Mann«, sagte sie und sang den Satz auch noch, war wohl ein alter Schlager.

»Wir müssen morgen früh raus und haben eine lange Fahrt vor uns«, sagte mein Vater. Jeder Knopf geschlossen, hätte er ein Kleid angehabt.

»*Du* hast eine lange Fahrt vor dir«, sagte meine Mutter und lachte den Marokkaner an. »Was haben *wir* denn heute Nacht noch vor uns, Cowboy?«

Ich weiß noch genau, wie mein Vater sein Weinglas ins

Feuer schleuderte, aufstand und in »Lady Jane« verschwand. Ich ging ihm bald nach, schloss das Fenster meines Zimmers, hörte aber trotzdem noch lange die Stimmen der anderen und das Lachen meiner Mutter.

Die Fahrt am nächsten Tag verlief in den ersten Stunden vollkommen wortlos. Mein Vater mit grauem Gesicht am Steuer, meine Mutter mit noch grauerem Gesicht daneben, den Sitz zurückgekippt, die Augen geschlossen. Mir war das ziemlich egal. Ich saß hinten und schaute der Landschaft zu, wie sie vorbeiflog. Und dachte an Lara. Wann würde ich sie wiedersehen? Die Alten hatten ja keine Ahnung von wirklich tiefen Gefühlen.

Erst an der Tankstelle in Lindau fragte mein Vater meine Mutter, bevor er zum Bezahlen in das Gebäude ging: »Möchtest du etwas? Soll ich dir was mitbringen?«

Meine Mutter öffnete die Augen – und lächelte ihn an. »Traubenzucker und Kaffee«, sagte sie. »Das wäre toll.«

Ich habe inzwischen noch mal im Auswärtigen Amt angerufen und Welli von meiner Recherche in Sachen E-Bike-Verleih in Hanoi berichtet. Ich bat ihn, noch mal nach den Dobeneks zu suchen. Gesundheitliche Probleme – vielleicht war das ein neuer Ansatz?

»Lukas«, sagte er. »Du weißt, wir sind nicht die Polizei.«

»Ich weiß.«

»Ich will sehen, was ich machen kann.«

»Wenn du es schaffst, bringe ich dich in den Madison Square Garden«, sagte ich. »Wir brauchen noch einen richtig guten Live-Drummer.«

Im Geiste sah ich Farina die Hände über dem Kopf zusammenschlagen: Bist du wahnsinnig?

»Schon gut, Lukas«, sagte Welli und hörte sich plötzlich gar nicht nach meinem alten Klassenkameraden an, sondern nach dem, was er ist: ein hochrangiger Beamter im Auswärtigen Amt, dem viel erzählt wird, wenn der Tag lang ist.

Wir proben jetzt mit der Band jeden Tag, immer von vier Uhr nachmittags bis abends um acht. Die Auswahl der Songs war gleich entschieden: Zwei weitere von dem Erfolgsalbum »Tutto Bene« und das neue »Casa Rosa«. Helens Klangschalen erweisen sich als grandiose Sache. Manchmal hat sie drei gleichzeitig vor sich aufgebaut, und ihre Hände fliegen über die Metallmulden; Finger, Ballen, Knöchel, alle gleichzeitig im Einsatz. Helen klingt wie ein ganzes Orchester – nur anders, bisschen nach anderem Planeten. Für die Arrangements experimentieren wir auch mit Streichern und einem Cello, vorerst natürlich vom Synthesizer erzeugt.

Während wir spielen, funktioniert das mit dem Kopf leermachen ziemlich gut. Ich denke tatsächlich an nichts anderes. Fast nichts anderes. Wenn uns eine Stelle besonders gelingt, wenn die Musik sich löst von den Händen, die sie erzeugen, wenn sie abhebt, wenn sie die Zeit auflöst – in solchen Momenten ist Cristina plötzlich da. Oder besser gesagt, die Sehnsucht nach ihr.

48

ICH ERINNERE MICH AN ALTE GESCHICHTEN ÜBER ihn. Ganz früher war er der Direktor eines Gefängnisses. Und natürlich war er nicht irgendein Direktor. Er nahm diesen Ort und seine Menschen sehr ernst. Er wusste, dass ein Gefängnis eine Brutstätte für zukünftige Verbrechen ist. Wenn man nichts unternimmt, werden hier aus den alten Kriminellen neue, oftmals noch schlimmere Kriminelle. Also unternahm er eine Menge. Er legte neuartige Sozialprogramme auf, er wollte, dass jeder Häftling für einen anderen Häftling die Verantwortung übernahm. Für die Zeit im Gefängnis und später für draußen. Er ließ Theater spielen und eine Fußballliga gründen; die Mannschaften verschiedener Gefängnisse sollten gegeneinander antreten.

Dabei sollte man sich nicht täuschen und meinen, dass Gabriel Jaufmann all dies veranlasste, weil er ein guter Mensch war. Er glaubte nur einfach daran, dass Menschen, die in irgendwelchen Strukturen stecken, weniger gefährlich sind als Menschen, die in keinen Strukturen stecken. Er begann in diesem Gefängnis noch etwas, was später zu seinem Markenzeichen wurde. Er entwickelte zu Häftlingen eine besondere Beziehung, deren Anfang so aussah: Er entließ sie einen Monat früher aus der Haft, manchmal auch zwei. Seine

Bedingung klang harmlos: Sie müssten ihm nur von da an in losen Abständen Informationen liefern, über ihr Leben, über andere Leben. Jaufmann entwickelte für diese Infos ein eigenes Karteikartensystem, in dem er mit einer Kombination aus Zahlen und Buchstaben operierte, die nur er entziffern konnte. Heute würde man sagen, er entwickelte einen Verschlüsselungscode.

In all seinen weiteren beruflichen Stationen kamen immer mehr Karteikarten dazu. Man konnte möglicherweise an der Ethik dieser Methode zweifeln. Aber es gab keinen anderen in der kriminalistischen Welt, der so gut informiert war wie er. Das Jaufmann-Netz. So wurde es genannt. Es hatte sich aus unzähligen Informanten geflochten.

Irgendwann kam Jaufmann ins Bundeskriminalamt. Er gehörte dort zu der legendären Truppe, die sich um die RAF kümmerte, um die Ermittlung bei Taten, die besonders schwierig aufzuklären waren. Jaufmann hatte damals schnell den Ruf, den Gehirnen der RAF so nah zu kommen wie niemand zuvor. Manche sagten, er komme ihnen zu nahe. Doch Jaufmann blieb immer der Polizist, er war nie gefährdet, die Seiten zu wechseln. Er war lediglich davon überzeugt, wer seinen Gegner nicht wirklich verstehe, könne ihn auch nicht wirklich vernichten. Wie viele Karteikarten in seinen RAF-Jahren dazukamen, wusste nur er selbst.

Ich stehe an der Anlegestelle der Fähre, unten in Maccagno, und warte auf das Schiff aus Cannobio. Er hat einen klaren Ablaufplan für unser Treffen vorgeschlagen. Er komme mit der Fähre in Maccagno an, dann könnten wir ein bisschen spazieren gehen am Seeufer und eine Stunde später mit der Fähre zusammen zurück nach Cannobio fahren. Vielleicht dort noch einen Kaffee trinken? Er habe in Cannobio seinen Wagen und werde dann wieder nach Hause fahren. Seine Mail endete: *Wollen wir es so machen?*

Als Jaufmann Chef des Verfassungsschutzes wurde, freuten wir uns. Der Wundermann kommt zu uns! Dass er schnell eine Revolution ausrief, verwunderte damals niemanden groß. Dass diese Revolution aber uns abschaffen sollte? Er wollte Schluss machen mit dem Einschleusen speziell ausgebildeter Menschen in die verschiedenen Verbrechermilieus. Er wollte die Leute nicht mehr haben mit den doppelten Leben, den dreifachen Leben. Er wollte die Leute verstoßen, die alles riskiert hatten, mit ihrer ganzen Existenz. So beurteilten wir damals seine Revolution.

Und heute? Frank Becker hat in seiner letzten Frage in seinem Zusatzprotokoll geschrieben: *Und wenn der P. am Ende doch recht hat?*

Die Fähre legt an. Auch wenn sie voll besetzt ist, wie jetzt, dauert es nie lange, bis die Leute ausgestiegen sind.

Gabriel Jaufmann ist ein kleiner Mann, ich sehe ihn erst spät, als er als einer der Letzten von Bord geht. Er trägt Jeans und ein weißes T-Shirt. Er hat sich null verändert, obwohl er um die 80 sein muss. Schmal ist er, macht bestimmt viel Sport, sein dünner Schnurrbart war damals schon grau.

»Grüß Sie, Herr Geier.«

Wir geben uns die Hand.

»Grüße Sie, Herr Jaufmann.«

Ich muss kurz überlegen, wie ich ihn früher angesprochen

habe. Chef? Papst jedenfalls nicht. So nannten wir ihn nur, wenn er nicht da war.

Jaufmann erzählt: Er lebe inzwischen in der Schweiz, nicht weit weg von Zürich und zwei Autostunden vom Lago Maggiore. »Ein angenehmes Land, diese Schweiz«, sagt er, »gerade für Leute wie mich.«

»Für Leute wie Sie? Wie meinen Sie das?« Ich lache.

»Für Leute, die gerne in Ruhe gelassen werden. Wie ist das bei Ihnen? Sie wollen doch auch Ihren Frieden haben. Geht das in Italien, in Maccagno?«

»Ja, das geht«, sage ich, »aber es läuft vielleicht anders als in der Schweiz. Ich denke, in der Schweiz ist die Ruhe gut organisiert. Hier in Italien herrscht viel mehr Chaos, aber für meine Ruhe passt das sehr gut.«

Kurz erzähle ich die Geschichte meines Suzuki-Jeeps, der mit einer deutschen Autonummer fährt. Der TÜV ist längst abgelaufen, doch in Italien ist das egal. Da hat der TÜV nichts zu sagen.

»Das mit dem Chaos könnte stimmen«, sagt Jaufmann. »Mir für meinen Geschmack war die Ordnung immer schon lieber.«

Er lächelt. Seine blauen Augen haben nichts an Glanz verloren.

Wir gehen am Wasser entlang. Vorbei an einer Parkbank nach der anderen. Ich mag Parkbänke gern, selbst wenn ich mich nicht hinsetze. Die Parkbank als Möglichkeit.

Jaufmann fragt: »Wie geht es Ihnen mit Ihrem neuen Leben? Haben Sie Ihre Entscheidung aufzuhören jemals bereut?«

»Nein«, sage ich, »ich mag mein neues Leben.« Und nach einer Pause: »Das neue Leben ist nicht mein Problem, das alte Leben ist das Problem, wenn es sich wie jetzt zurückmeldet. Deshalb habe ich Ihnen ja auch geschrieben.«

»Gut«, sagt er, »kommen wir schnell zur Sache, Herr Geier. Ich mag das. Was wollen Sie mir zeigen?«

»Setzen wir uns für einen Moment dahin«, sage ich.

Jaufmann nimmt Platz neben mir auf der Parkbank.

Ich schalte mein Handy an, hole mir das Zusatzprotokoll von Frank Becker und scrolle bis zum letzten Satz: *Und wenn der P. am Ende doch recht hat?* Ich vergrößere den Ausschnitt und gebe Jaufmann das Handy.

»Das ist es, was ich Ihnen zeigen will, nur diesen einen Satz, diese eine Frage. Lesen Sie bitte.«

»Oh, das ist mir zu klein.« Er holt eine Lesebrille aus der Tasche, liest und gibt mir dann das Handy zurück. Schaut mich an, fast amüsiert. »Herr Geier, ich verstehe gar nichts.«

»Lassen Sie mich erklären.«

Ich erzähle ihm, dass es zunächst wohl eine Art Handakte war, die Becker dann als Zusatzprotokoll in den Computer getippt hat. Ich reiße den Fall an, die linke terrorähnliche Gruppe, die toten Banker, ich spreche von der Frau, die später Elisabeth Bergner wurde und deren Aufgabe es war, die Gruppe auszuhorchen. Und ich nenne den Namen Angelus Marienthal.

»Erinnern Sie sich an den Fall?«, frage ich.

Als es losging, damals in Frankfurt, war Jaufmann noch Chef des Verfassungsschutzes.

»Ja, ich erinnere mich an den Fall«, sagt er. »Sehr gut sogar.«

Ich frage ihn, ob er mitbekommen habe, dass die junge Frau von damals jetzt, Jahre später, am Lago Maggiore umgebracht worden ist, in Luino, nicht weit von hier entfernt.

Jaufmann nickt. Hätte mich auch gewundert, wenn es anders wäre. Jaufmann als Rentner, der nicht mehr informiert wird? Unvorstellbar.

Ich erzähle weiter: Wie Frank Becker in dem Zusatzprotokoll seine Zweifel an dem ganzen Einsatz formuliert, wie er seine Begegnung mit Marienthal schildert. Und ich berichte von meinem Eindruck, dass Frank Becker nicht verstanden hat, nach welchen Regeln da gespielt wurde, und dass er deswegen trotz aller Warnungen immer weitergebohrt hat.

Ich nehme das Handy wieder in die Hand. Und räuspere mich. »Jetzt wird es vielleicht ein bisschen peinlich. Herr Jaufmann. Ich habe keine Ahnung, ob Sie wissen, dass Sie einen Spitznamen in der Behörde hatten.«

Er schweigt einen Augenblick, dann wieder dieser amüsierte Blick. »Sie meinen den Mann in Rom, oder? Ja, meiner Sekretärin ist es mal rausgerutscht. Ich habe nachgedacht und bin zum Schluss gekommen: Es hätte schlimmer kommen können. Papst. Immerhin!« Er lacht.

»Finde ich auch«, sage ich. »Verstehen Sie jetzt, was Becker mit der Frage meinte, ob P. am Ende doch recht hatte? Ich finde, dass dieser Gedanke aus seinem Mund ziemlich unglaublich ist.«

»Das stimmt. Frank Becker war einer meiner schärfsten Kritiker. Aber er hat immer mit offenem Visier gekämpft, im Gegensatz zu anderen. Schade, dass er diese Einsicht nicht früher hatte. Er hätte mir sehr helfen können in meinem

Kampf damals. Aber wissen Sie, ich habe ja selbst ewig gebraucht, bis ich bei dem Thema umgekehrt bin.«

»Was war Ihr Grund für diese Kehrtwende?«, frage ich.

Jaufmann schaut auf die Uhr. »Die Fähre. Wir müssen los.«

Nach ein paar Metern antwortet er auf meine Frage: »Es gab nicht diesen einen Grund. Es kam mehreres zusammen. Aber die erste Geschichte, die mich zum Nachdenken brachte, war diese junge Frau in Hamburg, die wir in die Linkspartei eingeschleust hatten und die sich dann in eine Frau verliebte, die sie eigentlich beobachten sollte. Kennen Sie die Geschichte?«

»Mir kommt so vor, als hätte ich schon mal gehört davon, aber ich erinnere mich nur sehr vage ...«

»Die wusste überhaupt nicht, dass sie eine lesbische Veranlagung hatte. Aber sie dachte, das sei jetzt die ganz große Liebe – und beichtete ihrer Freundin, wer sie wirklich war. Große Katastrophe, die Freundin drehte durch und schmiss sie raus. Wir mussten sie blitzartig da rausholen. Das Übliche, Sie kennen das. Die Tragik war: Sie hat sich nie wieder davon erholt. Sie hat sich das Spitzeldasein nicht mehr verziehen, weil sie diese Frau für die große Liebe hielt. Sie wurde drogensüchtig, wirklich schlimmstes Elend. Und dann habe ich mir einen Überblick verschafft über all die anderen Geschichten, wie das Leben unserer V-Leute weitergegangen ist, nach Ende ihres Auftrags. Sehr häufig war es der reine Horror. Sie führten ein Gespensterleben, irgendwo in der Fremde, die allermeisten haben nirgendwo mehr Fuß gefasst. Aber wem erzähle ich das? Das kennen Sie ja alles.«

Ich schweige.

»Herr Geier, an der Erkenntnis kommen wir nicht vorbei: Wir haben in Serie Tragödien gezüchtet.«

Wir betreten die Fähre, sie ist angenehm leer. Wir setzen uns ganz nach vorn, haben eine Reihe für uns. Ich denke an Paul, meinen Bassisten. Gut, der Fall liegt ein bisschen anders. Er war ein Whistleblower, er wollte selbst verschwinden. Ich habe nicht den Eindruck, dass sein neues Leben so schrecklich ist. Aber wie kann ich mich rechtfertigen? Elisabeth. Vor ein paar Monaten hätte man gesagt, alles gut, sie hat einen tollen Mann kennengelernt, sie haben eine nette Tochter bekommen. Und jetzt? Habe ich diese Tragödie gezüchtet? Kann man so sehen.

Die Fähre legt ab. Jaufmann fährt fort. Es ist ein Monolog, den er schon öfter gehalten hat, wenn wohl auch in letzter Zeit nicht mehr. »Die Schicksale dieser Menschen sind das eine. Aber es geht um viel mehr: Diese Leute sind lebende Zeitbomben. Sie wissen es doch, Herr Geier: Wie viele Leute von denen sind später straffällig geworden, Mörder, Totschläger, Bankräuber, alles dabei. Und alles musste vertuscht werden, denn die Lebensgeschichte durfte natürlich nie in einem Gerichtssaal diskutiert werden. Nie durfte ein Richter fragen: Wer hat denn diese Biographien verbrochen?«

Ich weiß genau, was jetzt noch kommt. Immer wieder habe ich das damals gehört, und ich weiß noch gut, wie ich – und alle anderen auch – immer dachte: Wovon redet dieser Mann?

Jaufmann sagt: »Wir müssen diese Geisterwelt beenden. Da hat sich längst was verselbständigt. Immer häufiger begegnen sich Figuren aus dieser Welt, und keiner weiß vom anderen, dass der auch ein Gespenst ist. Es ist zum Verrücktwerden, wirklich. Mir wurde klar, und das ist heute aktueller denn je, dass dies alles in keinem Verhältnis steht zu den Ergebnissen und Informationen, die geliefert werden.«

Ich unterbreche ihn. »Herr Jaufmann, sagen Sie mir: War Angelus Marienthal eines dieser Gespenster?«

»Natürlich«, sagt er.

»Die drei toten Banker – war das sein Werk?«

Jaufmann antwortet: »Ich habe nie verstanden, wie irgendjemand glauben konnte, dass plötzlich gleich drei Banker in Frankfurt Selbstmord begehen sollen. Ich habe keine Ahnung, wie er es gemacht hat, aber klar, er hatte damit zu tun.«

»Hat dieser Marienthal auch etwas mit dem Tod von Frank Becker zu tun?«

»Sie brauchen doch nur eins und eins zusammenzuzählen.«

»Verstehe ich das richtig: Ist Frank Becker der Wahrheit zu nahe gekommen? Aber, bitte, welcher Wahrheit?«

»Wahrheit.« Jaufmann spuckte dieses Wort aus, als wäre es eine verdorbene Auster.

»Bitte, Herr Jaufmann, geben Sie mir eine Antwort.«

»Werden Sie jetzt nicht naiv, lieber Herr Geier. Ich kann nicht reden, und Sie dürfen nicht mal fragen. Wir sind Geheimnisträger, junger Mann, haben Sie das vergessen?«

Wir nähern uns Cannobio. Die Einfahrt zum kleinen Hafen ist schon gut zu sehen.

»Ich versuche es noch mal anders. Die Bundesanwaltschaft hat die Ermittlungen übernommen. Die haben ja auch das Zusatzprotokoll von Becker. Die Spur führt kilometerbreit zu diesem Marienthal. Glauben Sie, die nehmen den Mann hoch?«

Er schaut mich lange an, mustert regelrecht mein Gesicht.

»Ich sage Ihnen, was passieren wird«, fährt Jaufmann fort. »Da würde ich hoch drauf wetten, wenn ich wetten würde. In Kürze wird ein Täter präsentiert werden, ein Mörder. Es wird der Mann sein, der Frank Becker erschossen hat. Alles wird furchtbar glaubwürdig klingen. Und alles wird weit weg führen von diesem Mann, der früher mal Marienthal war. Es wird weit weg führen von den Auftraggebern.«

Wir sitzen dann noch in einem Café an der Promenade von Cannobio. Diese Uferpromenade hat hinter sich eine kerzengerade Linie alter Häuser, jedes in einer anderen Farbe gestrichen, Ocker, Rosa, Gelb, Rot, Grün. Nachts ist sie eine genauso kerzengerade Lichterkette, die sich im Wasser spiegelt. Daran erkennt man diesen Ort.

Eine schweigsame Angelegenheit, unser Dasitzen. Ich zeige Jaufmann meinen Turm, den man von hier aus gut sehen kann. Dann frage ich noch etwas: »Glauben Sie, dass der Mord an Elisabeth mit dem Mord an Frank Becker zusammenhängt?« Jaufmann schweigt.

Ich sage: »Soll ich wieder eins und eins zusammenzählen?«

Er nickt, ja, ich glaube, es war ein Nicken.

»Noch eine letzte Frage«, sage ich. Ich versuche einen Hauch Heiterkeit hineinzulegen: »Es interessiert mich rein persönlich. Glauben Sie, dass ich in Gefahr bin?«

»Ich weiß es nicht«, sagt Jaufmann, »wirklich nicht. Aber was ich weiß: Die von mir so genannten Gespenster sind sehr gut dabei, ihre Welt zu verteidigen. Ich habe es zu spüren bekommen. Und was sie fürchten wie nichts sonst, ist Aufmerksamkeit. Oder Öffentlichkeit. Das ist wie bei den Vampiren, die im Sonnenlicht zugrunde gehen. Deshalb glaube ich, dass in dieser Sache nichts mehr passiert. Es wäre zu gefährlich. Das ist aber nur meine Meinung.«

Einen Augenblick überlege ich, ob ich ihm von dem Überfall auf Lara und der Drohung an mich erzählen soll. Aber ich lasse es.

Jaufmann bringt mich zum Steg. Meine Fähre geht wieder zurück. Ich frage ihn, ob er denn die Polizeiarbeit und sein altes Leben vermisse.

»Ja«, sagt er, »ich vermisse es sehr. Ich bin ja nicht freiwillig gegangen, so wie Sie. Ich wurde weggeschickt. Und das alles, der ganze Mist, geht weiter, auch ohne mich. Nützt ja nichts, wenn ich sage: Geht mich nichts mehr an. Klingt verrückt, aber lieber wäre ich da noch mittendrin und könnte wenigstens so tun, als würde ich an irgendwelchen Schrauben drehen, die in die richtige Richtung führen.«

49

»*PRONTO.*«

Sie ist tatsächlich am Telefon. Ich hatte damit gerechnet, dass sie bei meinem Namen die Mailbox angehen lässt.

»Ich bin's, Cristina«, sage ich.

»*Sì*«, sagt sie. »Was willst du?«

»Ich möchte dich etwas fragen«, sage ich. »Hast du zwei Minuten Zeit?«

»*Sì*«, sagt sie.

Es ist zehn Uhr abends. Ich stehe an der Hauptstraße in Maccagno, vorm Eingang des Lokals der »Bösen«. Ich habe dort eine Pizza gegessen und eine Flasche Mut getrunken, Valpolicella Ripasso. Ach ja, auch noch zwei Grappa.

Jedenfalls erzähle ich Cristina jetzt etwas umständlich von dem kommenden Auftritt in New York. Und sage noch, dass New York im Oktober besonders angenehm sei, nicht mehr Sommer, aber noch nicht Weihnachten, bla bla bla.

Sie sagt: »Schön für dich.«

Ich sage: »Vielleicht kannst du dir ja ein paar Tage freinehmen ...«

Es entsteht Stille in der Leitung. Die ich leider nicht aushalte. Also rede ich weiter: »Ich würde dich gern einladen, zum Konzert natürlich auch, wir könnten ...«

»... es noch mal versuchen?«, unterbricht sie mich.

Ihre Stimme klingt vollkommen neutral. Aber das ist ja immer so bei ihr.

»So etwas in der Art, ja«, sage ich.

Aus der Tür des Restaurants ergießt sich hinter mir eine debattierende italienische Großfamilie auf die Straße. Und vor mir fährt ein Lastwagen mit zischenden Druckluftbremsen vorbei. Cristina sagt etwas, aber ich kann sie nicht verstehen. Ich höre nur noch: »Buona notte, Lukas.« Dann hat sie aufgelegt.

Hat sie gesagt, dass sie darüber nachdenkt? Ich meine, das Wort *»penso«* gehört zu haben, heißt: ich denke. Aber vielleicht hat sie nur gesagt: Ich denke, das ist keine gute Idee. Zwei Sätze waren es. *»La musica«* kam auch darin vor und das Wort *»noi«*, wir.

Soll ich sie noch mal anrufen? Eine SMS schreiben? Oder lieber erst mal gar nichts machen? Und es vielleicht morgen Vormittag noch einmal versuchen? Nicht ganz nüchterne Typen, die nachts anrufen und komische Vorschläge machen – davon gibt es ein paar in Cristinas Leben, würde ich mal vermuten.

Ich drehe mich um, gehe noch mal zu den Bösen rein und bestelle Espresso.

»Und noch einen Grappa?«, fragt der Kellner.

»Okay«, sage ich.

50

ICH HÖRE EIN GERÄUSCH, EIN KRATZEN. ICH SITZE am Küchentisch. Das Geräusch wird lauter. Ich habe es jetzt schon länger nicht mehr gehört. Ich ahne, was es ist. Das Kratzen kommt vom Kamin. Als ich in den Turm eingezogen bin, habe ich insgesamt fünf Kamine einbauen lassen, verteilt auf die Stockwerke und die verschiedenen Räume. In den Sommermonaten, in der Hitze, kann man sich kaum vorstellen, dass die Kamine jemals zum Einsatz kommen. In den kalten Monaten liebe ich es, wenn alle Öfen brennen. Ich starre manchmal einfach nur ins Feuer, schaue zu, wie das Holz hinter dem Kaminfenster von den Flammen erfasst wird, die sich ins Innere vorarbeiten, wie es erst zur Glut und schließlich zu Asche wird.

Jetzt sehe ich etwas anderes hinter der Glasscheibe. Es hat vier Füße und einen buschigen Schwanz. Und einen vorwurfsvollen Blick. Komm, sagt der Blick, mach schon auf. Siebenschläfer sind sehr selbstbewusste Tiere, besonders schlau sind sie anscheinend nicht. Auf ihren Wanderungen zwischen den Decken und Dachwindungen des Turmes fallen sie gelegentlich in die steilen Kaminschächte, purzeln herunter und landen unten vor der Glasscheibe. Aus eigener Kraft kommen sie nicht zurück, der Schacht ist zu steil. Einmal, ich war längere Zeit verreist, ist ein Siebenschläfer im Kamin verhungert. War kein schöner Anblick.

Ich blicke den Siebenschläfer an. Könntest etwas freundlicher schauen, denke ich, etwas liebevoller, etwas weniger vorwurfsvoll, angesichts deiner Lage. Ich öffne den Kamin und das Fenster. Ich weiß, was jetzt passiert. Er wartet, bis ich verschwinde. Er geht erst raus, wenn ich ihm nicht zusehe. Kurz denke ich, dass ich auch das Problem mit den Siebenschläfern nicht gelöst habe. Ich habe diese Flasche von Siebenschläfer-Jäger weggeschickt. Gut. Aber was nun?

Mein Handy läutet. Herbert. Ich gehe ran.

»Der Mord an Frank Becker ist aufgeklärt«, sagt er. Ich höre keinerlei Emotion in seiner Stimme. »Gestern war in Offenbach der Zugriff. Der Täter hatte mit der Mafia zu tun, ein Tschetschene. Ich simse dir nachher gleich noch den Namen.«

»Wie, Tschetschene?«, frage ich, »was hatte denn der mit Frank zu tun?«

»Ich weiß auch nicht viel«, sagt Herbert, »ich hab nur die offizielle Erklärung gelesen. Da steht sinngemäß, Becker hatte in Sachen organisierte Kriminalität ermittelt, und das hat diesem Tschetschenen nicht gepasst. Irgendwie so was.«

Plötzlich habe ich noch eine andere Stimme im Kopf. Es ist die von Gabriel Jaufmann: *»Sie werden bald einen Täter präsentieren ... dieser Täter wird weit weg führen von Marienthal ... Die Gespenster verstehen es gut, ihre Welt zu verteidigen.«*

»Lukas, bist du noch dran?«

»Ja, ja, bin noch dran ...«, sage ich.

Herbert sagt: »Es scheint jedenfalls keinerlei Zweifel zu

geben. Der Typ hatte 'ne ewige Vorstrafenliste, und seine Waffe, die sichergestellt wurde, ist die Waffe, mit der Frank getötet wurde. Er hat Frank erschossen, das ist sicher.«

»Hat der Typ gestanden? Gab es Komplizen?«, frage ich.

»Der kann nicht mehr gestehen. Der ist tot. Bei seiner Verhaftung kam es zu einem Schusswechsel. Ein Beamter von der Spezialeinheit wurde verletzt, der Typ erschossen.«

»Und wie findest du diese ganze Sache, Herbert? Wie findest du diese Geschichte?«, frage ich.

»Ich finde gar nichts, Lukas. Wir können die Tage ja noch mal sprechen. Ich wollte dir es nur schnell erzählen.«

»Danke dir. Tschüs, Herbert.«

Ich schaue auf den Kamin. Der Siebenschläfer ist weg. Wehe, du fällst noch mal in meinen Kamin. In der Küche gehe ich auf und ab. Ich muss noch mal telefonieren. Ich weiß es: Der Killer, der im Auftrag von wem auch immer Frank Becker erschossen hat, hat auch Elisabeth Bergner getötet, im Auftrag von demselben wer auch immer. Da bin ich sicher. Ich wähle ihre Nummer.

Die Mailbox von Cristina springt an.

»Cristina, die deutschen Behörden haben einen Täter. Der Mann soll Becker erschossen haben, ein Tschetschene. Irgendwas mit Mafia. Hol dir seine DNA. Es wird wohl so sein, dass der Mann auch Elisabeth Bergner getötet hat. Die DNA im Hotelzimmer in Luino müsste die seine sein. Cristina, ruf mich an, wenn du von mir noch mehr wissen willst. Wenn ich was helfen kann.«

Ein paar Minuten später kommt eine SMS. Ich denke, ich hoffe, sie kommt von Cristina.

Sie kommt von Herbert. Er schreibt: *Der Name des Tschetschenen: Rasputin Guardiaschwilli.*

Rasputin. O Mann. Der Name wird wahrscheinlich sogar stimmen.

51

VOR EINIGEN JAHREN SORGTE EINE UNTERSUCHUNG des kriminologischen Instituts in Hannover für Aufmerksamkeit. Die Medien stürzten sich darauf, und auch in Polizeikreisen wurden die Ergebnisse durchaus registriert. Die Forscher hatten die Auswirkungen von Kriminalfällen untersucht, die ungelöst blieben. Und zwar bei einer ganz speziellen Zielgruppe: bei Polizisten. Die Ausgangsfrage lautete: Wie kommen Ermittler damit zurecht, wenn alle ihre Aufklärungsbemühungen ins Leere laufen? Anders ausgedrückt: Wie verkraften Polizeibeamte ihr Scheitern?

Das Fazit der Studie war: Sie verkraften es nicht gut, gar nicht. Viele werden krank und arbeitsunfähig – sie greifen zu Alkohol und anderen Drogen. Sie können es nicht akzeptieren, dass die Täter ihnen entkommen sind und noch frei herumlaufen. Am Ende ging den Wissenschaftlern ihr Hang zur Zuspitzung ein wenig durch. Auf ziemlich wackliger statistischer Datenbasis behaupteten sie, gescheiterte Kommissare würden bis zu fünf Jahre früher sterben als erfolgreiche Polizisten. Wie so üblich versuchten die Praktiker, die Ergebnisse von sich fernzuhalten, und spotteten über die Untersuchungsmethoden und die angeblich fehlende Professionalität.

Frank Becker reagierte damals anders, er interessierte sich sehr für das Thema. Er stellte die Untersuchungen sozusagen auf den Kopf. Wenn es stimme, dass Ermittler ihre Fälle unbedingt aufklären wollten, dann stimme es auch, dass sie vielleicht auch mal zu Lösungen griffen, die keine seien. Ich erinnere mich noch gut, wie er uns darüber einen Vortrag hielt. So wie er es öfter tat, wenn er das Gefühl hatte, er müsse seine Spezialeinheit mal wieder aufeinander einschwören. Becker sprach davon, dass wir in unserem Job nun eben manchmal Kollegen täuschen müssten – und er sprach von Knochen, die man der hungrigen Polizistenseele dann hinwerfen müsse.

Ich stehe in meiner Küche hoch über dem See. Als das Gespräch auf dem Handy mit Cristina zu Ende ist, muss ich an diese Studie denken. Es war ein kurzes Gespräch, eigentlich waren es nur ein paar Worte. Cristina hatte angerufen, aus ihrem Büro, im Hintergrund waren Stimmen zu hören.

»Wir haben gerade das Ergebnis von der DNA-Überprüfung bekommen. Negativ. Keinerlei Übereinstimmung zwischen der DNA des Tschetschenen und der DNA im Hotelzimmer. Dachte, das ist interessant für dich.«

Was sollte diese Schlussbemerkung von ihr? *»Interessant für dich.«* War da eine Prise Kritik dabei? Egal.

Ich überlege, ob ich jetzt fünf Jahre früher sterben werde, weil ich vermutlich mit einem unaufgeklärten Fall leben muss.

Nein. Ich bin ja kein Polizist mehr.

HERBST

52

MAN KÖNNTE MEINEN, DER SOMMER VERABSCHIEdet sich hier am Lago Maggiore nur langsam, schleppt sich bis Ende Oktober dahin. Aber das stimmt nicht.

Urplötzlich macht die Gegend eine Ansage. Zuerst liegt sie nur in der Luft und im Licht. So, liebe Leute, heißt diese Ansage, jetzt müsst ihr gehen, ich will wieder allein sein. Ich will mich ausruhen von all dem Blühen und Duften, dem Trocknen eurer Haut, dem Tragen eurer Boote, dem Füllen eurer Gläser … Ich brauche eine Pause von eurem Gelächter, von eurem miserablen Italienisch, von euren Feriengesichtern.

Und damit die Ansage auch gleich richtig ankommt, wird sie durch drastische Maßnahmen verstärkt. Tagelange Regenfälle zum Beispiel, Temperaturstürze um 15 Grad – und die gefürchteten Herbststürme.

Als wir vom letzten Feinschliff der neuen Aufnahmen in dem Münchner Studio nach Maccagno zurückkommen, wartet beim Aufstieg zum Turm eine Überraschung auf uns. Es ist schon fast Mitternacht, der letzte Tag im September. Die Luft ist kühl, man spürt, dass es viel geregnet hat, aber der steile Weg ist trocken. Wir sind mit Pauls Kombi in München gewesen und haben beschlossen, meine zwei Gitarren, Pauls Bass und Helens Klangschalen gleich noch nach oben ins Studio zu bringen. Doch auf halber Strecke taucht im Licht unserer Taschenlampen nach einer Biegung eine Wand auf, die vorher nicht da war. Sie ist etwa drei Meter hoch und nimmt in der Breite den ganzen Weg ein. Gespenstisch aussehende Arme ragen aus ihr heraus und strecken sich unseren Lichtkegeln entgegen. Die Wand ist der Wurzelteller eines gigantischen Baumes, herausgerissen aus dem Berg. Ein Sturm hat den Baum umgeworfen, das ist klar. Die Wurzeln halten noch große Felsbrocken umklammert. Wir klettern seitlich davon über die Steinmauer am Rand des Weges ein Stück nach oben. Hinter seiner Wurzel liegt der ganze Baum auf dem Weg, eine bestimmt zwanzig Meter lange Kastanie mit drei dicken Stämmen. Die Taschenlampen beleuchten ein Gewirr aus Ästen und Blattwerk. Es riecht nach gesplittertem Holz und feuchter Erde.

»Du kannst bei mir übernachten«, sagt Paul, »oder willst du da heute Nacht noch durchklettern?«

Ich bin unschlüssig. Ich sehne mich nach meinem Bett. Bei anderen Leuten übernachte ich nicht gern, mochte ich noch nie. Aber vielleicht hat er recht. Im Finstern durch diese Baumkrone steigen, mit der Chance, dass man irgendwo abrutscht und sich weh tut? Und was erwartet mich dann schon? Der Turm ist dunkel und nach sieben Tagen und Nächten Abwesenheit sicher kühl und klamm. Das Studio ist auch dunkel, Ambrogio ist nicht mehr da. Er ist schon Anfang September zurück zu seiner Frau gezogen. Das hat er jedenfalls so gesagt.

»Okay«, sage ich, »bring mich ins Camin-Hotel zu Lara. Bei dir übernachten nur die Gitarren.«

Wir kehren um. Ein merkwürdiger Trupp bewegt sich da im Dunklen auf dem steilen Weg mitten durch den Wald nach unten. Drei Gestalten mit sonderbar geformten schwarzen Instrumentenkoffern, zum Teil auf den Rücken geschnallt, Taschenlampen in der Hand. Mitunter, wenn sich die Gestalten irgendwo festhalten müssen, nehmen sie die Taschenlampen in den Mund.

Vor ein paar Stunden saßen wir noch im Regieraum des Studios in München und hörten uns die finalen Aufnahmen unserer Songs an. Drei Stars, so könnte man das schon sagen, jeder mit einem Glas Champagner vor sich, im Ohr die Songs, die unmittelbar nach dem Konzert in New York veröffentlicht werden sollen. Ein kleines Singlefeuerwerk, so hat die Plattenfirma das Erscheinen konzipiert. Sechs Lieder, alle zwei Wochen kommt ein neues. Zuerst nur digital auf den Plattformen. Aber zu Weihnachten gibt es dann eine edle CD. Alle Stücke sind unplugged eingespielt, drei alte und drei neue.

Die ersten Aufnahmen davon sind schon vor sieben Wochen nach New York gegangen, unsere Verträge für den Auftritt kamen postwendend zurück. Heute in München hieß es, dass sogar drei ehemalige US-Präsidenten bei dem Event manche der Künstler ansagen werden. »Wer weiß«, hat unser Tontechniker gesagt, der ungefähr so groß und schwer ist wie die umgefallene Kastanie, »wer euch am Ende noch ankündigt, vielleicht Jesus.« Und er hat sein Champagnerglas dabei gehoben.

»Wollen wir vor der Abreise nach New York überhaupt noch mal proben?«, fragt Helen, als wir wieder in Pauls Kombi sitzen. »Was meint ihr?«

»Die Songs sitzen«, sagt Paul.

»Vielleicht noch ein Mal«, sage ich und denke an meine Gesangslehrerin Connie. Du bist in Topform, hat sie vorgestern in München gesagt. Mach jeden Tag deine Übungen, damit es auch so bleibt. Für diese Übungen brauche ich die Band nicht. Aber vielleicht für die Seele.

Laras Hotel ist schon ziemlich dunkel, nur hinter wenigen Fenstern brennt Licht. Paul fährt durch das Tor auf den Parkplatz, wo Lara überfallen wurde, und lässt mich raus. Helen greift nach hinten und gibt mir meine Reisetasche.

Der Parkplatz ist fast leer, nur ein Porsche 911 mit Freiburger Kennzeichen und ein großer Audi aus der Schweiz stehen da. Bald wird Lara das Hotel für seinen Winterschlaf zusperren.

Meine Schritte auf dem Kies sind das einzige Geräusch, nachdem Pauls Kombi verschwunden ist. Wie immer benutze ich den schmalen, seitlichen Zugang zur Terrasse anstatt den Haupteingang über die vordere Treppe. Die Beleuchtung der Terrasse ist ausgeschaltet, von innen fällt ein schwacher Lichtschein auf die Tische und Stühle unter der schweren Markise. Nur vier Tische sind fürs Frühstück eingedeckt. Durch die Glasscheibe sehe ich die Rezeption, niemand sitzt an dem Tresen, aber im kleinen Büro dahinter brennt Licht. Ich schiebe eine der Glastüren auf und betrete das Hotel.

»Buona sera«, sage ich laut.

Aus dem kleinen Büro taucht eine junge Frau auf. »Buona sera«, sagt auch sie und lächelt. »Wie kann ich Ihnen helfen?«

»Ich würde gern bei Ihnen übernachten, nur eine Nacht.« Ich stelle meine Tasche auf den Boden.

»Das lässt sich einrichten«, sagt sie. »Möchten Sie ein Zimmer mit Seeblick oder lieber zur Seite hinaus in unseren ruhigen Garten?«

»Er möchte das Zimmer 105«, sagt eine Stimme hinter mir.

Erst jetzt bemerke ich Lara, die im Halbdunkel in einem der Sessel im Foyer sitzt. Sie steht auf, geht zum Tresen und nimmt die 105 vom Schlüsselboard.

Im Zimmer 105 hatte ich damals gewohnt, als der Turm renoviert wurde. Fast drei Monate lang, bis schließlich der Umzugslaster aus München eintraf. Es ist ein ebenerdiges Zimmer ganz am Anfang des Gebäudes mit einer kleinen, eigenen Terrasse.

»Hallo, Lukas«, sagt Lara.

»Ein Baum ist umgefallen auf dem Weg zum Turm«, sage ich.

»Ja, auch bei uns sind zwei umgefallen. Wir hatten heftigen Sturm. Und er kam so schnell, dass wir die Liegen am Wasser nicht mehr in Sicherheit bringen konnten. Sind fast alle kaputt.«

Lara sieht gut aus, hat kein Tuch mehr um den Kopf gebunden. Sie bemerkt meinen Blick und zupft an ihren kurzen Haaren. »Vielleicht lasse ich es so«, sagt sie. »Mal sehen. Möchtest du noch etwas essen oder trinken?«

»Einen Pfefferminztee«, sage ich.

»Die Kaffeemaschine ist leider schon ausgeschaltet«, sagt die junge Frau.

»Das macht nichts«, sagt Lara, »Nehmen Sie den Wasserkocher im Büro. Ich möchte auch einen Pfefferminztee.«

Wir sitzen lange nebeneinander auf der dunklen Terrasse.

Lara hat zwei leichte Pullover gebracht und die Kerze eines Windlichts angezündet. Auf der gegenüberliegenden Seeseite blitzt ab und zu ein Autoscheinwerfer auf. Der See selbst ist schwarz, wir sehen nicht ein einziges Licht eines Bootes. Einmal huscht ein großer Marder direkt vor uns die Steinmauer entlang.

Ich erzähle von den Aufnahmen in München, wie es war, mal wieder paar Tage lang in der alten Heimat zu sein, ich rede über New York, den Auftritt, der ja hier auf ihrer Terrasse seinen Ursprung hatte. Ich erkundige mich nach Viviana, erfahre, dass sie jetzt Tierärztin werden will. Die Schule hat wieder angefangen.

»Gestern war Cristina Conte hier«, sagt Lara, und ich spüre ihren Blick von der Seite.

»Gibt es etwas Neues?«, frage ich.

»Nein«, sagt Lara. »Es wird wohl nie geklärt werden, warum Elisabetta so grausam ums Leben gekommen ist. Ein Rätsel ist das.«

»Ja«, sage ich.

»Aber Cristina Conte gibt nicht auf, die ist echt hartnäckig.« Sie macht eine Pause. »Das weißt du ja besser als ich.«

Ich sage nichts.

Lara sagt auch nichts.

Ein merkwürdiger Sommer, darüber reden wir dann. Der merkwürdigste von den vielen Sommern, die wir beide hier erlebt haben.

»Der Sommer mit der Leiche«, sage ich.

»Der Sommer mit den zwei Leichen«, sagt Lara, »in Laveno ist doch auch eine Frau umgekommen, ertrunken.«

»Ja, stimmt«, sage ich, »das Zimmermädchen aus einem Hotel in Stresa, auf der anderen Seeseite.«

»Ach, ein Zimmermädchen war das? Von welchem Hotel?« Lara richtet sich in ihrem Stuhl auf. »Woher weißt du das?«

Cristina hatte es mal erwähnt, ich hätte es nicht sagen sollen.

»Stand in der Zeitung«, sage ich.

»Nein, stand es nicht«, sagt Lara, steht auf, geht ins Haus und kommt wenig später mit zwei neuen dampfenden Tassen Pfefferminztee zurück.

»Warum hat das nicht geklappt zwischen euch?«, fragt sie, als sie wieder neben mir sitzt.

Lara weiß immer alles – oder spürt es zumindest. Aber sie ist für mich die falsche Person, um über Cristina zu sprechen.

She once was a true love of mine. Aus welchem Song ist das noch gleich?

»Sag mal, Lara«, lenke ich ab, weil mir plötzlich etwas eingefallen ist, »als wir im Juni in deinem Boot zu Leonardos Altenheim gefahren sind, kurz nach dem Mord im Hotel Centrale, da hast du mir doch mitten auf dem See einen kleinen Vortrag gehalten, wer alles seine Finger oder sein Geld drin hat im neuen Centrale, weißt du noch?«

»Ja«, sagt Lara. »Läuft übrigens nicht so toll, das Hotel. Die Gäste beschweren sich, dass es zu laut ist, dort mitten im Ort, direkt an der Hauptstraße und am Fähranleger. Hört man jedenfalls.«

»Kannst du mir den Vortrag vom Boot noch mal halten, bitte?«

»Jetzt?«

»Warum nicht?«

»Gehst du mit mir dafür einen Abend groß aus?«, fragt Lara, »am 9. Oktober?«

»Am Tag darauf fliege ich nach New York«, sage ich.

»Von wo fliegst du? Mailand?«

»Nein. Von Lugano aus. Erst nach Zürich, von dort nach New York«, antworte ich.

Lugano und der Luganer See sind nur eine halbe Stunde von hier, und der Flughafen ist winzig und angenehm. Kleine Propellermaschinen starten mehr oder weniger auf einer Wiese.

Lara lacht ihr helles Kieselsteinlächeln.

»Perfekt«, sagt sie. »Du begleitest mich zu einer Benefizgala in Lugano. Mein Mann kann nicht an dem Abend.«

Dann erzählt sie mir noch mal, wer hinter der Investition ins Hotel Centrale steckt. Und mir wird dabei plötzlich klar, dass ich noch heute Nacht einen Anruf machen muss.

Es ist halb drei Uhr morgens, als ich schließlich auf dem Bett sitze in Zimmer 105 und die Nummer wähle. Die Mailbox geht an, und ich spreche meine Information so klar und deutlich wie möglich darauf. Aber es ist die Mailbox der falschen Person, wie sich später herausstellen wird. Ich hätte nicht Herbert von meiner alten Dienststelle in München anrufen sollen. Sondern Cristina Conte von der Mordkommission in Varese.

53

»WARUM HÖRE ICH NICHTS, HERBERT?«, SAGE ICH ohne Begrüßung ins Handy.

»Hallo, Lukas«, sagt er. »Was willst du denn hören?«

»Hast du meine Nachricht vor ein paar Tagen nicht bekommen? Ich hab dir auf die Mailbox gesprochen.«

Ich stehe im Turm am Fenster. Der See ist silbern wie Quecksilber, der Himmel grau wie Blei. Die Berge sind schwarz.

»Ja, ich habe deine Nachricht abgehört«, sagt Herbert.

»Und? Was hat die Überprüfung ergeben?«

Er räuspert sich.

»Lukas«, sagt er dann, und er klingt ein bisschen so, als spräche er mit einem Kind. »Der Fall ist abgeschlossen. Wir überprüfen nichts mehr. So, wie wir das sehen, besteht auch keine Gefahr mehr, weder für dich noch für die Familie von Elisabeth Bergner, noch für irgendeine andere Person.«

»Dass die DNA eures angeblichen Täters nicht übereinstimmt mit der unbekannten DNA, die im Hotelzimmer gefunden wurde – das kümmert euch nicht?«

»Der Mann war ein Profi und hat keine Spuren hinterlassen«, sagt Herbert. »Du weißt doch selbst genau, wie das ist: Irgendeine DNA in einem Hotelzimmer sagt nicht viel.«

»In einem Hotelzimmer, das vorher noch nie benutzt wurde?«

»Lukas, das Zimmermädchen aus Stresa ist auf tragische Weise ertrunken. Sie hat nichts mit dem Fall zu tun.«

»Also habt ihr sie doch überprüft.«

»Ich wünsche dir einen schönen Tag«, sagt Herbert. »Trittst du nicht bald bei diesem *Hello-Europe*-Ding in New York auf? Hab da was drüber gelesen. Gratuliere! Mach's gut, Lukas.«

Ich lege das Telefon weg und starre auf den See. Ist mir das früher nie aufgefallen, wie geschlossen diese Welt war, in der ich so lange gearbeitet habe? Ein Paralleluniversum mit eigenen Gesetzen, eigener Logik, eigenen Verhaltensregeln – und einem sehr engen Blick aufs Leben. Ich muss an meine Schifffahrt mit dem Papst denken, vor wenigen Wochen. Ein gespenstisches Universum ist es, grau und bleiern wie der Himmel heute. Hab ich das nicht gemerkt?

Hat Britta mich deswegen verlassen, weil sie in dieser grauen Welt keinen Platz für sich sehen konnte, sehen wollte? Und hat sie mir deshalb keine Erklärung gegeben, weil sie schon ahnte, dass ich sie nicht hören würde? Dass ich ähnlich reagieren würde wie Herbert eben?

Man kann auch versuchen, mit einer Betonmauer zu diskutieren.

Das Hotel in Stresa, bei dem das Zimmermädchen angestellt war, gehört einer Familie, die noch zwei andere Hotels besitzt und mehrere Restaurants. Alle auf der anderen Seeseite, im Piemont also. Jetzt hat diese Familie zum ersten Mal hier auf unserer Seite, in der Lombardei, ihr Geld eingesetzt. Sie ist Hauptinvestor beim neuen Hotel Centrale. Dieser Zusammenhang war mir plötzlich auf der dunklen Terrasse neben Lara klargeworden, bei Pfefferminztee.

Die ungeklärte Frage, wie sich Elisabeth Bergner Zugang zum Hotel Centrale verschafft hatte, wie sie überhaupt unbemerkt hineingekommen ist, hat plötzlich einen Ansatzpunkt bekommen. Zimmermädchen haben Generalschlüssel, können vielleicht solche besorgen ... Und es passt durchaus zur Organisation, vor der ich Elisabeth Bergner verstecken wollte, dass alle sterben müssen, die bei einer Operation beteiligt waren. Auch ein Zimmermädchen, das nur Türen aufgesperrt hat.

Du bist raus, Lukas.

Ich bin kein Kommissar mehr.

Vielleicht besteht ja wirklich inzwischen keine Gefahr mehr, wie Herbert sagte. Auch der Papst hat das schon im Sommer so gesehen. Die Frau, die einmal ein Spitzel war und zuletzt Elisabeth Bergner hieß, wurde exekutiert. Ihr Chef, Frank Becker, ebenfalls. Mir wurde der unmissverständliche Tipp gegeben, nicht weiter zu ermitteln. Und er wurde mir nicht direkt, sondern über Lara gegeben. Auch typisch für solche Organisationen: Wir zeigen dir, wie gut wir uns auskennen in deinem Leben, Freundchen.

Vielleicht sollte ich wirklich Ruhe geben. Wer hat etwas davon, wenn ich es nicht tue? Ich? In wenigen Tagen stehe ich auf einer der berühmtesten Bühnen der Welt und singe. Ein Traum geht in Erfüllung.

Tutto bene.

Was wäre ich heute eigentlich für ein Mensch, wenn die Musik mich nicht befreit hätte? Frag mal Britta, denke ich.

Und was bin ich für ein Mensch? Frag mal Cristina?

Ach, Cristina. Unlängst hab ich ein paar Songzeilen aufgeschrieben, sie handeln von ihr. (Nein, würde Connie sagen, sie handeln NICHT von ihr, sie handeln von DIR.)

Du bist der Mond in meinem Kopf
Manchmal gehst du auf
Manchmal gehst du unter
Manchmal bist du nur halb
Manchmal bist du gar nicht
Und wenn du voll bist
Kann ich nicht mehr schlafen.
Du bist der Mond in meinem Kopf

Ist natürlich noch ganz roh und muss auch ins Englische übertragen werden. Mit bisschen Italienisch drin, das ist ja unser Markenzeichen geworden. Helen wird dabei helfen, aber sie kennt die Zeilen noch nicht.

Die Musik wird mir auch diese Brücke bauen, Cristina. Die Brücke, auf der ich über dich hinweggehe.

Der See wie Quecksilber, der Himmel wie Blei, der Tag wie eine Straße. Lang und gerade liegt sie vor mir. Ich muss nichts tun, nichts denken.

Ich nehme die orangerote Gibson Hummingbird von ihrem Ständer. Ihr Hals und ihr Corpus sind aus Mahagoni, das Griffbrett aus Palisander. Die Decke mit dem Schallloch aus Sitkafichte.

Ich lasse mich auf das Sofa sinken und schlage einen fis-Moll-Akkord an. Das Holz schwingt, der unverwechselbare Klang breitet sich aus.

Luna, Luna, help me to forget the moon.

Das ist doch schon mal was. Damit kann ich doch schon mal anfangen.

54

ICH SEHE: DIE SEILBAHN VON CURIGLIA HINAUF nach Monteviasco, wo wir früher in den Ferien gewohnt haben, ist außer Betrieb. Die gelbe Gondel hängt reglos in ihrer Startposition, die Türen zu dem Gebäude sind geschlossen. Es habe einen Unfall gegeben, sagt der Mann, der mit einem Laubbläser den leeren Parkplatz säubert.

»Aber das war schon vor einem Jahr. Kein Mensch weiß, warum da nichts vorwärtsgeht.« Der Mann zuckt die Achseln. »Politik«, sagt er. »Wie immer Politik. Was sonst?«

Ich überlege kurz, ob ich mein Vorhaben abbrechen und zurück nach Maccagno fahren soll. Es ist schon zwei Uhr nachmittags, und ich kenne den langen Aufstieg über 1400 Stufen durch die Felsschlucht nach oben …

Aber dann mache ich mich doch auf den Weg. Ich denke an den Bäcker Fausto, der in Monteviasco aufgewachsen ist, als es noch keine Seilbahn gab. Er erzählte uns Kindern immer von seinem Schulweg, jeden Morgen runter, jeden Nachmittag wieder hoch. »Für uns war der Weg so langweilig, dass wir ihn zur Abwechslung rückwärts gegangen sind«, sagte er.

Schnell bin ich außer Atem. Die einzelnen Felsstufen sind hoch, ihr Abstand ist unregelmäßig und die Steigung enorm. Man hat jetzt grobe Holzgeländer in den Boden getrieben, an den gefährlichen Stellen, wo neben dem Weg eine Felswand abfällt. Und es gibt auch eine rot-weiße Markierung für Wanderer. Zwei Farbstreifen, die ab und zu an einen Stein oder einen Baum gepinselt wurden. Schon damals haben sich meine Eltern oft darüber unterhalten, was für eine ungeheuerliche Anstrengung es gewesen sein muss, diesen Weg anzulegen, die schweren Natursteine heranzuschleppen und sie so gegeneinanderzuschichten, dass sie den Tritten der Menschen und der Maultiere dauerhaft standhielten, dass kein Wasser sie wegspülen, kein Eis sie sprengen konnte. Haben Füße ein Gedächtnis? An manche der Stufen und Biegen scheinen sich meine zu erinnern.

Mein Schulkamerad Welli aus dem Auswärtigen Amt hat heute angerufen. Offenbar existiert in Vietnam in einem kleinen Ort außerhalb von Hanoi ein Grab, das auf den Namen Dobenek eingetragen ist. Ein Mann sei dort vor zweieinhalb Jahren beerdigt worden, ein Deutscher, wie es hieß. Welli sagte am Telefon, er halte es für das Beste, wenn ich selbst Recherchen vor Ort machen würde – falls ich weitere Gewissheit haben wolle. Nein, sagte er, von einer zweiten Person, einer Frau Dobenek, sei in den Unterlagen nichts zu finden.

Der Weg führt durch dichten Mischwald. Nur selten gibt er den Blick frei ins Tal. Man gewinnt zügig an Höhe, das graue Dach der Seilbahnstation verschwindet unter einem. Es riecht nach Pilzen. Manchmal sind wir im Herbst noch mal ein verlängertes Wochenende an den Lago gefahren, um Steinpilze zu suchen, *porcini*. In großen Tüten brachten wir sie zu Leonardo zurück, und er machte seinen berühmten

Cotto-e-Crudo-Salat. Die eine Hälfte der Pilze war gebraten, die andere roh. Ich nehme mir vor, heute Abend bei den Bösen *Pappardelle ai porcini* zu essen.

Wenn Lara mich oben in Monteviascio besuchte, fuhr sie mit ihrem Mofa nach Curiglia und ging dann zu Fuß. Die Seilbahn war für uns natürlich zu teuer und auch nicht so spannend. Lara hatte ein altes Vespa-Ciao-Mofa, das sie hellblau gestrichen hatte. Abends brachte ich sie dann mit der Taschenlampe wieder runter zu ihrem Mofa. Sie musste es wie ein Fahrrad treten, damit es ansprang. Oft ist es nicht angesprungen, und ich habe geschoben, bis mir die Lunge platzte. Und dann habe ich immer dem kleinen Rücklicht nachgeschaut, bis es sich zwischen den Bäumen verlor. Beim Rückweg nach oben hatte ich meist Angst. Vor den Wildschweinen und allen anderen Tieren und Geistern und was weiß ich. Irgendwas knackte und raschelte immer neben mir.

Aber mit Lara abzusteigen im Dunkeln, das war wunderbar. Unsere Stimmen, unsere blitzenden Augen im Mondlicht, unser Atem. Wir haben Pläne gemacht für bestimmt hundert Leben und hatten das Gefühl, wir könnten alles aussprechen. Es gab eine Stelle in einer Biegung des Weges, wo ein großer Gesteinsbrocken stand, »unser Felsen«. Dort setzten wir uns immer drauf, nebeneinander, und blickten in die Nacht, ins Tal, in den Himmel. Wenn ich wieder oben in meinem Bett im ersten Stock der hölzernen Lady Jane lag, war ich sicher, dass wir uns das nächste Mal dort auf unserem Felsen küssen würden. Aber dazu kam es nie. Warum nicht? Vielleicht frag ich sie das mal. Vielleicht aber auch nicht.

Unser Felsen ist noch da. Nichts an ihm ist anders, gar nichts. Ich erkenne jede Vertiefung, jeden Zacken. Mühelos finde ich die Mulde, in der wir saßen, und auch heute schmiegt sich der glatte Stein um meinen Hintern, als wäre er an dieser Stelle weich.

Ich brauche etwas mehr als eine Stunde nach oben, wo Monteviasco plötzlich auf einer Bergkuppe vor mir auftaucht. Der Ort sieht aus wie eine Skulptur: ein grauer Haufen aus Steinen, aufgetürmt von einem Künstler. Die Häuser sind aus diesen grauen Steinen, auch ihre Dächer, der Kirchturm ist aus grauen Steinen, die Wege und Treppen sind aus grauen Steinen. Und alle Gebäude sind ineinandergeschachtelt und aneinandergelehnt auf engem Raum, wie eine Gruppe von Kindern, die vor einem Gewitter Angst haben. Menschen sieht man kaum, sie sind in den Häusern oder unsichtbar in den engen Gassen. Monteviasco wirkt immer wie verlassen, das war damals schon so.

Leonardos Haus am südlichen Ortsrand sieht unverändert aus. Steine altern nicht, sie verblassen nicht, verbiegen sich nicht, kriegen keine Falten. Aber der Teil des Grundstücks, der sich hinterm Haus zum Wald hin erstreckte, ist mit einem Zaun aus organgeroter Bauplane abgesperrt. Leonardos Haus ist unbewohnt, das sieht man. Die Holzläden und Türen sind zu, auf der Terrasse und zwischen den Eingangsstufen sprießt Unkraut. Vor der Terrasse im hohen Gras finde ich unsere ehemalige Feuerstelle. Den Kreis aus Steinen, den schwarzen verkohlten Boden. Ich entdecke sogar einen verrosteten Schürhaken in den Grashalmen. Aber ich weiß nicht, ob es derselbe ist, mit dem Leonardo damals die Flammen dazu brachte, immer noch höher aufzusteigen.

Ich gehe auf die orangerote Absperrung zu und spähe durch eine Ritze, wo zwei der Bahnen zusammengebunden sind. Ich sehe Wiese und Waldrand, aber ich sehe keine Häuser, keine Lady Jane, keine Angie, keine Michelle. Ein kleiner Bagger steht da und eine kleine Planierraupe. Hochgebracht mit dem Lastenaufzug von der anderen Bergseite, kann nur so sein.

Ich versuche mich zu erinnern, wo die Häuser gestanden haben, wie sie angeordnet waren. Dann sehe ich plötzlich den großen Berg dunkler Holzbalken, aufgetürmt direkt vorm Waldrand.

Meine Tränen kommen ohne Vorwarnung. Und meine Beine geben nach. Ich sitze plötzlich im Gras und weine. Ich glaube, ich gebe keinen Ton von mir, die Tränen fließen und fließen. Ein Haufen alter Holzbalken, ein Grab in Hanoi und ein Karton mit einer Armbrust und einem Strohhut. Das ist übrig? Wo sind all die Sätze, die wir gesagt haben? Wo ist unser Gelächter? Wo sind die Liter von Sonnenmilch, die wir in unsere Haut gerieben haben?

Ich hole mein Telefon aus der Hosentasche. Erstklassiges Netz, sehe ich durch den Schleier meiner Tränen. Soll ich Leonardo anrufen? Oder Lara? Und dann was sagen?

Ich stecke das Telefon wieder weg und stehe auf. Die Sonne verschwindet gerade hinter den Bergkämmen. Es wird schattig. Ich habe keine Taschenlampe dabei. Ich muss nach unten. Ich muss gehen.

Wenn hier oben in Monteviasco irgendetwas schlecht gelaufen war, hat mein Vater immer als Witz den Ort falsch ausgesprochen. »Montefiasko« hat er dann gesagt. Und meistens haben wir gelacht.

55

»HALT AN«, SAGT LARA PLÖTZLICH. »HALT AN, LUkas, bitte, halt an.«

Ich biege in die erste Einbuchtung, die im Scheinwerferlicht am Rand der Straße auftaucht. Ein Forstweg.

Lara zittert. Sie sitzt neben mir, sagt nichts und zittert. Es ist ihr Wagen, den ich da fahre, ein Mini Cooper. Die beleuchtete Uhr am Armaturenbrett zeigt 00 Uhr 23.

»Was ist los?«, frage ich.

Sie macht die Augen zu und schüttelt den Kopf.

»Gleich«, sagt sie. »Lass mich ...«

Eigentlich wollten wir nach der Benefizgala noch zu zweit in eine Bar, aber Lara war nicht mehr in der Stimmung. »Wir machen das ein andermal«, sagte sie und drückte mir die Autoschlüssel in die Hand. »Bring mich heim.« Es war, als hätte ihr türkisfarbenes Abendkleid plötzlich die Farbe verloren.

Als ich sie heute Abend abgeholt habe, hat es geleuchtet. Die ganze Person hat geleuchtet und geglitzert. »Man hat als Frau so seine Möglichkeiten«, hat sie gesagt, als ich ihr ein Kompliment machte. Hatte sie falsche Wimpern angeklebt? Ihr Augenaufschlag war magic, als würde sich ein schwarzer Samtvorhang langsam heben.

Es war eine Benefizgala zugunsten der größten Schweizer Blindenorganisation. Ein gesetztes Abendessen im alten Saal des Grandhotels Royal in Lugano, direkt an der Uferpromenade des Luganer Sees. Etwa 50 runde Tische unter Kronleuchtern, Champagnerkübel, Blumen auf jedem Tisch, Kellner, die mit silbernen Zangen kleine Brötchen reichen und mit der Hand hinterm Rücken Olivenöl in Porzellanschälchen fließen lassen. Vorn eine Bühne, auf der ein paar Reden gehalten werden und verschiedene Darbietungen stattfinden. Oft werden dabei die Kronleuchter urplötzlich ausgeschaltet, und alle sitzen im Dunkeln. Schließlich geht es an diesem Abend um Wahrnehmungen jenseits dessen, was wir sehen. Ein Geräuschimitator erzeugt im Dunkeln mit Mund am Mikrophon den Eindruck eines heranfahrenden Zugs, einer galoppierenden Kavallerie oder eines gigantischen Wespenschwarms. Ein Bildhauer stellt im Dunkeln Objekte auf den Tisch, die wir ertasten sollen. Auch Musik gibt es im Dunkeln, ein Streichquartett spielt Beethoven.

Ich fand das alles so mittel originell, und ich hatte kein so tolles Gefühl, wenn die Lichter dann wieder angingen, damit wir zum Beispiel die blinde Radio-Nachrichtensprecherin sehen konnten, die ein paar Worte über die Bedeutung unserer Spenden sagte.

»Das war der Mann, der mich überfallen hat«, sagt Lara jetzt plötzlich. »Ganz sicher. Ich weiß es.«

»Was? Wer? Welcher Mann?«

Sie antwortet nicht sofort. Es ist ganz still im Wagen. Der Motor hat sich längst selbst abgeschaltet.

»Der Mann, der den Tanz anmoderiert hat«, sagt sie.

»Der war doch gar nicht zu sehen«, sage ich.

»Ich hab die Stimme erkannt, nicht gleich, nicht sofort ... Erst gerade eben wurde mir klar, woher ich sie kenne. Dieses eine Wort war das. Das Wort ›König‹. Wie er das gesagt hat, Lukas, so ein leicht nasales Pressen, ich weiß es: tausend Prozent, dieser Mann war das.«

Nur die schwache Beleuchtung der Armaturen ist an, aber ich sehe trotzdem, dass in Laras Blick alles ist: Angst, Zorn, Scham, Verzweiflung, Unsicherheit. Ich versuche mich an die Szene zu erinnern, die Lara meint.

»Jetzt wende ich mich nur an die Herren«, sagte die männliche Moderatorenstimme aus den Lautsprechern, als es wieder einmal schlagartig dunkel geworden war im Saal. »Wir küren unter den Mutigen von Ihnen den König der Nacht.« Ein Scheinwerferkegel fiel von der Decke auf eine anmutige junge Frau mit langen blonden Haaren, die jetzt mitten auf der Tanzfläche vor der Bühne stand. Weißes Kleid, Krone im Haar. »Darf ich Ihnen die Europameisterin in den lateinamerikanischen Tänzen vorstellen«, sprach der Moderator weiter, nannte den Namen der Frau und sagte, dass sie seit Geburt sehbehindert sei. Dann forderte er die Männer auf, sie zum Tanz zu bitten. »Wer am besten und einfühlsamsten führt, wird von unserem Ehrengast zum König der Nacht ernannt.« Ich weiß noch, dass ich mich gewundert habe, wie wenig Lara neben mir darauf reagierte, dass sie mich nicht anstachelte, mit der Frau zu tanzen. Sie weiß, wie sehr ich das gehasst hätte.

Jetzt im Auto dreht sie sich zu mir, fasst meine Hände, beide.

»In der Nacht, auf dem Parkplatz, da hat der Mann ›Schönheitskönigin‹ zu mir gesagt. Ich weiß jetzt, das war diese Stimme, diese Stimme aus den Lautsprechern, die wir heute Abend immer im Dunkeln gehört haben.«

»Du hast doch ein Programmheft«, sage ich, schalte die Innenbeleuchtung an und hole mein Handy aus der Innentasche meines Smokings. »Gib es mal her.«

Wir haben den Mann schnell gefunden, sowohl im Programmheft als auch über Google im Internet. Ein Schauspieler, Aurelio Sole, heißt er, ist wohl ein Künstlername. Mittelmäßig erfolgreich, war noch nie an einem großen Theater, hat noch nie in einem Film mitgespielt. Ein Mann offenbar für kleine Nebenrollen oder mal für die Moderation einer Veranstaltung. Er sieht unauffällig aus, mittleres Alter, mittlere Statur, breites Gesicht, scheint aber wandlungsfähig zu sein, sagen die Fotos. Es gibt auch ein Youtubevideo, in dem er singt.

»Willst du es hören?«, frage ich Lara.

Sie nickt.

Und sagt dann schon nach wenigen Sekunden: »Das ist er, Lukas, das ist die Stimme.« Sie fängt wieder an zu zittern. Ich spüre es an ihren Händen.

»Lara, du musst sofort Cristina Conte anrufen«, sage ich.

»Jetzt, mitten in der Nacht?«

»Unbedingt, sofort.«

Sie lässt mich los, holt ihr Handy aus der kleinen silbernen Handtasche. Offenbar hat sie Cristina gleich in der Leitung. Gott sei Dank. Ich höre, wie Lara sagt: »Ich habe den Mann erkannt, der mich überfallen hat.« Viel muss sie dann nicht mehr sagen. Cristina stellt ein paar Fragen. Am Schluss des Gesprächs sagt Lara noch ein paarmal: *»Sì.«*

»Ich soll ins Polizeibüro nach Varese kommen«, sagt sie dann zu mir. »Jetzt gleich.«

Die Straßen sind um diese Zeit leer, wir brauchen nur 15 Minuten, bis der Mini Cooper vor dem Polizeirevier anhält. Man sieht, dass drinnen Licht brennt.

»Ich gehe alleine da rein«, sagt Lara. »Das ist, glaube ich, besser so.«

»Bist du sicher?«, frage ich.

»Ja«, sagt Lara. »Nimm mein Auto und fahr nach Hause. Die bringen mich schon heim, keine Sorge. Ich bin okay. Danke, Lukas.«

Sie steigt aus. Ich sehe, wie sie in ihrem Abendkleid auf den Eingang zugeht. Und ich sehe, wie ihr die schwere Tür von innen geöffnet wird. In dem kurzen Moment erkenne ich den jungen Kollegen von Cristina, der auch bei meinem Verhör dabei war. Dann fällt die Tür ins Schloss.

Die Uhr der Armaturen im Mini Cooper zeigt jetzt 00 Uhr 58.

Ich stelle mir vor, wie sie sich da drin jetzt gegenübersitzen, die zwei Frauen.

Was hat Cristina an? Was für einen Abend hatte sie?

Was ist das plötzlich für eine Geschichte? Ein italienischer Schauspieler hat Lara überfallen? War nicht eben noch ein tschetschenischer Killer im Spiel?

Nichts ist, wie es scheint, niemand weiß das besser als ich.

Aber ist dieser Aurelio Sole Teil einer hochgefährlichen

Organisation? Wo ist seine Verbindung zu mir und meinem alten Leben?

Ich fühle mich plötzlich vollkommen leer. Wie früher, wenn sich Ermittlungen irgendwann im Kreis drehten und man nicht mehr wusste, welche Richtung man einschlagen sollte.

Es wird nicht lange dauern, dann werden sich Polizeifahrzeuge in Bewegung setzen, um zu Aurelio Sole zu fahren. Im Netz steht, er wohnt in Rancio Vulvia, einem kleinen Ort zwischen Varese und Luino. Man wird ihn befragen und vorläufig festnehmen, schätze ich. Kommissarin Cristina Conte wird ihn befragen und vorläufig festnehmen.

Ich denke an meine gepackten Koffer, die schon im Suzuki sind. Morgen früh um neun werde ich von einem Fahrer, den die Plattenfirma organisiert hat, unten in Maccagno abgeholt und zum Flughafen gebracht. Ich habe eingecheckt, Sitzplatz 2a, Swiss, beste Klasse, heißt jetzt »Businessfirst«. Meine Gitarren sind schon in New York, Paul auch. Helen kommt einen Tag später aus London. Sie hat dort noch einen DJ-Auftritt in einem Club.

Ich lasse den Motor an. Nieselregen setzt ein, als ich durch die ziemlich leeren Straßen von Varese fahre. Das Geräusch der Scheibenwischer schlägt den Takt zu meinen unruhigen Gedanken.

Als ich in die *strada provinciale* einbiege, halte ich noch mal an, hole mein Handy hervor und gehe ins Netz. Lange muss Google nicht suchen, bevor mir gesagt wird, was ich wissen wollte.

Dann starte ich den Motor wieder und drehe um. Und ich

spreche der heiseren Farina von meiner Plattenfirma auf die Mailbox, dass sie den Fahrer morgen canceln soll – und den Flug auch. Ich wisse noch nicht, wann ich fliege, sage ich. Morgen früh jedenfalls nicht.

56

IST HIER ÜBERHAUPT NOCH JEMAND? DIE LICHTER über dem Eingang brennen noch, obwohl es schon so spät ist. Die Vorstellung muss lange vorbei sein. Ich steige aus dem Auto und nähere mich dem Theater. Der Regen ist stärker geworden. Ich sehe, dass an der Seite des Gebäudes ein Mann steht und seinen Schirm aufspannt.

Er sieht mich auch, lächelt und sagt: »Gehen Sie doch gleich hier durch den Seiteneingang rein. Er ist noch in seiner Garderobe.« Ich erkenne in ihm einen der Schauspieler, die beim letzten Mal, als ich kam, bei der Probe auf der Bühne waren. »Wir haben gerade noch ein Glas Wein getrunken«, sagt er. »War eine gute Aufführung. Paar Fehler, klar, aber insgesamt gut.« Er lächelt noch mal. »Gleich rechts. Letzte Tür im Gang.«

Die letzte Tür im Gang ist offen. Ich bleibe erst mal im Türrahmen stehen und beobachte ihn. Der Raum wird nur schwach beleuchtet von einer kleinen Stehlampe in der anderen Ecke. Luigi Bollisto sitzt vor dem Schminkspiegel. Sein Kinn ist auf die Brust gesunken, in der Hand brennt eine Zigarette. Vor ihm auf dem Tisch liegt ein zerknülltes Handtuch, stehen vier Weingläser, zwei davon noch mit einem Rest Rotwein darin, die Flasche und ein Aschenbecher.

Bollisto trägt ausgewaschene Jeans und ein verblichenes T-Shirt. *Hardrock Café Chicago* steht auf der Brust, das kann ich sogar im Spiegel lesen. War das sein Kostüm für heute Abend?

Jetzt hebt er den Kopf und starrt in den Spiegel. Starrt er sich an oder mich? Im matten Licht der Garderobe ist das nicht recht zu erkennen.

»Warum sind Sie hier?«, fragt er. Seine Stimme ist leise.

»Ich möchte noch mal mit Ihnen reden«, sage ich.

»Warum?«, fragt er. Er drückt die Zigarette im Aschenbecher aus. Grau sieht sein Gesicht aus, erschöpft.

»Können Sie es sich vielleicht denken?«, frage ich.

Er sagt nichts. Schaut mich schweigend im Spiegel an.

»Ich bin hier, weil der Schauspieler Aurelio Sole zu den Künstlern Ihrer Agentur gehört«, sage ich. »Dieser Mann hat Lara Luz überfallen, angegriffen, bedroht und für mich eine Warnung hinterlassen.«

Bollisto zeigt keine Regung. Sein Gesicht ist starr.

»Und ich bin hier, weil ich Ihrer Frau einmal versprochen habe, dass sie hier in dieser Gegend sicher ist. Dass ihr niemand Leid zufügen wird.«

Es ist totenstill jetzt.

Dann springt Bollisto so plötzlich auf, dass ich erschrecke. Als er sich umdreht, funkeln seine Augen.

»Ach«, sagt er. »*Sie* haben das versprochen, soso, ausgerechnet Sie«, sagt er. »Hätte das nicht ich versprechen müssen? Ich bin ihr Mann! Aber Ihnen hat sie es geglaubt, Ihnen, dem Polizisten, der sie in lebensgefährliche Situationen gebracht hatte, ohne auch nur mit der Wimper zu zucken …«

Er macht zwei Schritte auf mich zu. Ich kann seinen Atem riechen. Alkohol, Zigaretten, wache Nächte.

»Das überrascht Sie jetzt, Herr Expolizist, nicht wahr? Dass ich von Elisabettas früherem Leben wusste, obwohl es doch *soooo geheim* war. So geheim, dass sie es nicht mal sich selbst hätte erzählen dürfen ...«

Er wendet sich ab, lässt sich auf einen der Sessel fallen, die hier herumstehen.

Ich setze mich ihm gegenüber. Sehe, dass er still anfängt zu weinen. Er macht kein Geräusch dabei, die Tränen laufen ihm über die Wangen in die Mundwinkel.

»Aber mir hat sie es eben doch erzählt«, sagt er. »Das war kurz nach unserer Hochzeit. Sie hatte mich mit einem Mann betrogen, einem Arbeitskollegen aus dem Institut, wo sie arbeitet ... wo sie gearbeitet hat. Ich war verletzt und verrückt vor Eifersucht. Wir haben gestritten, heftig, eine ganze Nacht lang. Nach diesem Streit hat sie mir davon erzählt, was sie früher gemacht hat. Ich bin verkorkst, hat sie gesagt, verzeih mir, für echte Beziehungen bin ich nicht geschaffen, hat sie gesagt, gib mir eine Chance, zu lernen, wie man das macht, mit der Liebe, hat sie gesagt. Ich habe ihr verziehen, Herr Geier.«

Er schaut zu mir, aber blickt durch mich hindurch. Er würde nicht hören, was ich sage.

»Immer und immer wieder habe ich ihr verziehen.«

Ich schweige. Irgendwo da draußen in der Nacht schlägt eine Kirchenglocke.

Ich kann nicht sagen, wie lange wir so sitzen, ehe er wieder beginnt zu reden.

»Ich habe Sie angelogen, Herr Geier. Elisabeth und ich hatten keine Vereinbarung über Freiräume. Sie nahm sich ihre Eskapaden einfach heraus. Immer öfter und immer dreister. Und ich saß immer zu Hause und habe die Stunden gezählt, die Nächte. Sie braucht das, hat sie gesagt. Du kannst ja gehen, hat sie gesagt. Wissen Sie, was es heißt, jemanden zu lieben, Herr Geier? Jemanden, der immer kälter wird zu Ihnen, immer gefühlloser?«

Er schluckt ein paarmal, bevor er weiterspricht.

»Als sie Angst bekommen hat, weil sie gemerkt hat, dass sie beobachtet wird, hat sie sich da an mich gewandt? An ihren Mann? Nein, sie hat zu Viviana gesagt, dass sie *Sie* anrufen soll, wenn etwas passiert. Und dass sie mir nichts davon sagen soll. Mir, ihrem Vater! Natürlich hat Viviana mir das erzählt. Wir sind doch eine Familie, kein Geheimdienst …«

Er sitzt da, horcht seinen eigenen Sätzen nach. Die Tränen fließen nicht mehr. Dann steht er auf, öffnet ein kleines Schränkchen hinter sich und holt eine große Plastiktüte hervor.

»Sie sind hier, weil Sie einen Mörder suchen, nicht wahr, Herr Geier? Nun, dieser Mörder steht vor Ihnen.«

Bollisto greift in die Tüte und holt einen zwanzig Zentimeter langen Stahlnagel heraus, sehr schmal, sehr spitz. Er lächelt plötzlich, kommt auf mich zu. Dann geht alles so schnell, dass ich nicht reagieren kann. Mit einer einzigen Bewegung zielt er mit dem Nagel auf mein Gesicht, seine Hand schießt vor, stoppt aber so, dass die Nagelspitze ein paar Zentimeter vor meinem linken Auge schwebt.

»Mit solchen Nadeln werden die Köpfe meiner Puppen befestigt«, sagt er. »Verstehen Sie? Was glauben Sie, wie viele Köpfe ich damit schon aufgespießt habe!« Abrupt lässt er sich wieder in den Sessel fallen, die Plastiktüte auf seinem Schoß. »Das war ihre Lieblingspuppe«, sagt er und holt einen Kopf aus der Tüte hervor, dann einen Körper, der in einer gelben Jacke steckt, dem aber ein Arm fehlt. »Ach wenn ich doch wieder klein wäre wie diese Puppe, hat Elisabetta immer gesagt, wenn ich doch noch mal Kind wäre, hat sie gesagt, noch mal von vorn anfangen könnte, das hat sie oft gesagt. Alles würde sie dann anders machen. Sie hat nicht mal gemerkt, dass es mir weh tut, wenn sie mir das immer wieder sagt. Alles anders machen? Wir führten doch ein glückliches Leben! Hätten es führen können.«

In mir ist alles wie versteinert. Ich könnte kein Geräusch machen, das mein Gefühl ausdrückt. Da ist kein Gefühl. Da sind nur Gedankenfetzen. Dass ich nicht allein hätte herkommen sollen, zum Beispiel.

Bollistos Gesicht ist inzwischen eine zuckende Fläche, als befänden sich unter seiner Haut kleine Tiere. Er verstaut die Puppenteile wieder in der Tüte, seine Augen wandern durch den Raum, als suchten sie etwas.

Ich überlege, ob ich die Aufnahmefunktion meines Handys einschalten soll. Aber das würde er bemerken.

»Ich habe ein Telefonat gehört«, fängt er wieder an zu sprechen. »Das Ende eines Telefonates, ich stand hinter der Tür, sie dachte, ich sei nicht zu Hause. Ich hörte, wie Elisabetta sagte: ›Dann machen wir uns eine schöne unvergessliche Nacht, geheime Hotelgäste, und auch noch die allerersten. 22 Uhr, Hotel Centrale.‹«

Er schließt seine Augen.

»Ich war schon um 21 Uhr da, im Hotel war alles dunkel. Ich kletterte an der Rückseite auf einen Balkon, man kommt da leicht von einem auf den anderen. Als ich in einem Zimmer plötzlich Licht sah, zog ich mich hoch auf den Balkon davor und legte mich auf den Boden. Im Arm hatte ich die gelbe Puppe.« Es wirkt jetzt, als stelle er sich alles noch mal vor, genauso wie es in dieser Nacht war. Bollisto redet weiter, immer noch mit geschlossenen Augen. »Plötzlich hörte ich ihre Stimme und noch eine Stimme, die von einer Frau. Ich dachte, gut, kein Mann. Ich dachte, vielleicht ist diesmal alles anders. Vielleicht ist es besser, ich verschwinde wieder. Doch ich lag ewig da, ich weiß nicht wie lange. Aber irgendwann habe ich durchs Fenster geschaut. Da lagen sie, eng umschlungen, nackt. Da wollte ich die Balkontür auftreten, aber sie war nicht mal abgeschlossen. Ging ganz einfach. Ich sagte: ›Komm mit, Elisabetta, bitte.‹ Ich hatte die Puppe im Arm. Ich zeigte sie ihr. ›Deine Lieblingspuppe. Sie ist mitgekommen.‹« Er schaut mich an.

»Erst hat sie gelacht. Dann ist sie aufgesprungen, nackt, wie sie war. Und dann hat sie mir die Puppe weggerissen und auf den Boden geworfen. ›Du mit deinen Scheißpuppen‹, hat sie gesagt. ›Dein Leben kotzt mich an!‹, hat sie gesagt.«

Er schweigt. Ziemlich lange.

Ich frage: »Und dann, Herr Bollisto, was ist dann passiert?«

Er zieht den langen Nagel wieder aus der Tüte. »Die Puppe war zerbrochen. Es ging ganz schnell, ich packte den Nagel und stach zu. Einmal. Dann schrie die andere. Die war dann auch schnell still. Hab ihr einfach den Mund zugehalten. Geht so leicht … Hätte ich nie gedacht …« Er schnippt mit den Fingern, ohne Ton, ohne Kraft. »Zack … tot.«

»Herr Bollisto«, sage ich, weil uns das früher in den Schulungen eingebläut wurde: In solchen Situationen, die Menschen immer wieder mit Namen anzusprechen. Das soll beruhigen. Und sie aus dem Tunnel holen, in dem sie sich befinden. »Herr Bollisto … Zwei tote Frauen, Chaos im Hotelzimmer. Wenige Stunden später wurde in dem Zimmer nur Ihre Frau gefunden, und alles war total ordentlich und geputzt … Wie passt das zusammen?«

Er wiederholt die Frage: »Wie passt das zusammen?« Und sagt dann: »Ich bin Theaterregisseur. Haben Sie das vergessen? Zwei Tote, eine zertrümmerte Puppe und ich. Ich hab mich gefragt: Was ist das für eine Inszenierung? Das hab ich mich wirklich gefragt. Ich war innerlich ganz ruhig. Und dann hab ich inszeniert. Hab sie ins Bett gelegt, gekämmt, sie wollte doch hier eine schöne Nacht verbringen, bitte, Elisabetta, kannst du haben. Ich hab ihr mit dem Kugelschreiber aus ihrer Handtasche auf den Arm geschrieben: *Phone this number.* Wollte sie doch so, dass man Sie anruft, wenn ihr etwas passiert. Sie, nicht mich. Hab die Puppe eingesammelt, die Trümmer, hab geputzt. Ich habe sie angezogen, die andere auch. Die war klein und leicht, war kein Problem, die später runterzutragen. Wie alle hier haben wir ein kleines Boot, liegt keine zwanzig Meter vom Centrale im alten Hafen. Ich bin auf den See hinausgefahren, weit, und habe sie ins Wasser geworfen.« Er schaut mich an. »Das habt ihr alle nicht gemerkt, dass es nicht ihre Schrift war, auf ihrem Arm, oder? Ihr Schlaumeier.«

Ich denke: Wieso hat das keiner gesehen? Warum habe ich nicht nachgefragt? Sein Plan, den Verdacht auf Elisabeths früheres Leben zu lenken, ist voll aufgegangen. Alle sind darauf reingefallen.

»Hatten Sie diesen Plan schon lange, Herr Bollisto?«, frage ich.

»Ich hatte gar keinen Plan.« Er steht auf, jetzt wieder aggressiv. »Elisabetta hatte Vertrauen zu Ihnen. Warum, weiß kein Mensch. Sagen Sie es mir?«

Ich sage nichts, was soll ich sagen?

Er geht auf mich zu, jetzt wieder den Nagel in der Hand.

»Haben Sie keine Angst vor mir? Ich bin ein Mörder, ein Doppelmörder. Ich habe nichts mehr zu verlieren.«

Das hätte mir bei der ersten Begegnung mit ihm schon auffallen müssen: der innere Druck, unter dem er steht, seine Bereitschaft zu reden. Etwas will gesagt werden, und weil er es nicht sagen kann, sagt er was anderes.

»Nein«, sage ich, »ich habe keine Angst vor Ihnen. Ich will wissen: Was ist das, was Sie hier erzählen? Auch wieder 'ne Inszenierung? Vom großen Bollisto. Wie damals in Ihrer Küche, wo Sie mir den Quatsch von Ihrer glücklichen, besonderen Ehe erzählt haben.«

Er schaut mich nur an.

Ich rede weiter: »Den Quatsch vom Besuch bei Elisabeths Eltern. Wo Sie doch längst wussten, dass es die gar nicht gibt.«

Er schüttelt den Kopf. »Nein, bei dem Besuch wusste ich es noch nicht. Das kam später.«

»Aber mir haben Sie den Quatsch in Ihrer Küche erzählt«, sage ich.

Hört er mich noch? Ich sehe seinen Blick. Er schaut immer wieder in einen der Garderobenspiegel. Er schaut sich an. Gefällt er sich, auch jetzt, im großen Schmerz? Das hat mich immer angekotzt, die Eitelkeit der Mörder. Wenn du mich nicht liebst, mach ich dich tot.

»Wollen Sie etwas wissen über die andere Frau, die Sie getötet haben?«

»Nein«, sagt er.

»Ich sag's Ihnen aber. Sie war ein Zimmermädchen, ein einfaches Zimmermädchen. Sie hatte das Leben noch vor sich. Hatte sich Ihre Frau in sie verliebt? Hat sie mit ihr nur gespielt? Reicht das, um einen Menschen auszulöschen?«

Bollisto ist still.

Ich frage: »Warum haben Sie Aurelio Sole angewiesen, Lara Luz zu überfallen? So war es doch, oder?«

Er antwortet: »Als Sie bei mir auftauchten in meiner Küche, bekam ich Angst, dass Sie Verdacht schöpfen. Ich war so desolat, betrunken, hab so wirres Zeug geredet. Das war ja nicht gespielt. Ich bekam Angst. Da hab ich gedacht, ich muss es verstärken, dass der Verdacht auf ihr früheres Leben fällt. Und habe Aurelio angeheuert, der war mir was schuldig. Ruf bei diesen Leuten an, hab ich gesagt und ihm die Nummer von den falschen Eltern gegeben. Erkundige dich hier in der Gegend auffällig nach diesem Geier, mach ihm Angst. Ich hatte ihn früher schon engagiert, er sollte meine Frau beobachten, ich wollte wissen, was sie tut. Da hat sie ihn gesehen, wie er Fotos von ihr machte. Daher kam ihre Angst.«

Er sitzt wieder im Sessel. Wirkt jetzt wie erloschen.

»Warum Lara?«, frage ich.

Er spricht leise, langsam, mechanisch.

»Ich versteh nichts von organisierter Kriminalität, aber ein paar Mafiafilme habe ich auch gesehen, so machen die das doch. Schrecken im privaten Umfeld bereiten. Viviana hatte mir erzählt, dass Lara und Sie gut befreundet sind.«

Ich habe in einer Schulung gelernt, wenn man als Polizist wütend wird, soll man langsam bis zehn zählen. Und sich dann irgendwas Absurdes vorstellen. Ich zähle sehr langsam. Und dann stelle ich mir Erdbeeren mit Schlagsahne vor.

Plötzlich zuckt ein Lichtblitz über das Gesicht von Luigi Ballisto. Und dann gleich noch einer und noch einer. Aber er registriert es nicht. Bollisto starrt auf einen Punkt vor sich auf dem Fußboden. Es sind blaue Lichtblitze, sie kommen durch das Fenster zur Straße und verwandeln Bollistos Gesicht in eine Maske, es sieht surreal aus, wie eine 3D-Animation. Jetzt hört man hinter der Tür Stimmen und Schritte. Dann klopft es laut.

»Polizei. Herr Bollisto, wir wissen, dass Sie da drin sind. Öffnen Sie bitte die Tür.«

Cristinas Stimme.

Bollisto reagiert nicht. Ich stehe auf, öffne die Tür und trete zur Seite.

Cristinas Augen ziehen sich überrascht zusammen, als sie mich sieht, das dauert aber nur eine Sekunde, dann betritt sie die Garderobe, hinter ihr schieben sich noch zwei uniformierte Beamte in den Raum.

Bollisto hebt den Kopf. Er sieht Cristina, aber es scheint eine Weile zu dauern, bis das Bild sein Gehirn erreicht. Dann streckt er ihr wie in Zeitlupe seine Arme entgegen.

»Nehmen Sie mich mit, Frau Conte«, sagt er. »Nehmen Sie mich fest. Ich habe Ihrem Kollegen schon alles erzählt.«

Einer der uniformierten Beamten tritt vor und legt ihm Handschellen an.

Bollisto steht auf. *Hardrock Café Chicago* steht immer noch auf seiner Brust. Er sieht immer noch Cristina an.

»Es ist gut, dass Sie Herrn Geier alles erzählt haben«, sagt Cristina. »Aber ich kläre Sie jetzt über Ihre Rechte auf. Und dann kommen Sie mit uns und sagen mir alles noch einmal. In aller Ruhe.«

Ihre Stimme hat einen warmen, verständnisvollen Ton.

Bollisto wird von den Polizisten abgeführt, er schaut mir dabei noch mal ins Gesicht, aber ich glaube nicht, dass er mich sieht. Tunnel.

Cristina geht als Letzte, bleibt kurz vor mir stehen.

Ich bücke mich, greife hinter mir nach der Tüte mit den Teilen der zertrümmerten Puppe und gebe sie ihr.

»Stofffetzen, DNA-Spur, Kind im gelben Mantel«, sage ich.

Sie wirft einen kurzen Blick in die Tüte, sieht mich an, nickt und folgt den anderen.

Endlich wird draußen das Blaulicht abgeschaltet. Im Fenster bleibt aber ein grauer Lichtschleier. Es wird hell.

Als ich in Laras Mini Cooper steige, zeigt die Uhr 05 Uhr 03.

EPILOG

DER LAGO MAGGIORE IST EIN VIERHUNDERT MILLIONEN Jahre alter Gletschersee in den Alpen. Der alte Leonardo hat mir mal gesagt, wenn die Sehnsucht in deinem Leben so stark ist, dass du es nicht mehr aushältst, dann musst du hierher kommen. Der Lago Maggiore ist die Heimat der Sehnsucht. Hier lebe ich jetzt. Ich wohne in einem sehr alten Turm oberhalb der Ortschaft Maccagno. Ich habe hier einen guten Überblick, und ich habe vor, noch etwas länger zu bleiben.

Lesen Sie weiter!

Der zweite Fall
für Lukas Albano Geier

LESEPROBE

Im blassen Licht liegt der Lago Maggiore und schweigt. Der deutsche Ex-Zeugenschützer Lukas Albano Geier hat sich am See ein neues Leben als Musiker aufgebaut. Doch die Vergangenheit scheint ihn nicht loszulassen. Eines Morgens findet er seinen Gitarristen aus alten Zeiten tot im Studio neben seinem mittelalterlichen Wohnturm in Maccagno. Vergeblich wartet Lukas Geier auf Kriminalkommissarin Cristina Conte, die er nicht nur als Ermittlerin gut kennt. Die Polizeidirektion in Varese will ihm keine Auskunft über ihren Verbleib geben. Als Lukas Nachforschungen anstellt, sieht er sich mit einem gefährlichen persönlichen Auftrag konfrontiert.

PROLOG

Die kleine Kirche La Croce d'Oro *steht auf einem Felsplateau, das wie ein Sprungbrett aus dem Bergmassiv ragt. Ich bin zu Fuß hier hochgestiegen, wollte die Unruhe aus meinem Körper laufen – die Unruhe und die Angst vor der Begegnung, die mir heute bevorsteht.*

Es ist noch früh am Morgen, in der Kirche herrscht unfreundliches Dämmerlicht. Ich bin allein. Das Holz unter meinen Knien ist hart. Hinter mir auf der Sitzbank liegt die Tüte mit der Pistole und dem Geld. Es ist keinerlei Geräusch zu hören. Das Kreuz schwebt im Halbdunkel über dem Altar.

Lieber Gott …

Als Junge habe ich so gekniet. Lieber Gott, mach, dass die Note in Mathematik keine Katastrophe wird … So etwas darf man nicht beten, so ist Gott nicht zu verstehen, hieß es schon damals. Warum nicht? Wenn er doch allmächtig ist? Als meine Eltern vermisst wurden, habe ich auch so gekniet. Lieber Gott, mach, dass sie am Leben sind.

Lange her, das alles.

Ich habe mich in eine Sackgasse manövriert, lieber Gott. Es ist gefährlich dort, und ich bin ganz allein. Ich weiß nicht, wem ich trauen kann, sogar Menschen, denen ich sehr nahe war, zeigen plötzlich ganz andere Seiten. Ich habe Fehler gemacht.

Wenn mir etwas zustößt, wird es niemanden interessieren. Das ist das Gefährlichste daran. Ich habe mit niemandem gesprochen.

Lieber Gott …

Ich höre plötzlich Stimmen draußen, die sich der Kirche nähern, erwachsene Stimmen und Kinderlachen. Ich gehe schnell und leise zu der kleinen Tür an der Seite der Kirche und drehe den Schlüssel um. Schritte nähern sich, die Klinke wird heruntergedrückt.

»Schade«, sagt ein Mann auf Deutsch, »abgeschlossen. Wollen wir hier vielleicht unser Picknick machen?« »Ja!«, ruft ein Kind. Aber eine Frauenstimme sagt: »Ach, lass uns erst noch ein Stück weitergehen.« Es folgt ein kurzes Hin und Her, dann entfernen sich die Schritte.

Die kleine Kirche ist immer abgeschlossen. Man muss wissen, wo man den Schlüssel holen kann. Bei einem Mann unten im Ort, den alle nur den »Heiligen Geist« nennen, Spirito Santo. *Weil er erstens vor Frömmigkeit fast nicht laufen kann und weil er zweitens eines Morgens von einem Gemeindearbeiter in unpassendem Zustand aufgefunden wurde – unter einem ans Land gezogenen Boot am See, mit geschätzten drei Promille Alkohol im Blut.*

Ich drehe mich noch mal zum Kreuz um. Mein Vater mochte Kirchen. In jede ist er reingestiefelt und hat eine Kerze angezündet. Meine Mutter nicht. Nur zu dieser ist sie manchmal hingewandert, fast immer allein, soweit ich mich erinnern kann. La Croce d'Oro *hatte es ihr angetan. Einmal hat sie mich mitgenommen, da war ich noch sehr klein. Woher sie damals den Schlüssel hatte, weiß ich nicht. Ich durfte eine Kerze an-*

zünden. Für wen?, hab ich gefragt. Für dich, hat meine Mutter geantwortet.

Ich gehe zurück zur Bank, nehme die Tüte mit der Pistole und nähere mich dem Kreuz. Croce d'Oro *heißt »goldenes Kreuz«, aber da ist kein Gold, das Kreuz besteht aus dunkelbraunem Holz. Auch Jesus ist aus Holz geschnitzt und bemalt, die Farben sind verblasst. Er blickt aus müden, halb geschlossenen Augen herab. Wie lange schon?*

Ich nehme mir vor, öfter hierherzukommen und mich mit ihm einzuschließen – falls ich je wieder in ein normales Leben zurückkehren kann.

Draußen spüre ich am Geruch der Luft, am Licht und an der Art, wie die Pflanzen sich in Stellung bringen, was für eine Art von Tag da heraufzieht: ein Frühlingstag, wie er im Prospekt steht. Die ersten Sonnenstrahlen blitzen hinter den Bergkämmen hervor. Es ist 8.25 Uhr. Ich habe noch gute zwei Stunden. Lieber Gott, beschütze mich.

1

WAS ZIEHT MAN AN, WENN MAN EINEN TOTEN abholt?

Samantha hat sich für Schwarz entschieden. Schwarze Stiefel, schwarze Hose, schwarzer Pulli. Auch der Mantel, den sie über dem Arm trägt, ist schwarz. Nur ihr Rollkoffer ist hellblau.

Die Maschine aus London war pünktlich. Samantha tritt aus der Ankunftshalle des easyJet-Terminals in Mailand-Malpensa, bleibt stehen und sieht sich um. Ich gebe ihr ein Handzeichen, laufe auf sie zu und nehme ihr den Koffer ab.

»Hi, Samantha«, sage ich.

»Hi, Lukas«, erwidert sie.

Und sie sagt: *»Pleased to meet you.«*

Ihr Gesicht ist blass, ungeschminkt. Wir gehen zum Parkplatz, wo mein Suzuki-Jeep steht. Sie weint ein bisschen. Das kleine verbeulte Auto erntet trotzdem einen erstaunten Blick.

Sie ist wirklich sehr jung, noch jünger, als ich dachte. Höchstens dreiundzwanzig, schätze ich. Etwas pummelig, die Stiefelabsätze sind zu hoch, die rötlichen Haare hat sie zu einem Knoten gebunden.

»Er hat mir versprochen, dass er hundert Jahre alt wird«, sagt sie, als ich den Koffer auf die Rückbank hieve.

Es ist Mitte Januar, später Nachmittag. Die ganze Welt ist grau und trostlos, und die Mailänder Vororte und Gewerbegebiete sind besonders grau und trostlos. An den Straßenrändern liegt schmutziger Schnee.

»Ich war noch nie in Italien«, sagt Samantha.

Ich habe längst einen Schleichweg vom Flughafen zum Lago Maggiore gefunden, und ich fahre ihn immer, selbst wenn die Hauptstraßen und die Autobahn – vielleicht – leer sind.

»Weißt du«, hat mein Freund Stormy Hopton gesagt, »Samantha ist nicht meine große Liebe, ganz sicher nicht. Aber sie tut mir gut, verstehst du? Sie ist so normal, so neugierig, so unverbraucht.« Das war am letzten Abend seines Lebens, sechs Tage ist das erst her. Wir saßen in bester Laune vor Schüsseln mit Wildschweinragout und Polenta in einem der wenigen Lokale, die um diese Zeit im Winter nicht geschlossen haben.

»Ich kann ihr alle Geschichten von früher erzählen, sie weiß nichts davon«, sagte er und lachte. »Das ist toll. Sie kennt nicht mal meine Platten, sie will sie wirklich hören, also lege ich sie alle noch mal auf. Geiles Zeug dabei, hatte ich fast vergessen. Nein, nicht die große Liebe. Aber vielleicht ist Sammy ja die kleine Liebe meines Lebens.«

»Bring sie das nächste Mal mit«, sagte ich.

»Mal sehen«, antwortete Stormy.

Wenn es irgendwo um berühmte Rockgitarristen geht, taucht immer auch sein Name auf: Pete »Stormy« Hopton. Die Londoner Legende, die mit den ganz Großen gespielt hat. Alle italienischen Zeitungen und Websites haben seinen

Tod gemeldet. Die britische *Sun* zeigte sogar ein verschwommenes Foto vom Transport der Leiche von meinem Turm in Maccagno den steilen Berg hinunter, begleitet von drei Carabinieri. Weiß der Teufel, wo die das herhatten. *Last Solo*, titelte das Blatt.

»Du warst früher Polizist?«, fragt Samantha. »Stormy hat das erzählt...«

»Ja, früher«, sage ich. »Jetzt nicht mehr.«

Es ist dunkel, als wir in Luino an den See kommen, aber der Himmel ist jetzt klar, und ein fast voller Mond ist bereits am Werk. Die riesige Wasserfläche glänzt, die Lichter der Orte und Häuser an den Hängen spiegeln sich darin, die schwarze Silhouette der Berge sieht aus, als wäre sie ganz nah, und die schneebedeckten Gipfel blitzen weiß.

»Beautiful«, sagt Samantha. Sie kommt aus Cheltenham im Südwesten Englands, hat Stormy erzählt, dort sprechen die Leute ein sehr klares, korrektes Englisch.

Wir fahren fünf Kilometer am See entlang nach Maccagno, das ist der Ort, wo ich wohne. Allerdings wohne ich nicht in einem Haus, sondern in einem mittelalterlichen Turm – hoch über dem Ort auf einem Felsen. Normalerweise gehe ich immer zu Fuß, ich benutze den Suzuki nur für Transporte. Und im Dunkeln fahre ich besonders ungern nach oben. Der Weg ist zu steil und zu schmal, und manchmal steht plötzlich ein Wildschwein im Scheinwerferkegel. Dann steigt man auf die Bremse und kann anschließend nur mit großer Mühe wieder anfahren. Einmal musste ich deshalb den ganzen Weg rückwärts wieder runter, weil noch nasses Laub auf der Strecke lag.

Doch Samanthas Absätze sind zu hoch und ihre Verfassung zu schlecht für eine nächtliche Bergtour mit Taschenlampe. Ich schalte Allradantrieb und Untersetzung ein und sage ihr, sie solle sich festhalten.

»Jesus Christ«, sagt sie, als wir nach hinten kippen. Im Auto kommt einem der erste Anstieg fast senkrecht vor.

Stormy hat Samantha in einem Hotel in London kennengelernt, wo sie nachts an der Rezeption arbeitete. Er war mit Kumpels in der Bar, »und immer, wenn ich zur Toilette musste, hab ich sie wieder nach dem Weg gefragt, so lange, bis sie sich zu uns gesetzt hat«. Sie hatte ihre Hotelfachschule abgeschlossen und wollte sparen, um ins Ausland zu gehen.

Der alte Rocker und das Mädchen. Ein Jahr ungefähr ging das schon. Die Geschäfte laufen ja für alte Rockgitarristen wahrlich nicht besonders gut, Legende hin oder her. Einmal hat Stormy seine Samantha nach Stockholm mitgenommen, wo er in einer Oldieshow im Fernsehen auftrat, und ein paar Tage waren sie wohl auch zusammen in Prag, warum, habe ich vergessen.

»Da sind wir«, sage ich, als der Suzuki die letzte Haarnadelkurve nimmt und auf der kleinen Wiese vor dem Turm zum Stehen kommt. Im Dunkeln hier anzukommen, ist nicht besonders einladend. Der Turm ist ein schwarzes Viereck, die Bäume sind schwarze Gestalten. Ich greife nach der Taschenlampe zwischen den Sitzen, ehe ich den Motor abstelle und die Scheinwerfer ausmache.

Samantha klettert aus dem Wagen und bleibt daneben stehen. *»This is where you live?«*, fragt sie. Ihre Stimme klingt dünn.

»Ja«, sage ich, »hier wohne ich.« Und meine Stimme klingt ebenfalls dünn. Manchmal kommt mir mein Zuhause selbst ja auch fremd vor. Und merkwürdig.

Jetzt zum Beispiel.

Ich leuchte den ehemaligen Eselstall an, den ich zum Musikstudio umgebaut habe. »Hier haben wir Musik aufgenommen«, sage ich. »Stormy hat wunderbar gespielt.«

»Er hat dort auch geschlafen, oder?«, sagt sie. »Er hat mir Fotos geschickt. Nicht viele. Ich musste immer drum betteln.«

Sie bewegt sich im Lichtkegel auf das Studio zu.

»Vielleicht gehen wir erst in den Turm«, sage ich. »Ich muss dort den Strom fürs Studio einschalten ...«

Sie hört mich nicht oder will es nicht hören. Ich gehe ihr nach und öffne die Tür zum Studio. Mit der Taschenlampe leuchte ich den Raum ab, die elektronischen Geräte, die Keyboards, die zwei Bässe, die in der Ecke stehen, die Mikrophonständer ... und die Liege an der gegenüberliegenden Wand, auf der ich Stormy gefunden habe. Es war der Tag, an dem er abreisen wollte. Alle Soli waren gespielt, alle Geschichten erzählt.

»Er hat sehr friedlich ausgesehen«, sage ich. Lüge ich. Und lege Samantha meine Hand auf die Schulter.

Hinter uns knackt etwas sehr laut im Gebüsch. Sie erschrickt, fährt herum.

»Nur ein Reh«, sage ich und schließe die Tür zum Studio. Manchmal kommen Rehe genau im richtigen Moment.

In meinem Turm sind vier Räume übereinandergestapelt. Ganz unten Bad und Toilette, dann Schlafzimmer, dann

Wohnzimmer und ganz oben die Küche. Verbunden sind sie mit einer schmalen Wendeltreppe, und von der Küche kann man über eine ausklappbare Leiter auf die höchste Plattform, die von Zinnen eingerahmt ist. Wer dort oben zum ersten Mal aus der Luke klettert, vergisst in der Regel, zu atmen. Stormy wollte jeden Abend noch nach oben, bevor er schlafen ging. Er fühle sich dann wie Richard Löwenherz, sagte er.

Was bietet man einer jungen Frau zu essen an, die gekommen ist, um einen Toten abzuholen? Ich stelle Tomaten und Burrata auf den Tisch und mache Pappardelle mit Steinpilzen. Mein Freund Ambrogio holt sie im Herbst aus dem Wald und bringt sie mir. Ich friere sie dann ein.

Samantha hat Hunger. Und sie trinkt schnell zwei große Gläser Rotwein. Sie erzählt von sich, von Stormy, manchmal lacht sie, dann weint sie, dann schweigt sie, dann will sie noch ein Tiramisu. Und immer wieder sagt sie *»Beautiful«* beim Blick aus dem Fenster. Nach einigem Hin und Her mit dem Denkmalschutz durfte ich schließlich in die ein Meter vierzig dicke Mauer des Turms ein einziges Fenster schneiden, ein wirklich großes. Es erstreckt sich über zwei Ebenen, über die Küche und das darunterliegende Wohnzimmer. Sonst gibt es hier nur sehr kleine Fenster, die ehemaligen Schießscharten.

»Ich war noch nie bei einer Beerdigung«, sagt Samantha jetzt. »Ich weiß gar nicht, ob ich zu Stormys Beerdigung hingehen soll … Ich kenne ja niemanden. Er hat einen Bruder und eine Schwester, nie gesehen, die beiden. Und seine zwei Ex-Frauen … Und einen Sohn hat er auch. Die werden mich alle hassen und fragen, wer ich eigentlich bin …«

»Ja, das könnte schwierig und unangenehm werden«, sage ich.

»Für mich ist diese Reise die Beerdigung«, erklärt sie und sieht an sich hinunter auf die schwarzen Klamotten. »Hier und jetzt habe ich ihn ganz für mich allein. Für mich ist das der Abschied ... Danke, dass du alles organisiert hast.«

Samantha wird Stormy morgen Vormittag in der Gerichtsmedizin noch einmal sehen dürfen, ehe er zum Flughafen gebracht wird. Und sie wird in derselben Maschine nach London sitzen.

Draußen hat der Himmel zugezogen. Es schneit. Dicke weiße Flocken tanzen vor der großen Scheibe. Samantha steht auf und will die Teller in die Spülmaschine räumen.

»Lass stehen«, sage ich, nehme eine Flasche Grappa und zwei Gläser. »Wir trinken noch einen Schnaps auf ihn im Wohnzimmer, und ich mache Feuer im Kamin.«

Als sie die vielen Gitarren im Wohnzimmer sieht, fragt sie: »Hier hast du deinen Hit geschrieben? *Tutto Bene?*«

»Nein«, antworte ich. »*Tutto Bene* hat all das hier erst möglich gemacht und bezahlt. Vorher lebte ich in München und war Kriminalkommissar.«

In einer Ecke des Zimmers steht der Gitarrenkoffer mit Stormys berühmter grüner Gibson Les Paul. Was soll ich mit ihr machen? Wenn ich sie Samantha mitgebe, wird sich Stormys Familie darauf stürzen. Er war nicht gut auf seine Leute zu sprechen. Lauter Kotzbrocken, sagte er. Ich denke, ich lass die Gitarre erst einmal hier. Vielleicht fragt ja niemand, dann kann ich sie später Samantha zukommen lassen. Oder für einen guten Zweck spenden ...

Ich muss daran denken, wie ich diese Gitarre kennengelernt habe: Nach dem Erfolg von *Tutto Bene* wollte ich lernen, bessere Soli zu spielen, und buchte meinen Helden Stormy Hopton für einen persönlichen Workshop in London. Stormy hatte damals schon weiße Haare und gelegentliche Gichtanfälle in den Fingern. Trotzdem waren die Töne, die er aus dieser Gitarre herausholte, phänomenal. Eine Woche lang habe ich bei ihm im Keller versucht, so zu spielen. Danach war ich zwar kein besserer Gitarrist, aber wir waren Freunde.

»Du kannst hier auf der Couch schlafen«, sage ich zu Samantha, »oder im Schlafzimmer, dann schlafe ich hier.«

Samanthas Gesicht ist gerötet vom Alkohol und von der Wärme des Kaminfeuers. Ihre Augen fallen allmählich zu.

»Kann ich bitte neben dir schlafen?«, fragt sie.

Wenig später schnarcht sie leise in meinem Bett. Sie hat es gerade noch in ihren hellblauen Pyjama geschafft.

Ich liege wach neben ihr im Dunkeln. Wohin wird das Leben sie spülen? Welche Rolle wird Stormy Hopton in ihrer Erinnerung einnehmen? In zehn Jahren? In zwanzig Jahren?

Stormy Hopton ist eines natürlichen Todes gestorben, das haben die Mediziner in Varese schnell festgestellt. Keine Fremdeinwirkung. Ein starker Herzanfall, weil völlig verkalkte Arterien zugemacht haben. Muss schmerzhaft gewesen sein, sagte der Arzt. Das erklärt auch den verzerrten Gesichtsausdruck, als ich ihn fand. Der junge Arzt sagte noch, dass sein früherer Lebenswandel, der ihm den Spitznamen »Stormy« eingebracht hat, vielleicht nicht ganz unschuldig war. Was Ärzte dann eben immer so sagen. Scheiß drauf, Stormy.

Durch eine der Schießscharten fällt ein schmaler Streifen Mondlicht ins Schlafzimmer. Ich höre die Kirche im Ort halb zwei schlagen.

Natürliche Todesursache. Medizinersprache. Polizistensprache. Sind Polizistengehirne anders? Hat das schon mal jemand untersucht? Warum kreisen meine Gedanken seit Tagen misstrauisch um das Verhalten der Polizeibeamten in Varese, die sich bei einer einfachen Frage von mir ganz und gar nicht natürlich verhalten haben?